MEIN BUCHCAFÉ IN EINER ANDEREN WELT

1

Originalwerk: Kyouka Izumi
Geschichte: Oumiya
Zeichnungen: Reiko Sakurada

Mein Buchcafé in einer anderen Welt

INHALT

Kapitel 1

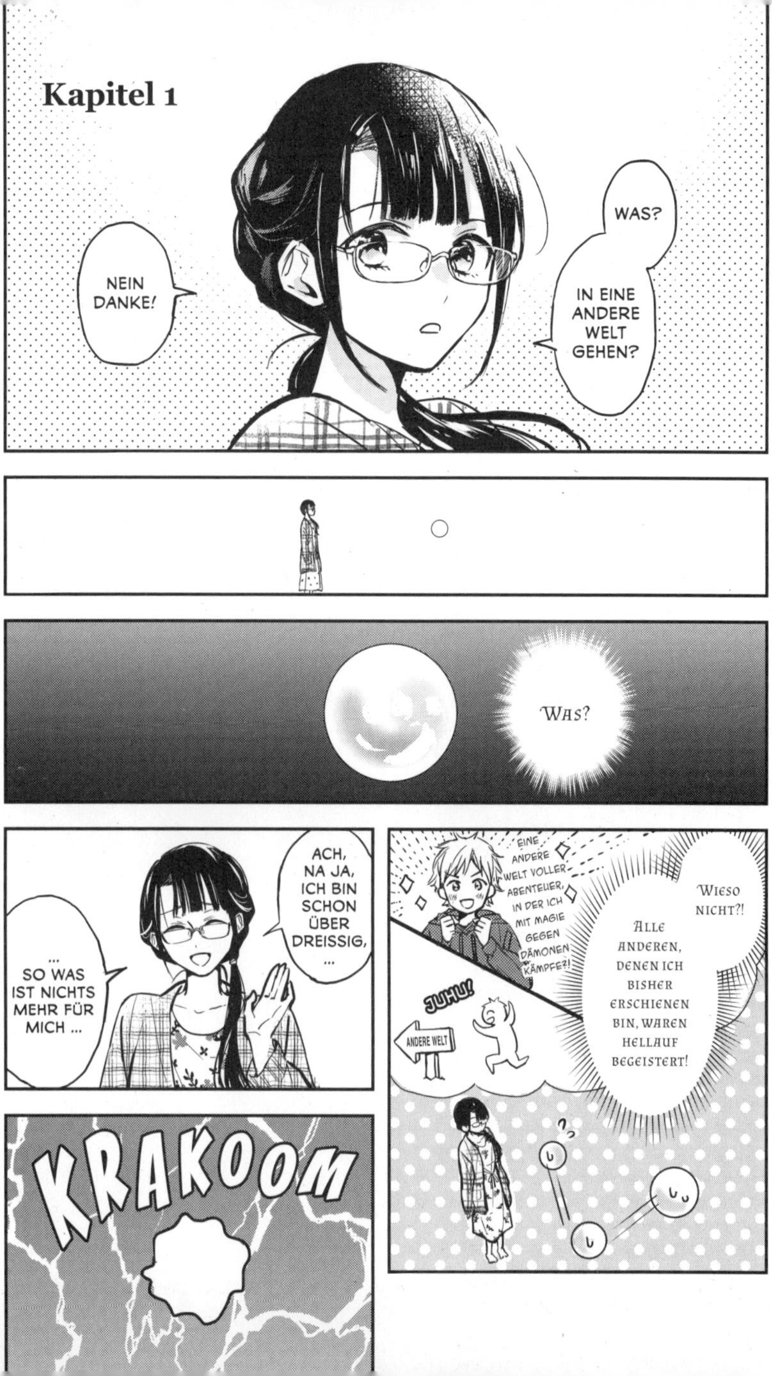
WAS?
IN EINE ANDERE WELT GEHEN?
NEIN DANKE!
Was?
Wieso nicht?!
Alle anderen, denen ich bisher erschienen bin, waren hellauf begeistert!
Eine andere Welt voller Abenteuer, in der ich mit Magie gegen Dämonen kämpfe?!
JUHU!
ANDERE WELT
ACH, NA JA, ICH BIN SCHON ÜBER DREISSIG, ...
... SO WAS IST NICHTS MEHR FÜR MICH ...
KRAKOOM

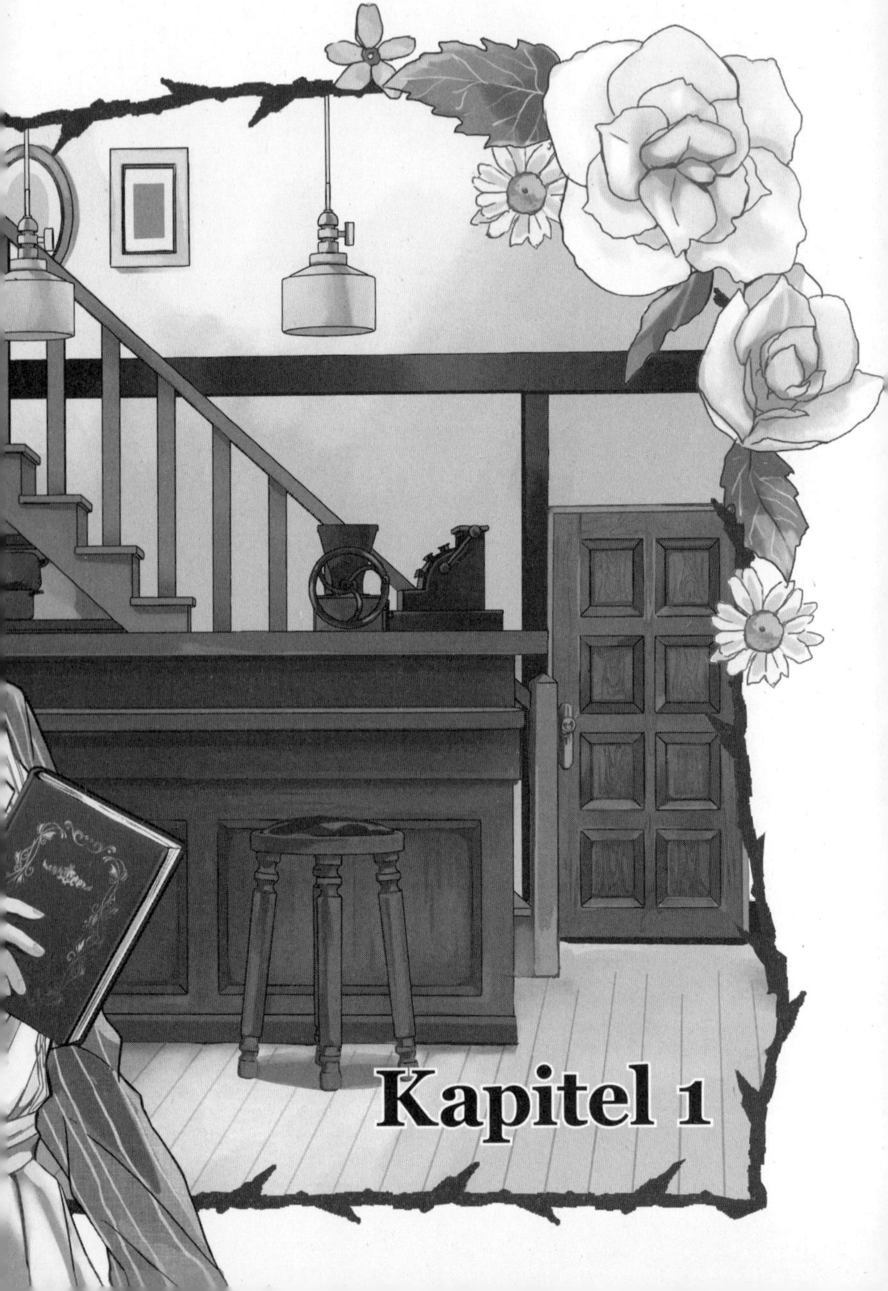

Kapitel 1

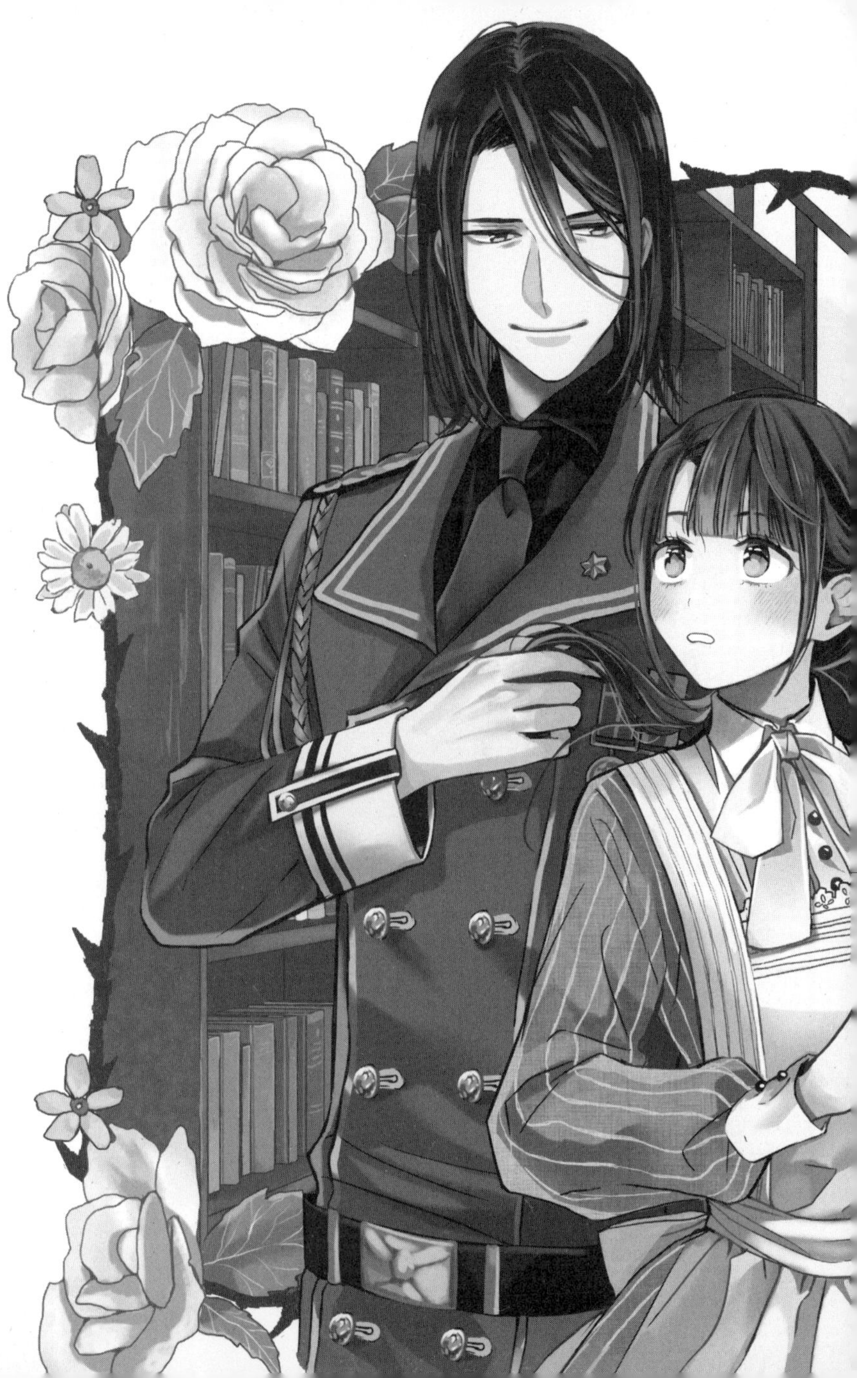

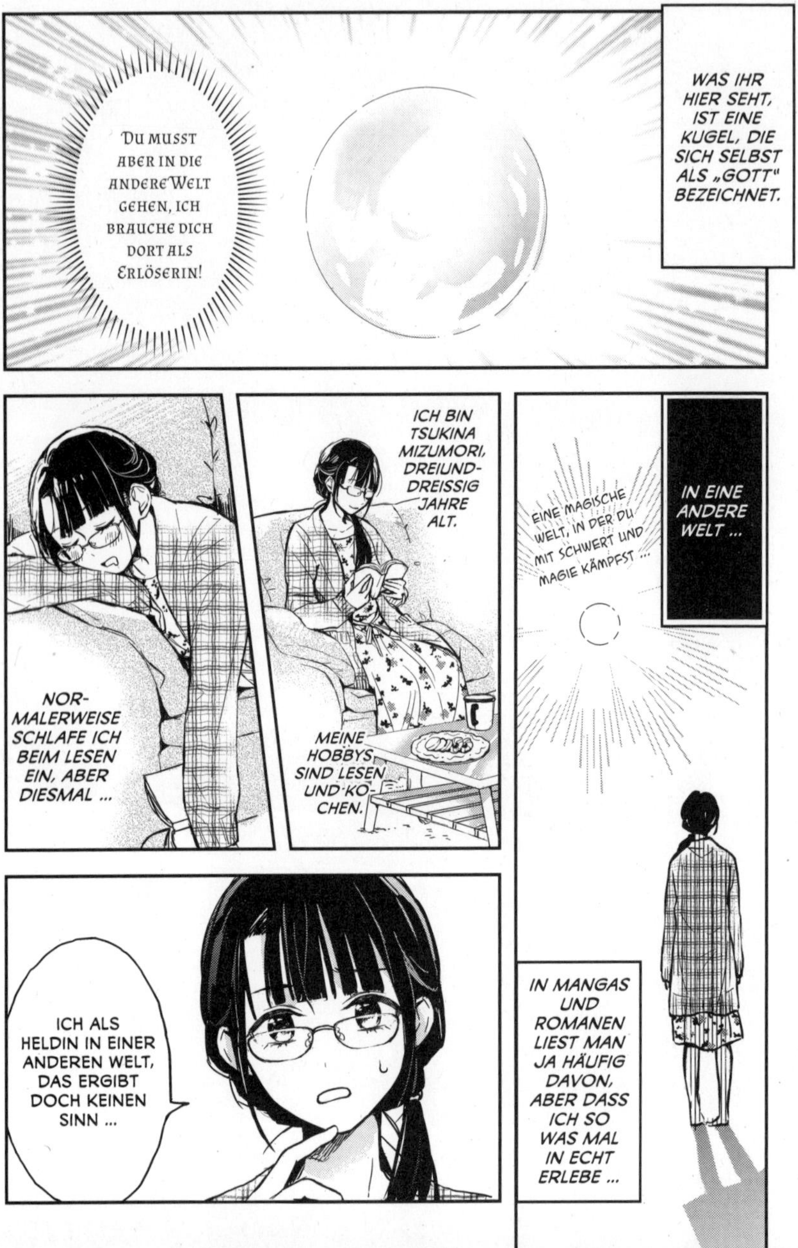
WAS IHR HIER SEHT, IST EINE KUGEL, DIE SICH SELBST ALS „GOTT" BEZEICHNET.
Du musst aber in die andere Welt gehen, ich brauche dich dort als Erlöserin!
IN EINE ANDERE WELT ...
EINE MAGISCHE WELT, IN DER DU MIT SCHWERT UND MAGIE KÄMPFST ...
ICH BIN TSUKINA MIZUMORI, DREIUND-DREISSIG JAHRE ALT.
MEINE HOBBYS SIND LESEN UND KO-CHEN.
NOR-MALERWEISE SCHLAFE ICH BEIM LESEN EIN, ABER DIESMAL ...
IN MANGAS UND ROMANEN LIEST MAN JA HÄUFIG DAVON, ABER DASS ICH SO WAS MAL IN ECHT ERLEBE ...
ICH ALS HELDIN IN EINER ANDEREN WELT, DAS ERGIBT DOCH KEINEN SINN ...

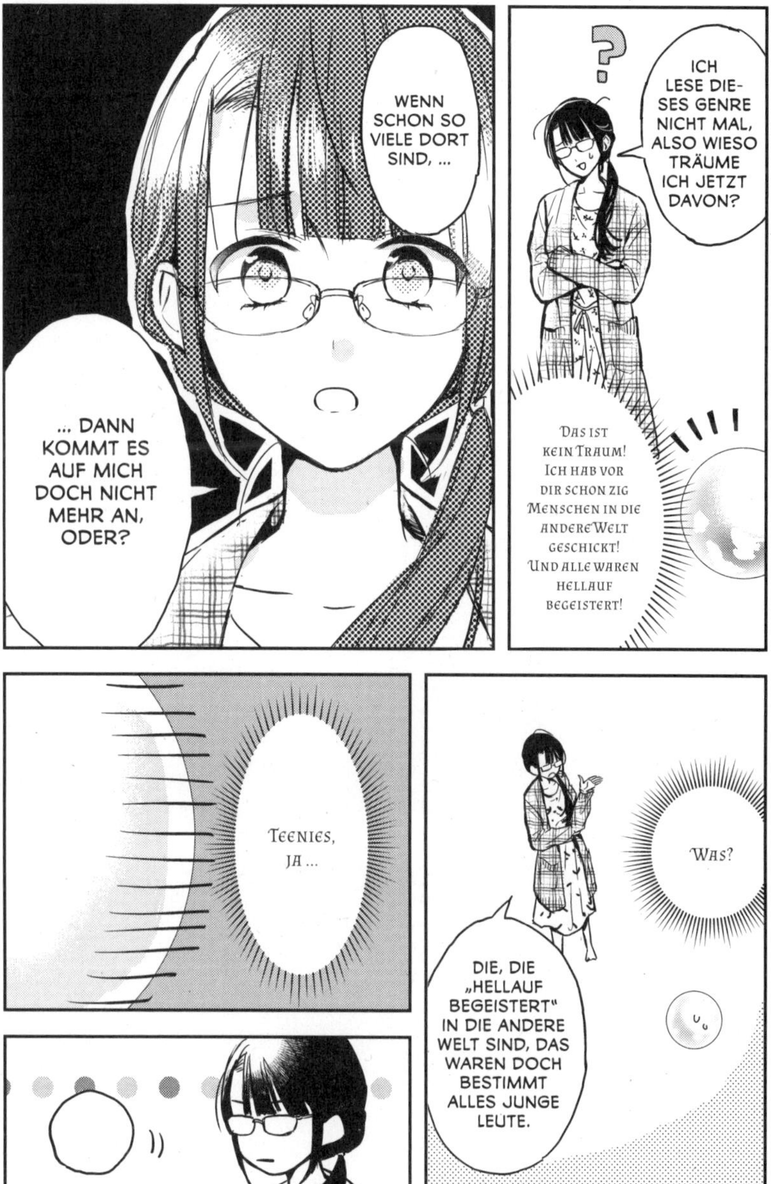
?
ICH LESE DIE-SES GENRE NICHT MAL, ALSO WIESO TRÄUME ICH JETZT DAVON?
Das ist kein Traum! Ich hab vor dir schon zig Menschen in die andere Welt geschickt! Und alle waren hellauf begeistert!
WENN SCHON SO VIELE DORT SIND, ...
... DANN KOMMT ES AUF MICH DOCH NICHT MEHR AN, ODER?
Was?
DIE, DIE „HELLAUF BEGEISTERT" IN DIE ANDERE WELT SIND, DAS WAREN DOCH BESTIMMT ALLES JUNGE LEUTE.
Teenies, ja ...

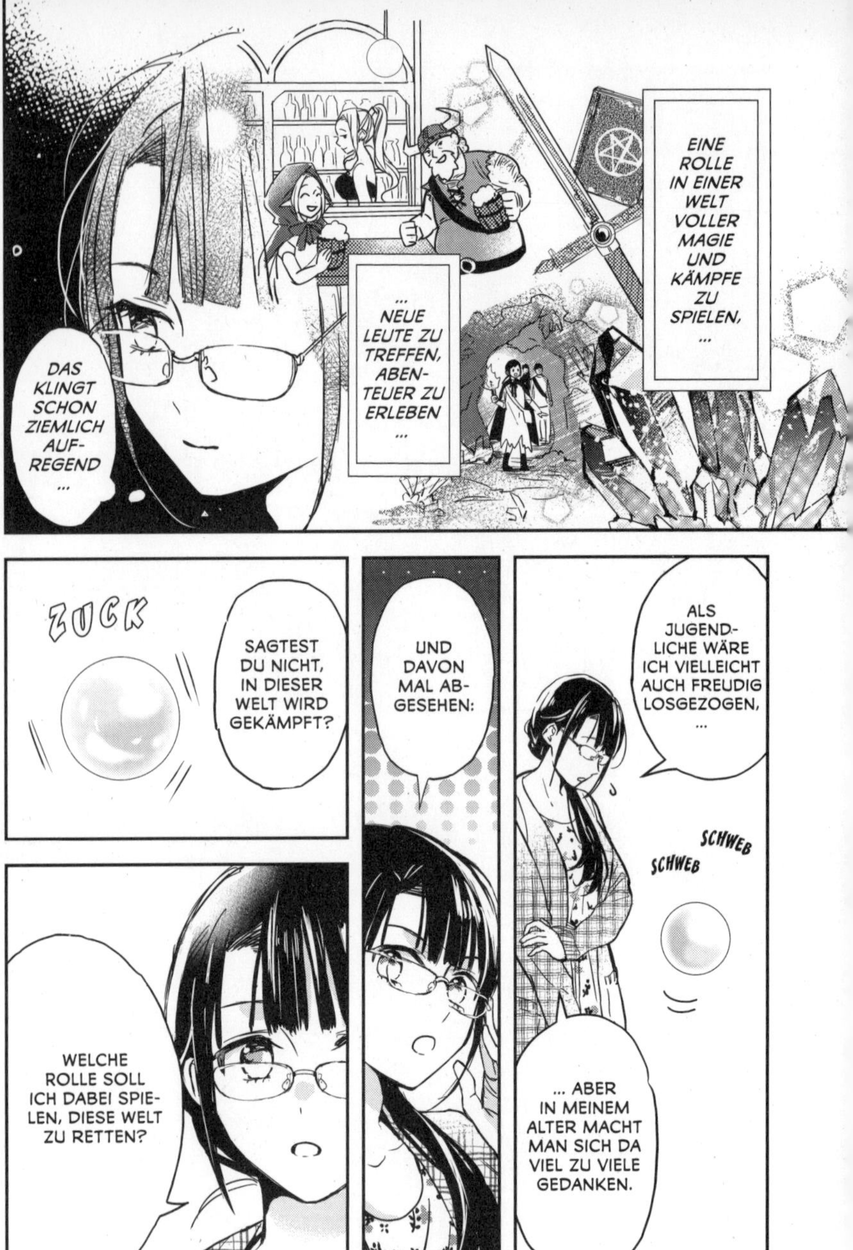
EINE ROLLE IN EINER WELT VOLLER MAGIE UND KÄMPFE ZU SPIELEN, ...
... NEUE LEUTE ZU TREFFEN, ABENTEUER ZU ERLEBEN ...
DAS KLINGT SCHON ZIEMLICH AUFREGEND ...
ALS JUGENDLICHE WÄRE ICH VIELLEICHT AUCH FREUDIG LOSGEZOGEN, ...
SCHWEB
SCHWEB
... ABER IN MEINEM ALTER MACHT MAN SICH DA VIEL ZU VIELE GEDANKEN.
UND DAVON MAL ABGESEHEN:
ZUCK
SAGTEST DU NICHT, IN DIESER WELT WIRD GEKÄMPFT?
WELCHE ROLLE SOLL ICH DABEI SPIELEN, DIESE WELT ZU RETTEN?

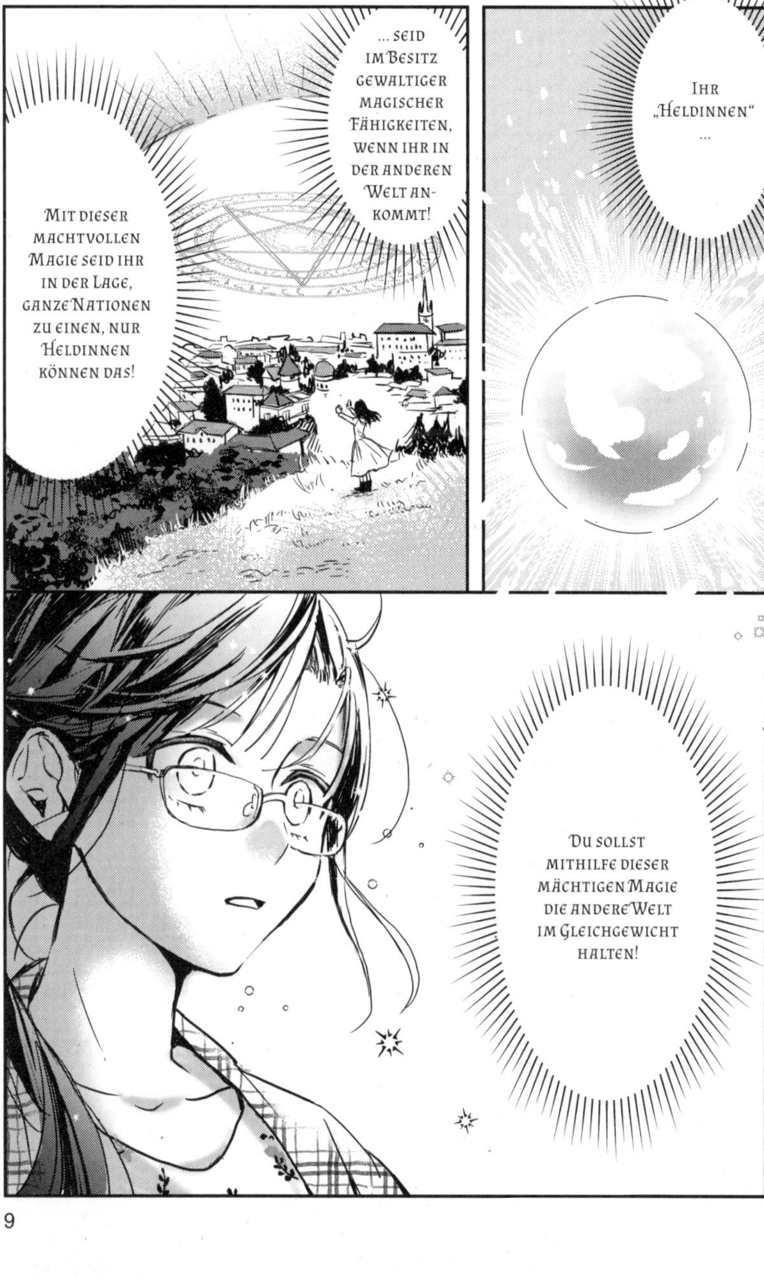
Ihr „Heldinnen“ …
… seid im Besitz gewaltiger magischer Fähigkeiten, wenn ihr in der anderen Welt ankommt!
Mit dieser machtvollen Magie seid ihr in der Lage, ganze Nationen zu einen, nur Heldinnen können das!
Du sollst mithilfe dieser mächtigen Magie die andere Welt im Gleichgewicht halten!

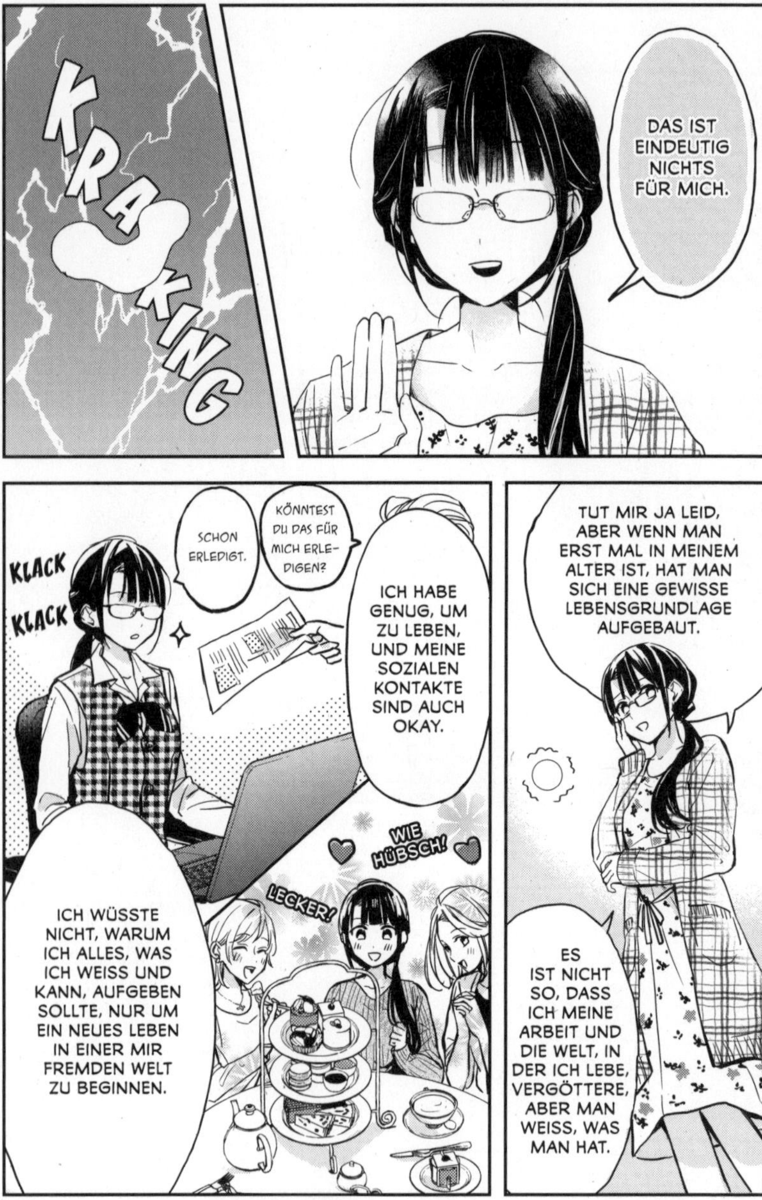
DAS IST EINDEUTIG NICHTS FÜR MICH.
KRAKING
TUT MIR JA LEID, ABER WENN MAN ERST MAL IN MEINEM ALTER IST, HAT MAN SICH EINE GEWISSE LEBENSGRUNDLAGE AUFGEBAUT.
ES IST NICHT SO, DASS ICH MEINE ARBEIT UND DIE WELT, IN DER ICH LEBE, VERGÖTTERE, ABER MAN WEISS, WAS MAN HAT.
ICH HABE GENUG, UM ZU LEBEN, UND MEINE SOZIALEN KONTAKTE SIND AUCH OKAY.
KÖNNTEST DU DAS FÜR MICH ERLE-DIGEN?
SCHON ERLEDIGT.
KLACK
KLACK
WIE HÜBSCH!
LECKER!
ICH WÜSSTE NICHT, WARUM ICH ALLES, WAS ICH WEISS UND KANN, AUFGEBEN SOLLTE, NUR UM EIN NEUES LEBEN IN EINER MIR FREMDEN WELT ZU BEGINNEN.

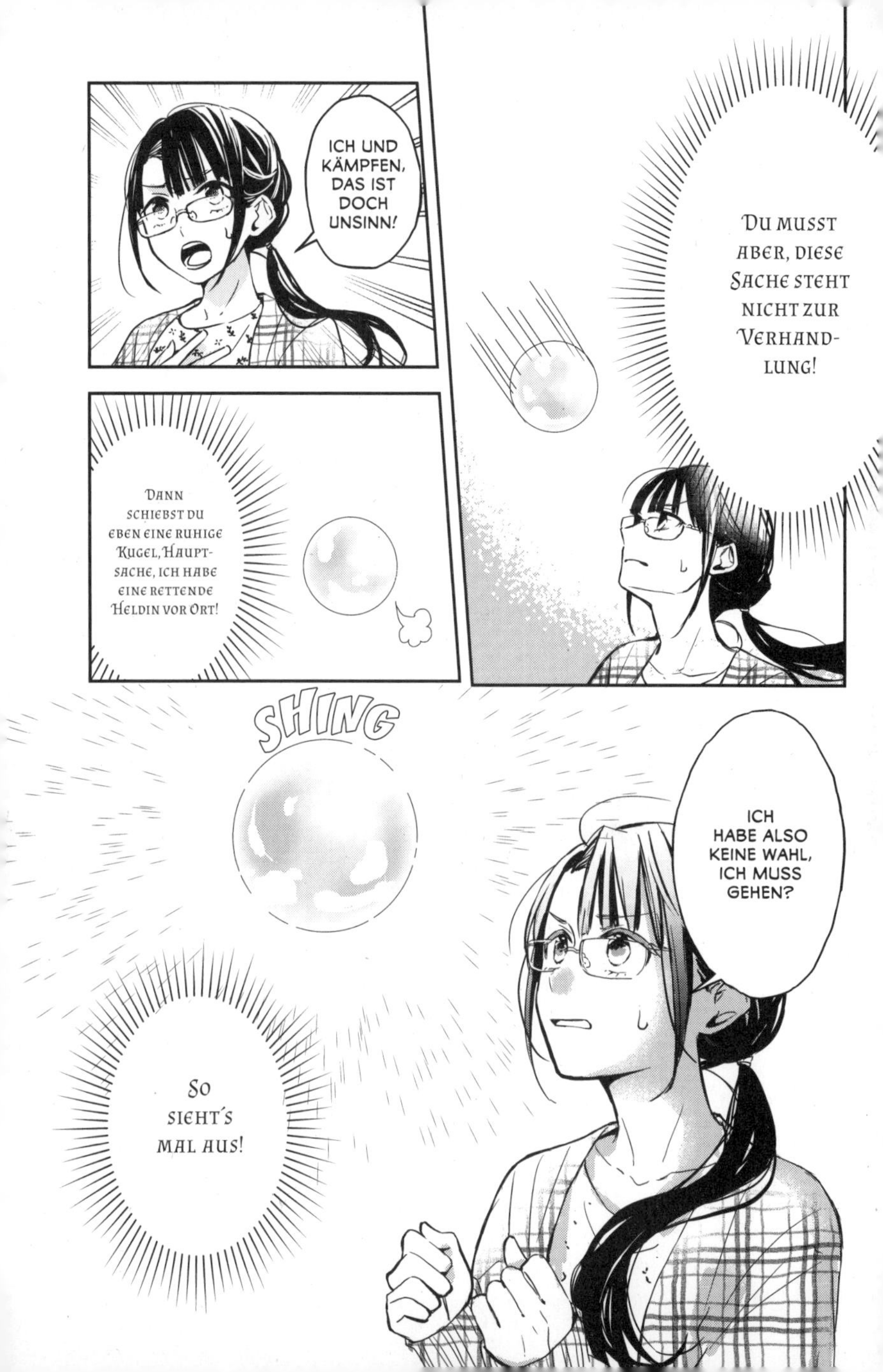
Du musst aber, diese Sache steht nicht zur Verhandlung!
Ich und kämpfen, das ist doch Unsinn!
Dann schiebst du eben eine ruhige Kugel, Hauptsache, ich habe eine rettende Heldin vor Ort!
SHING
Ich habe also keine Wahl, ich muss gehen?
So sieht's mal aus!

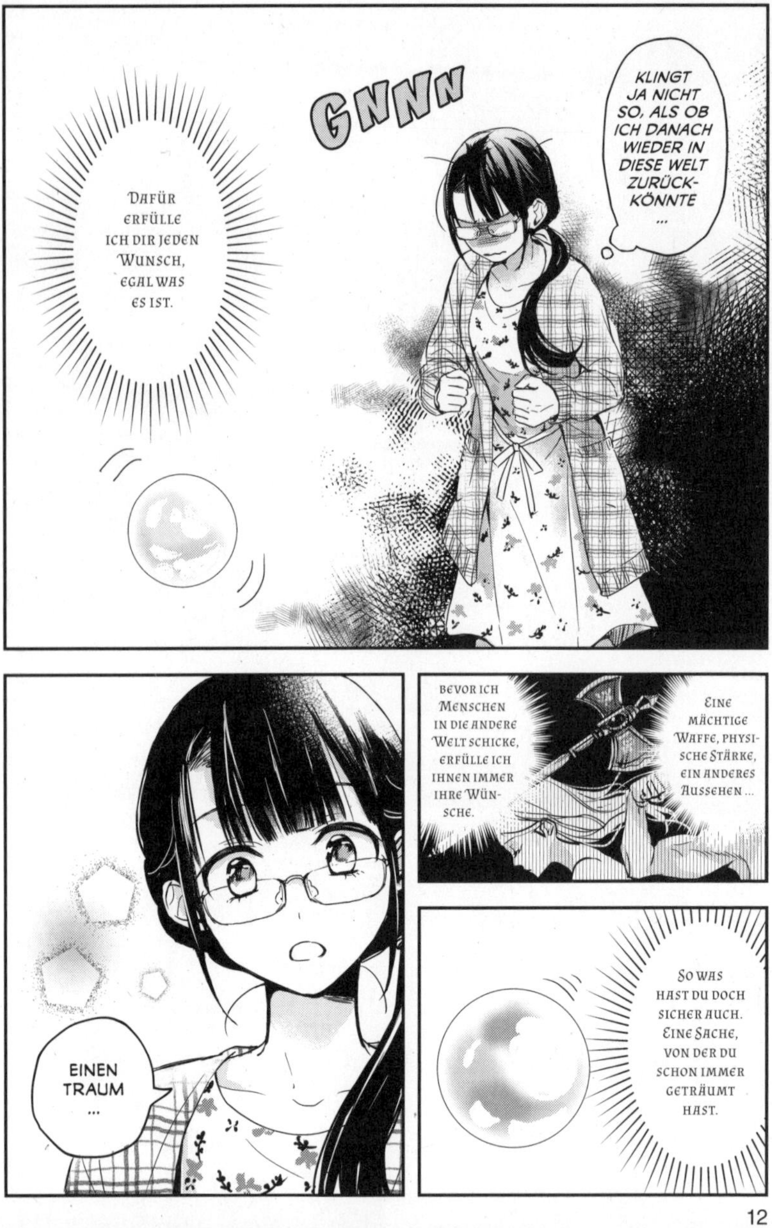
KLINGT JA NICHT SO, ALS OB ICH DANACH WIEDER IN DIESE WELT ZURÜCK-KÖNNTE …
GNNN
Dafür erfülle ich dir jeden Wunsch, egal was es ist.
Bevor ich Menschen in die andere Welt schicke, erfülle ich ihnen immer ihre Wün-sche.
Eine mächtige Waffe, physi-sche Stärke, ein anderes Aussehen …
So was hast du doch sicher auch. Eine Sache, von der du schon immer geträumt hast.
EINEN TRAUM …

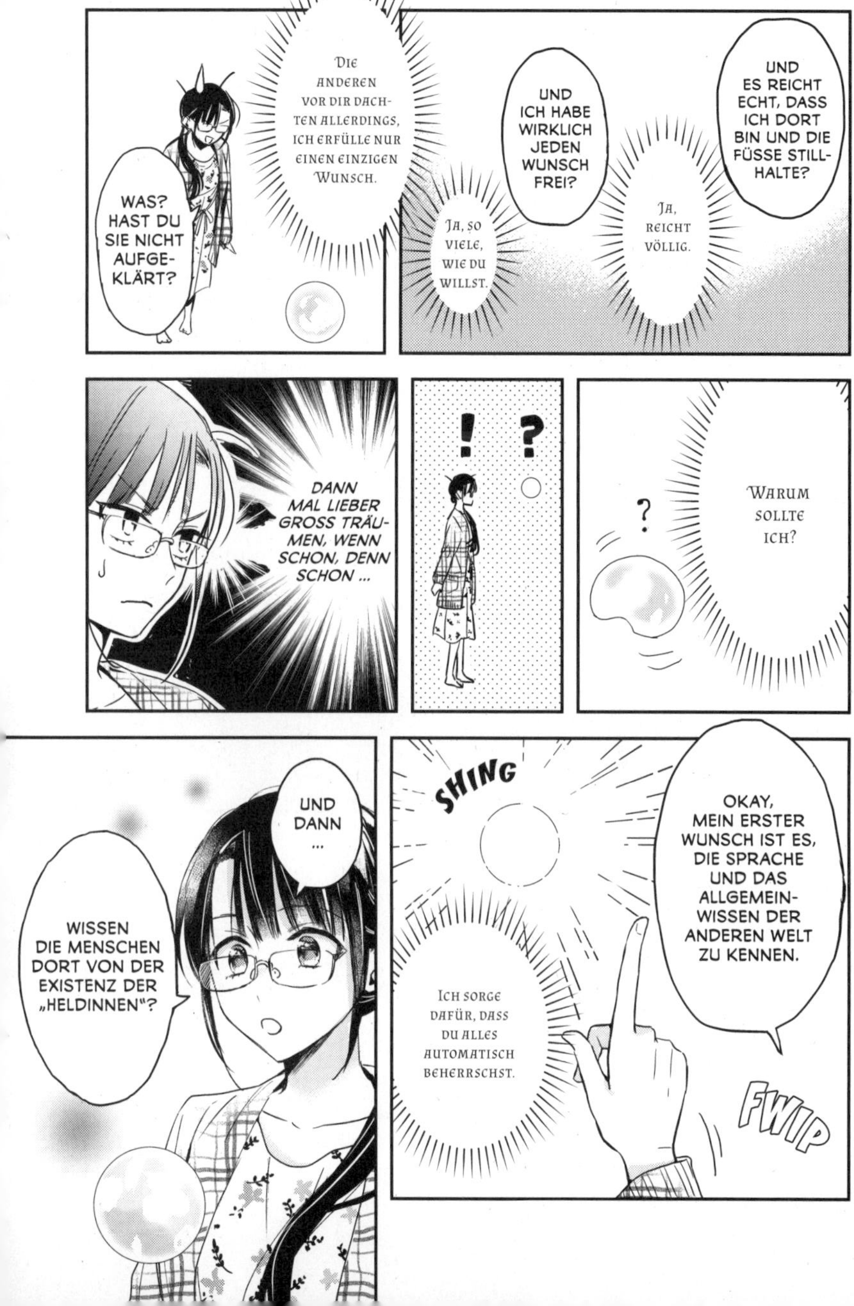
UND ES REICHT ECHT, DASS ICH DORT BIN UND DIE FÜSSE STILLHALTE?
Ja, reicht völlig.
UND ICH HABE WIRKLICH JEDEN WUNSCH FREI?
Ja, so viele, wie du willst.
Die anderen vor dir dachten allerdings, ich erfülle nur einen einzigen Wunsch.
WAS? HAST DU SIE NICHT AUFGEKLÄRT?
Warum sollte ich?
?
!?
DANN MAL LIEBER GROSS TRÄUMEN, WENN SCHON, DENN SCHON ...
OKAY, MEIN ERSTER WUNSCH IST ES, DIE SPRACHE UND DAS ALLGEMEINWISSEN DER ANDEREN WELT ZU KENNEN.
SHING
Ich sorge dafür, dass du alles automatisch beherrschst.
FWIP
UND DANN ...
WISSEN DIE MENSCHEN DORT VON DER EXISTENZ DER „HELDINNEN“?

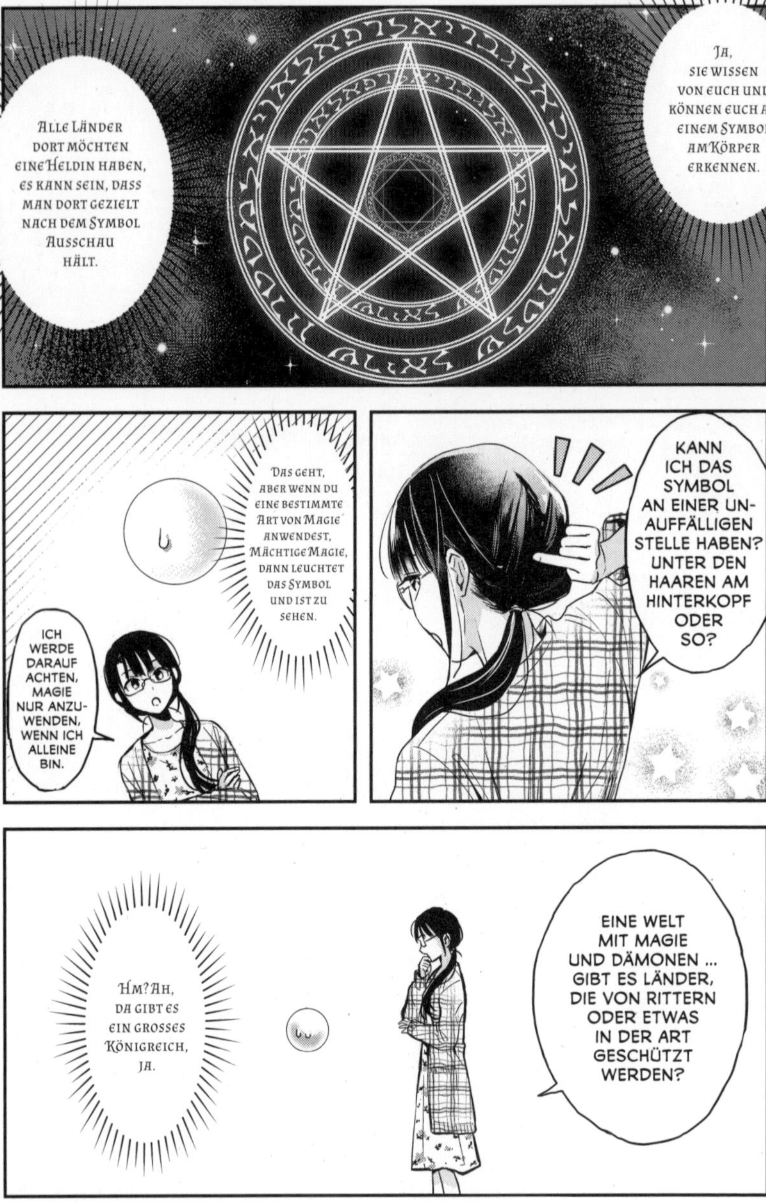
Ja, sie wissen von euch und können euch an einem Symbol am Körper erkennen.
Alle Länder dort möchten eine Heldin haben, es kann sein, dass man dort gezielt nach dem Symbol Ausschau hält.
KANN ICH DAS SYMBOL AN EINER UN-AUFFÄLLIGEN STELLE HABEN? UNTER DEN HAAREN AM HINTERKOPF ODER SO?
Das geht, aber wenn du eine bestimmte Art von Magie anwendest, mächtige Magie, dann leuchtet das Symbol und ist zu sehen.
ICH WERDE DARAUF ACHTEN, MAGIE NUR ANZU-WENDEN, WENN ICH ALLEINE BIN.
EINE WELT MIT MAGIE UND DÄMONEN ... GIBT ES LÄNDER, DIE VON RITTERN ODER ETWAS IN DER ART GESCHÜTZT WERDEN?
Hm? Ah, da gibt es ein grosses Königreich, ja.

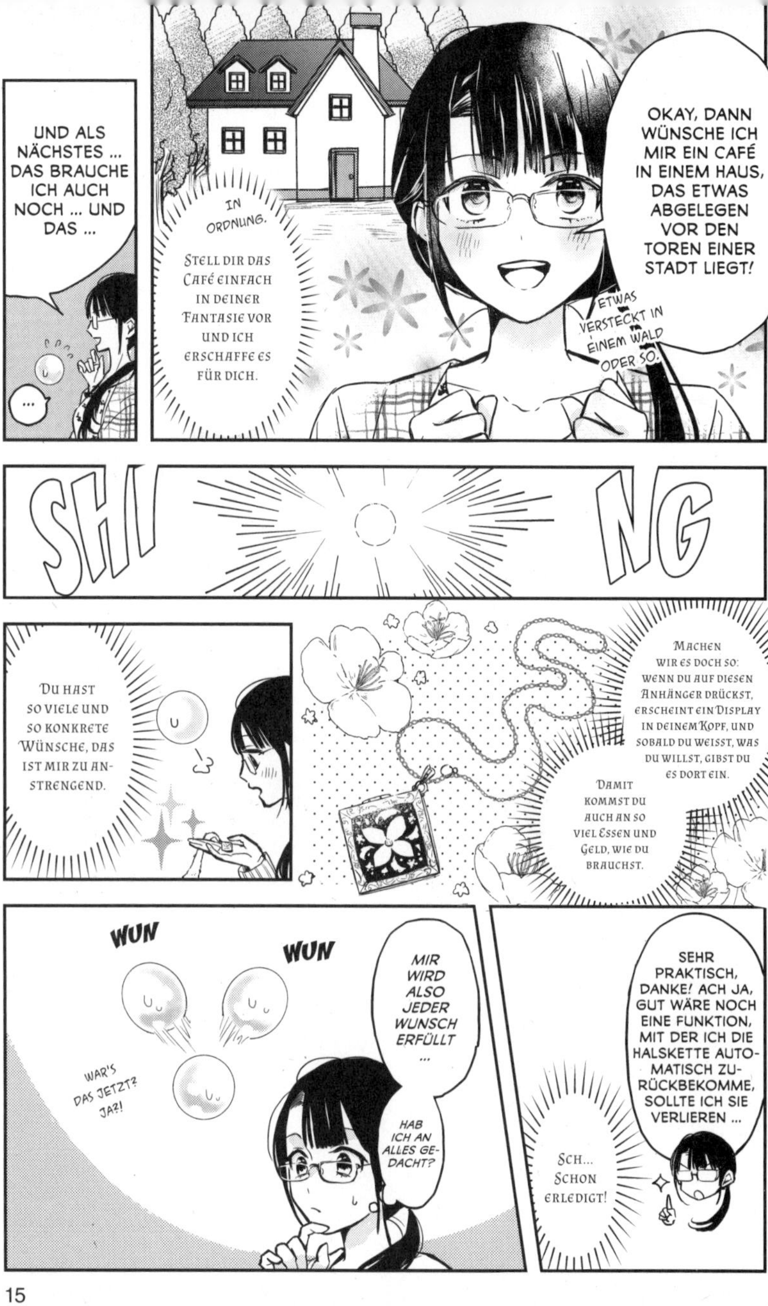
OKAY, DANN WÜNSCHE ICH MIR EIN CAFÉ IN EINEM HAUS, DAS ETWAS ABGELEGEN VOR DEN TOREN EINER STADT LIEGT!
ETWAS VERSTECKT IN EINEM WALD ODER SO.
IN ORDNUNG.
STELL DIR DAS CAFÉ EINFACH IN DEINER FANTASIE VOR UND ICH ERSCHAFFE ES FÜR DICH.
UND ALS NÄCHSTES ... DAS BRAUCHE ICH AUCH NOCH ... UND DAS ...
...
SHI NG
MACHEN WIR ES DOCH SO: WENN DU AUF DIESEN ANHÄNGER DRÜCKST, ERSCHEINT EIN DISPLAY IN DEINEM KOPF, UND SOBALD DU WEISST, WAS DU WILLST, GIBST DU ES DORT EIN.
DAMIT KOMMST DU AUCH AN SO VIEL ESSEN UND GELD, WIE DU BRAUCHST.
DU HAST SO VIELE UND SO KONKRETE WÜNSCHE, DAS IST MIR ZU AN-STRENGEND.
SEHR PRAKTISCH, DANKE! ACH JA, GUT WÄRE NOCH EINE FUNKTION, MIT DER ICH DIE HALSKETTE AUTO-MATISCH ZU-RÜCKBEKOMME, SOLLTE ICH SIE VERLIEREN ...
SCH... SCHON ERLEDIGT!
WUN
WUN
MIR WIRD ALSO JEDER WUNSCH ERFÜLLT ...
HAB ICH AN ALLES GE-DACHT?
WAR'S DAS JETZT? JA?!

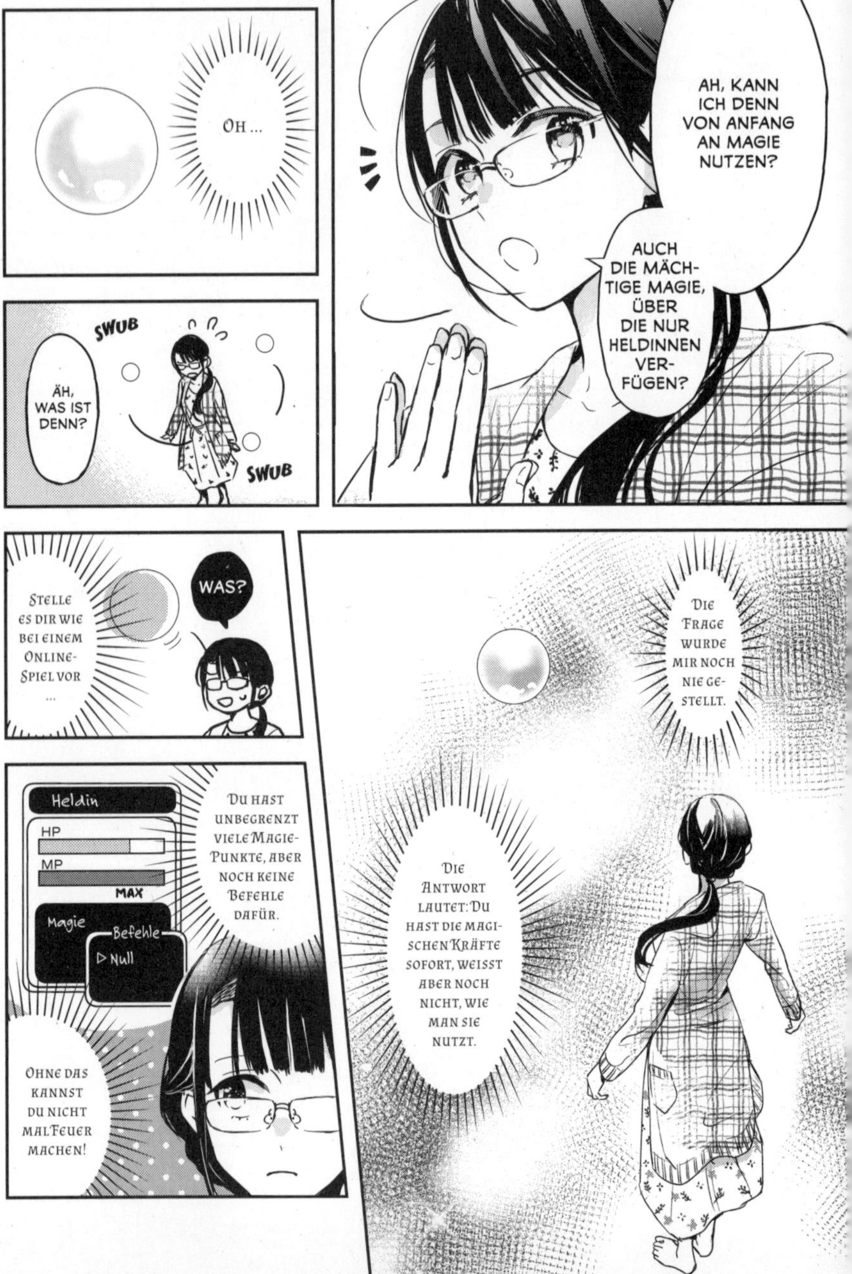
AH, KANN ICH DENN VON ANFANG AN MAGIE NUTZEN?
AUCH DIE MÄCHTIGE MAGIE, ÜBER DIE NUR HELDINNEN VERFÜGEN?
OH ...
SWUB
ÄH, WAS IST DENN?
SWUB
DIE FRAGE WURDE MIR NOCH NIE GESTELLT.
DIE ANTWORT LAUTET: DU HAST DIE MAGISCHEN KRÄFTE SOFORT, WEISST ABER NOCH NICHT, WIE MAN SIE NUTZT.
WAS?
STELLE ES DIR WIE BEI EINEM ONLINE-SPIEL VOR ...
DU HAST UNBEGRENZT VIELE MAGIE-PUNKTE, ABER NOCH KEINE BEFEHLE DAFÜR.
Heldin
HP
MP
MAX
Magie
Befehle
▷ Null
OHNE DAS KANNST DU NICHT MAL FEUER MACHEN!

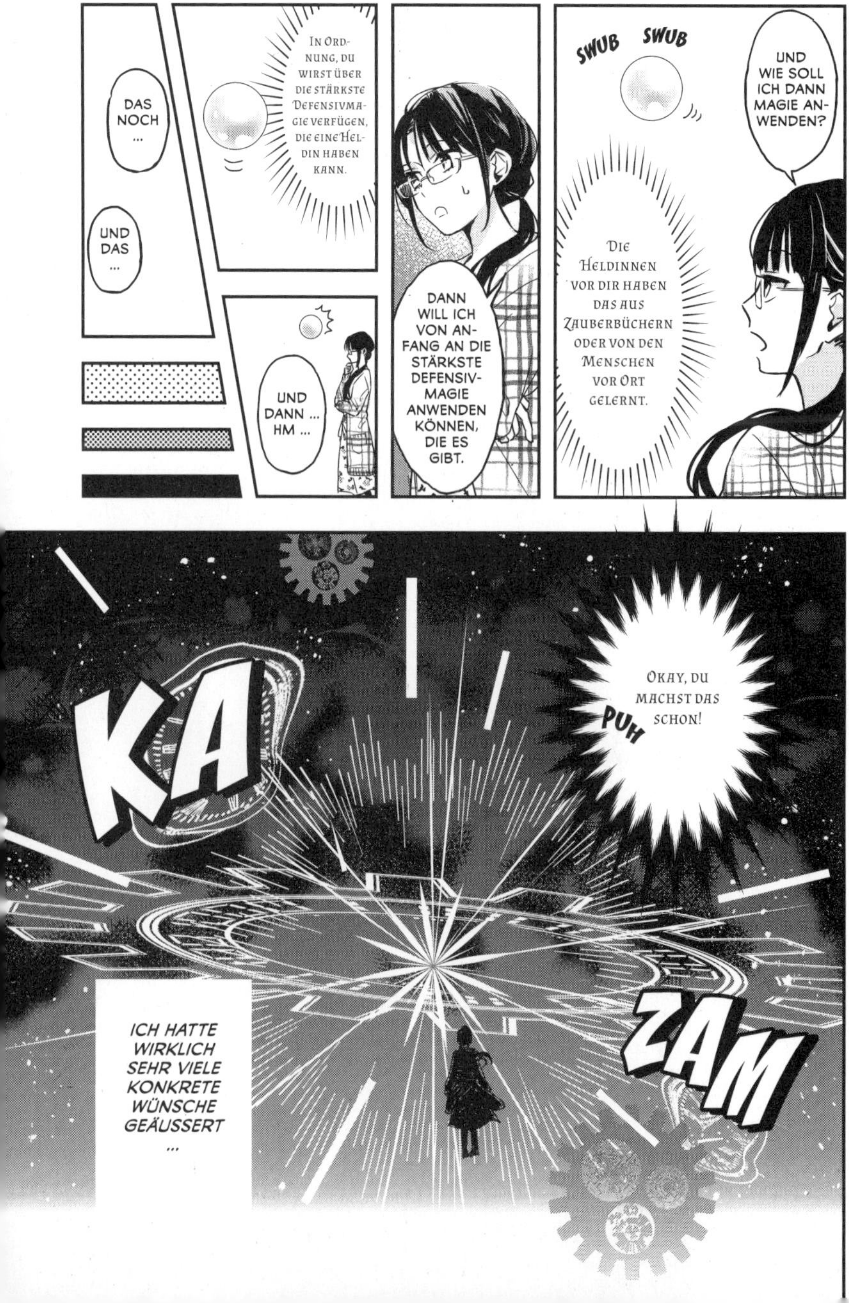
SWUB SWUB
UND WIE SOLL ICH DANN MAGIE ANWENDEN?
Die Heldinnen vor dir haben das aus Zauberbüchern oder von den Menschen vor Ort gelernt.
DANN WILL ICH VON ANFANG AN DIE STÄRKSTE DEFENSIVMAGIE ANWENDEN KÖNNEN, DIE ES GIBT.
In Ordnung, du wirst über die stärkste Defensivmagie verfügen, die eine Heldin haben kann.
UND DANN ... HM ...
DAS NOCH ...
UND DAS ...
Okay, du machst das schon!
PUH
KA
ZAM
ICH HATTE WIRKLICH SEHR VIELE KONKRETE WÜNSCHE GEÄUSSERT ...

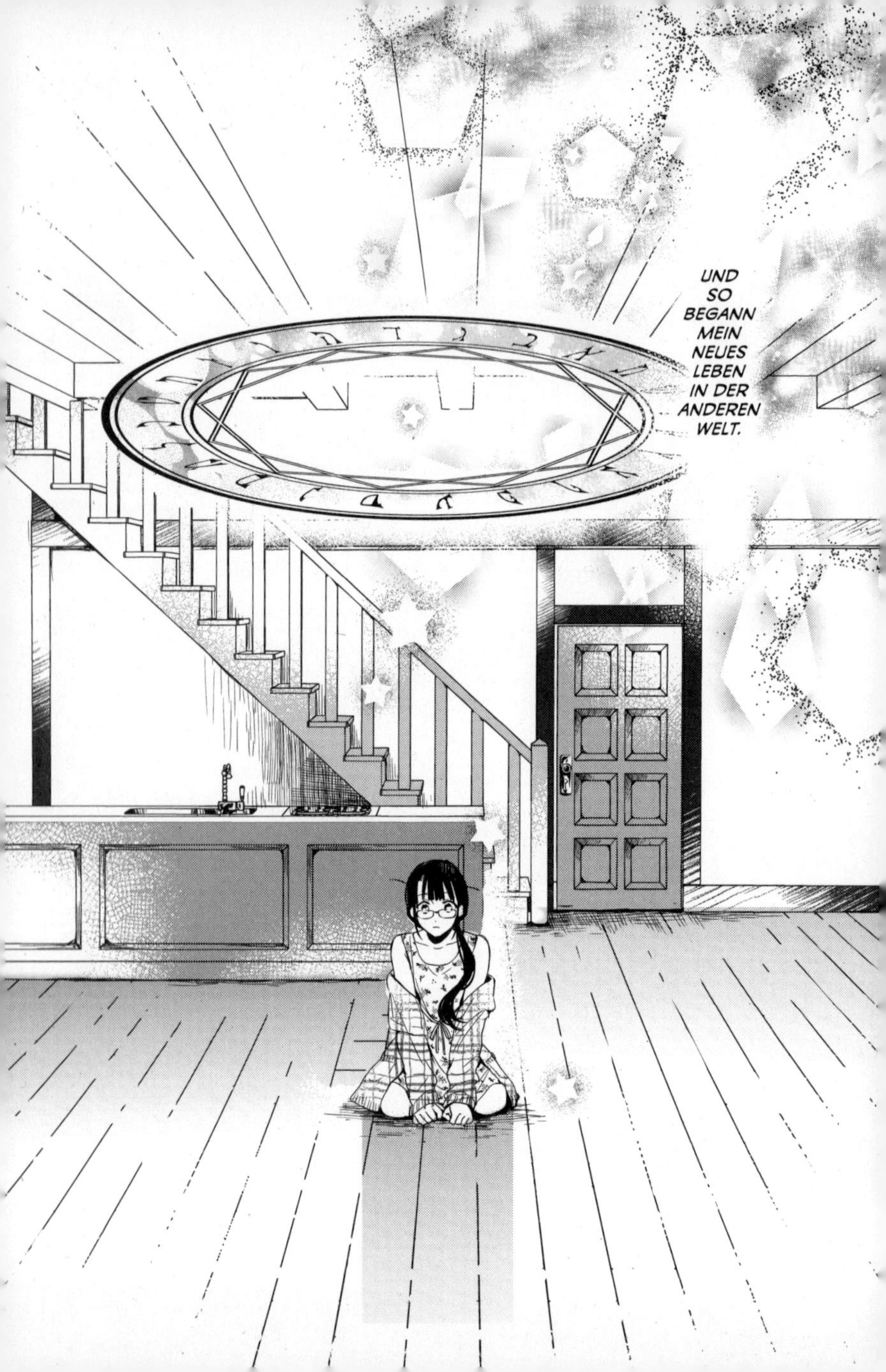
UND SO BEGANN MEIN NEUES LEBEN IN DER ANDEREN WELT.

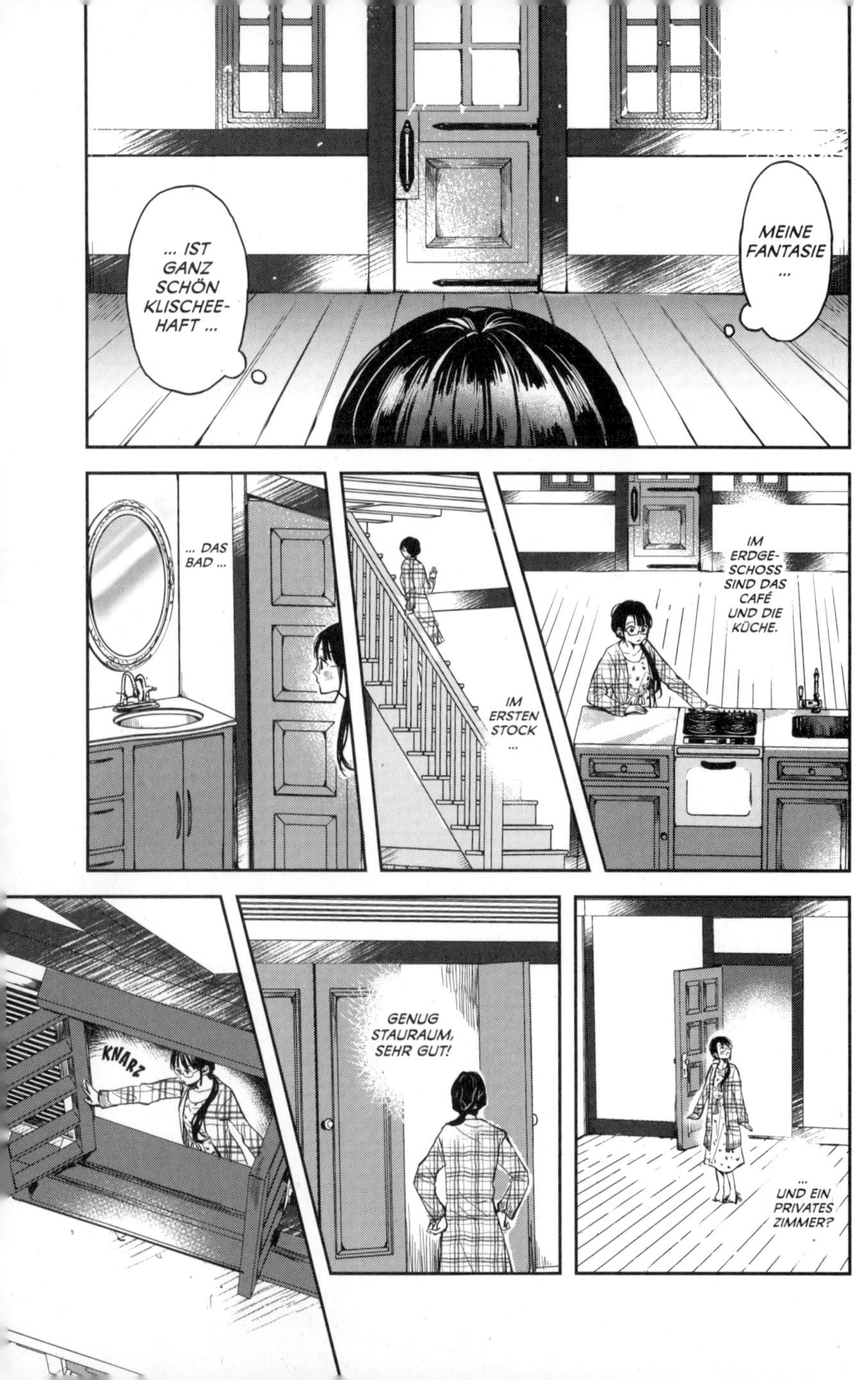
MEINE FANTASIE ...
... IST GANZ SCHÖN KLISCHEE-HAFT ...
IM ERDGE-SCHOSS SIND DAS CAFÉ UND DIE KÜCHE.
IM ERSTEN STOCK ...
... DAS BAD ...
... UND EIN PRIVATES ZIMMER?
GENUG STAURAUM, SEHR GUT!
KNARZ

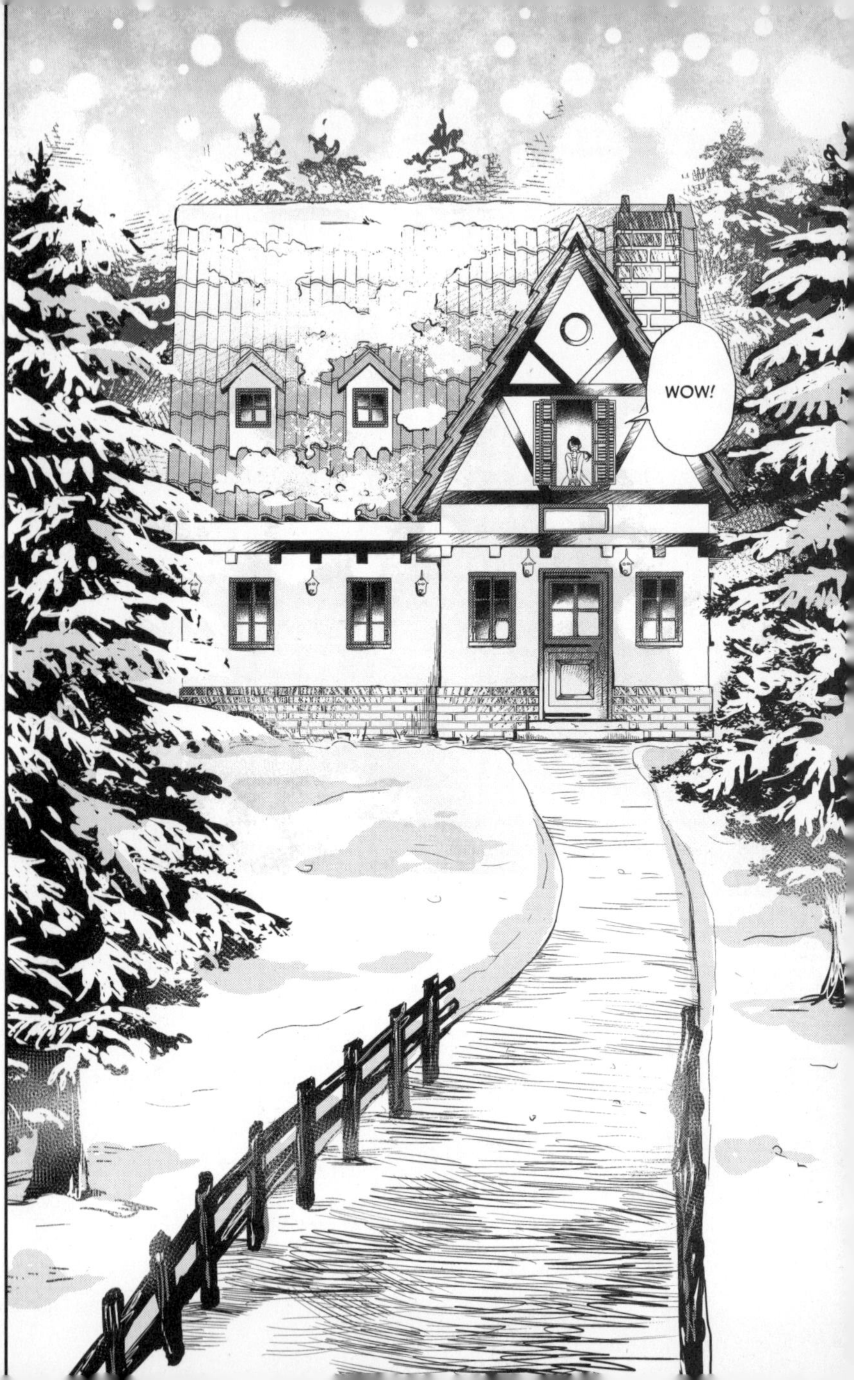
WOW!

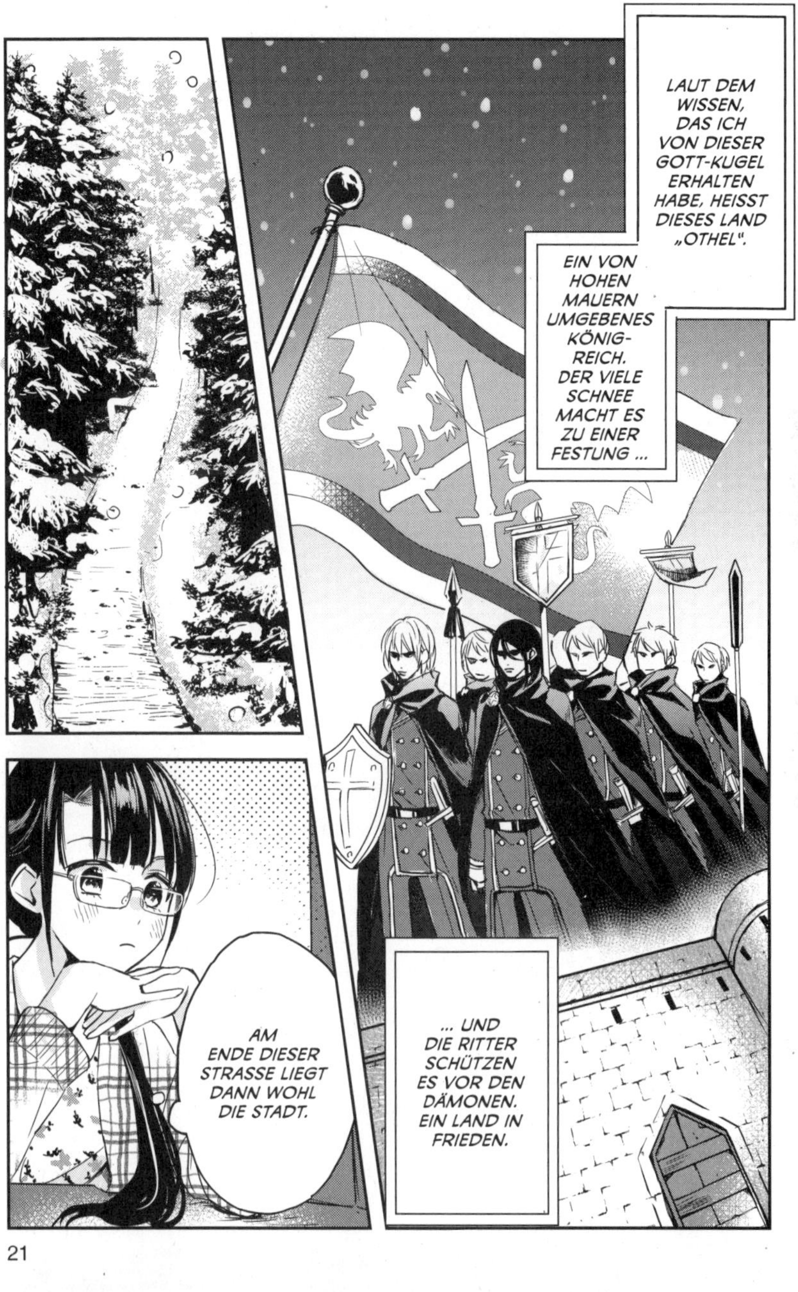
LAUT DEM WISSEN, DAS ICH VON DIESER GOTT-KUGEL ERHALTEN HABE, HEISST DIESES LAND „OTHEL“.
EIN VON HOHEN MAUERN UMGEBENES KÖNIG-REICH. DER VIELE SCHNEE MACHT ES ZU EINER FESTUNG ...
... UND DIE RITTER SCHÜTZEN ES VOR DEN DÄMONEN. EIN LAND IN FRIEDEN.
AM ENDE DIESER STRASSE LIEGT DANN WOHL DIE STADT.

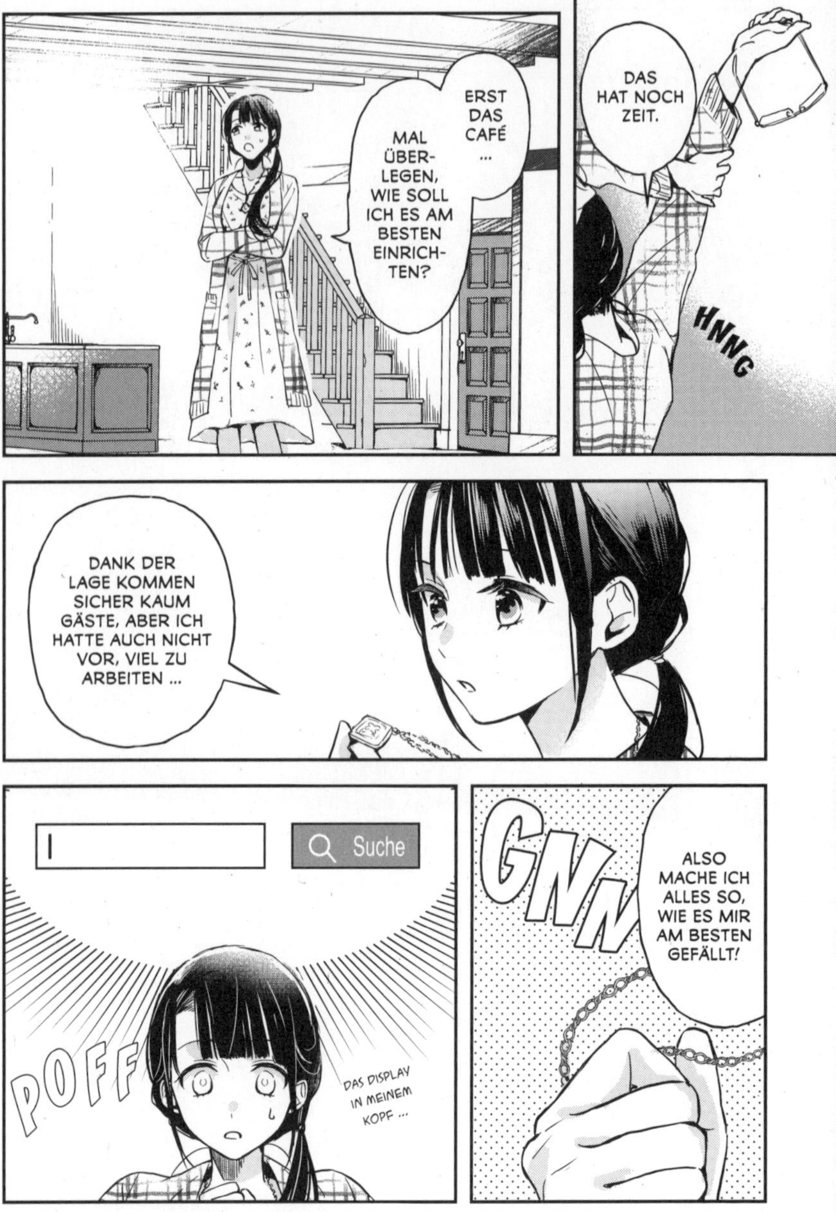
DAS HAT NOCH ZEIT.
HNNG
ERST DAS CAFÉ ...
MAL ÜBERLEGEN, WIE SOLL ICH ES AM BESTEN EINRICHTEN?
DANK DER LAGE KOMMEN SICHER KAUM GÄSTE, ABER ICH HATTE AUCH NICHT VOR, VIEL ZU ARBEITEN ...
GNN
ALSO MACHE ICH ALLES SO, WIE ES MIR AM BESTEN GEFÄLLT!
Suche
POFF
DAS DISPLAY IN MEINEM KOPF ...

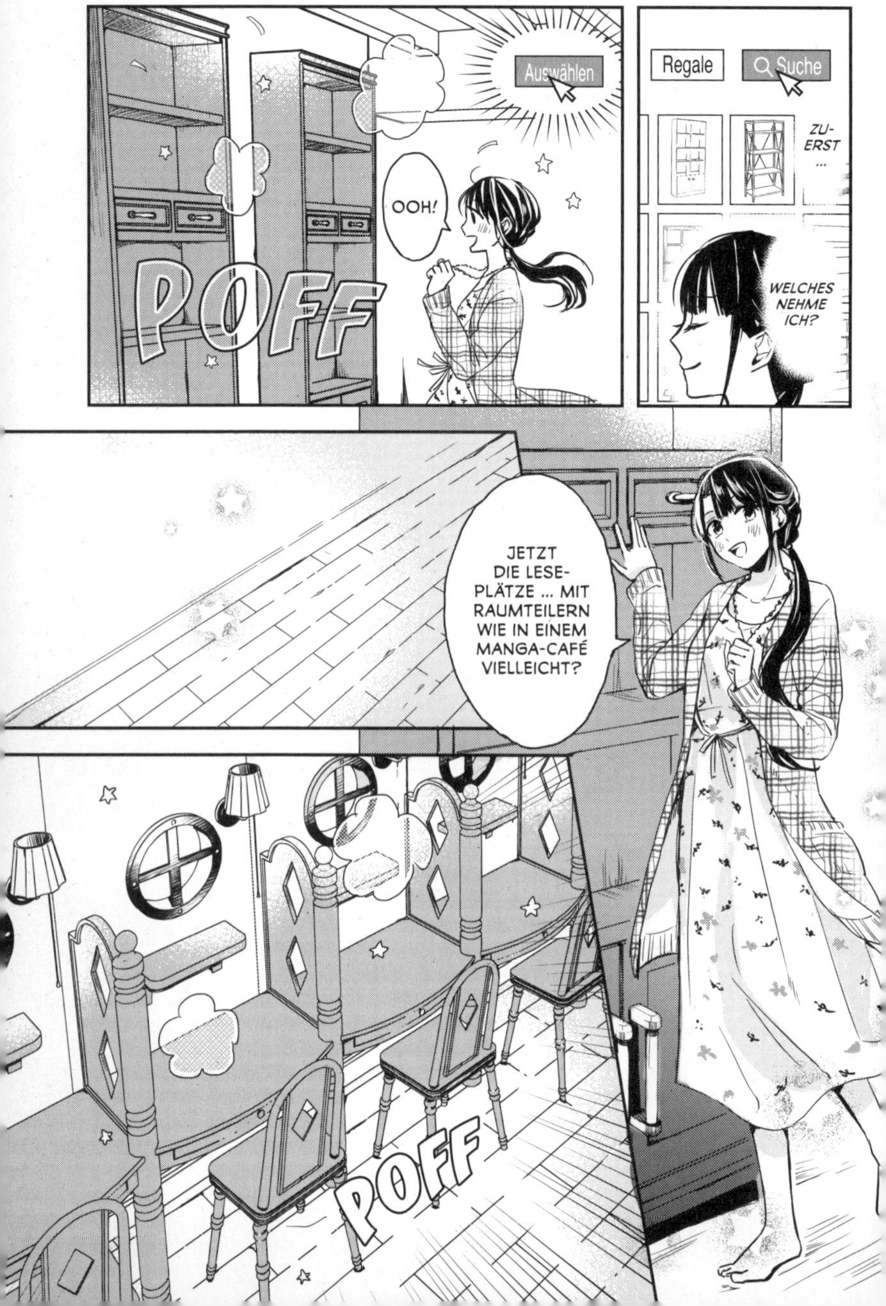
Regale
Suche
ZU-ERST …
WELCHES NEHME ICH?
Auswählen
OOH!
POFF
JETZT DIE LESE-PLÄTZE … MIT RAUMTEILERN WIE IN EINEM MANGA-CAFÉ VIELLEICHT?
POFF

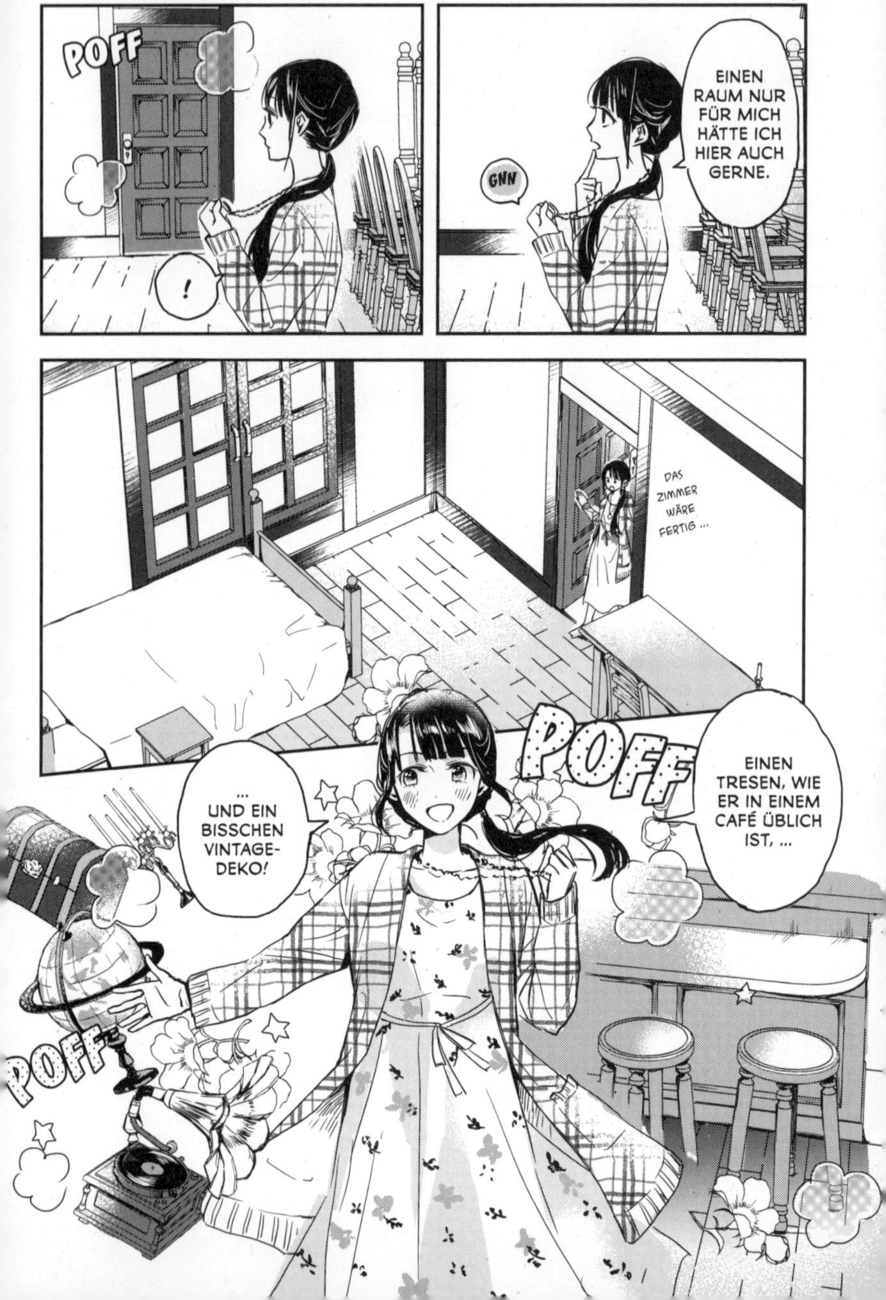
EINEN RAUM NUR FÜR MICH HÄTTE ICH HIER AUCH GERNE.
GNN
POFF
!
DAS ZIMMER WÄRE FERTIG ...
EINEN TRESEN, WIE ER IN EINEM CAFÉ ÜBLICH IST, ...
POFF
... UND EIN BISSCHEN VINTAGE-DEKO!
POFF

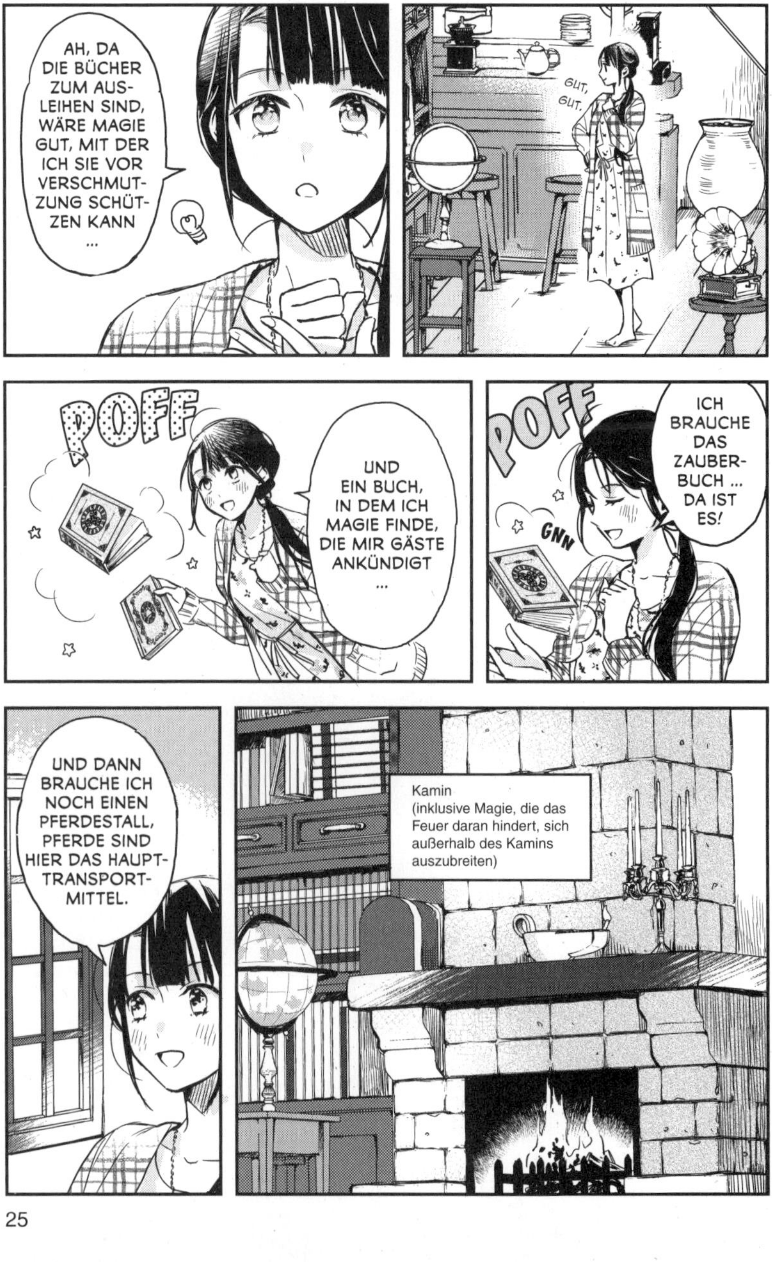

GUT, GUT.
AH, DA DIE BÜCHER ZUM AUSLEIHEN SIND, WÄRE MAGIE GUT, MIT DER ICH SIE VOR VERSCHMUTZUNG SCHÜTZEN KANN ...
POFF
ICH BRAUCHE DAS ZAUBERBUCH ... DA IST ES!
GNN
POFF
UND EIN BUCH, IN DEM ICH MAGIE FINDE, DIE MIR GÄSTE ANKÜNDIGT ...
Kamin
(inklusive Magie, die das Feuer daran hindert, sich außerhalb des Kamins auszubreiten)
UND DANN BRAUCHE ICH NOCH EINEN PFERDESTALL, PFERDE SIND HIER DAS HAUPTTRANSPORTMITTEL.

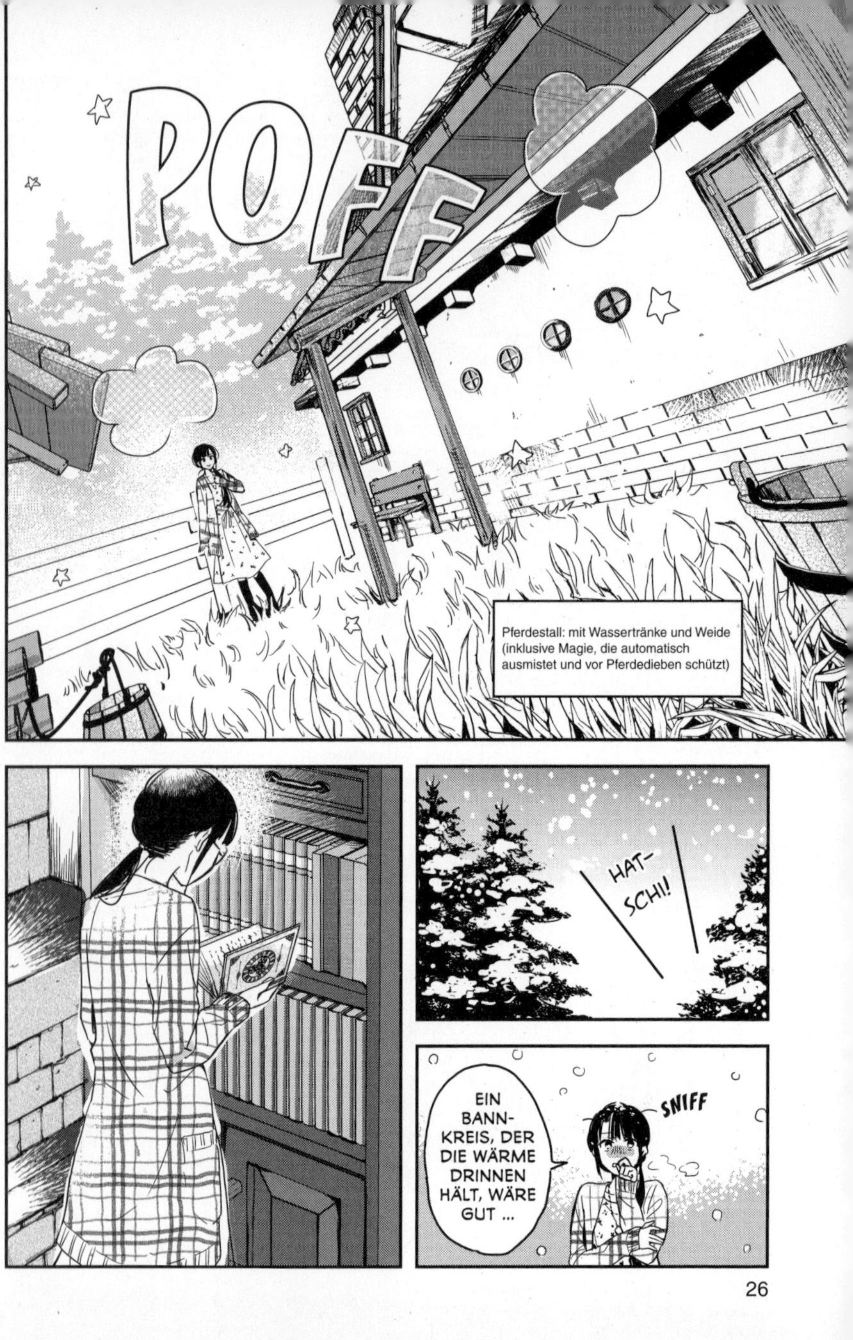
POFF
Pferdestall: mit Wassertränke und Weide (inklusive Magie, die automatisch ausmistet und vor Pferdedieben schützt)
HAT-SCHI!
SNIFF
EIN BANNKREIS, DER DIE WÄRME DRINNEN HÄLT, WÄRE GUT ...

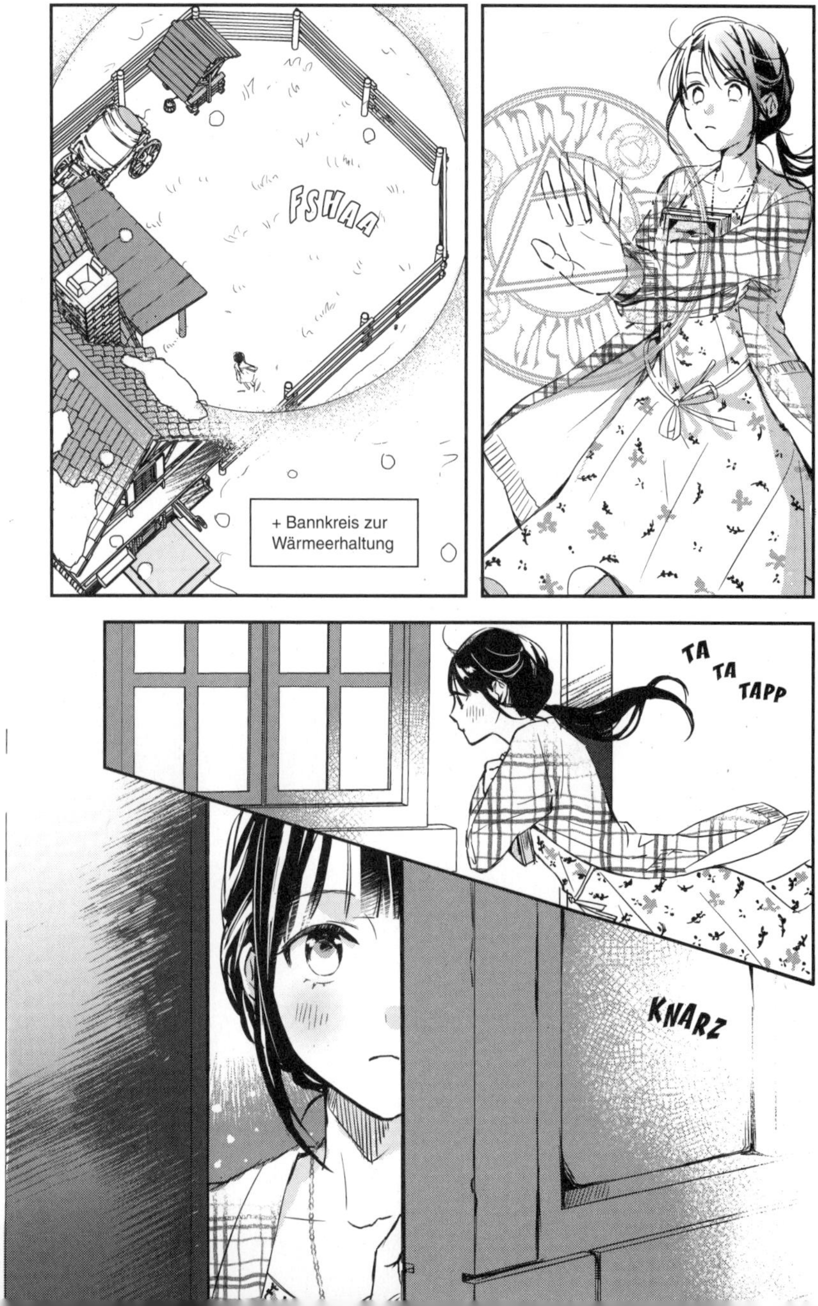
FSHAA
+ Bannkreis zur Wärmeerhaltung
TA TA TAPP
KNARZ

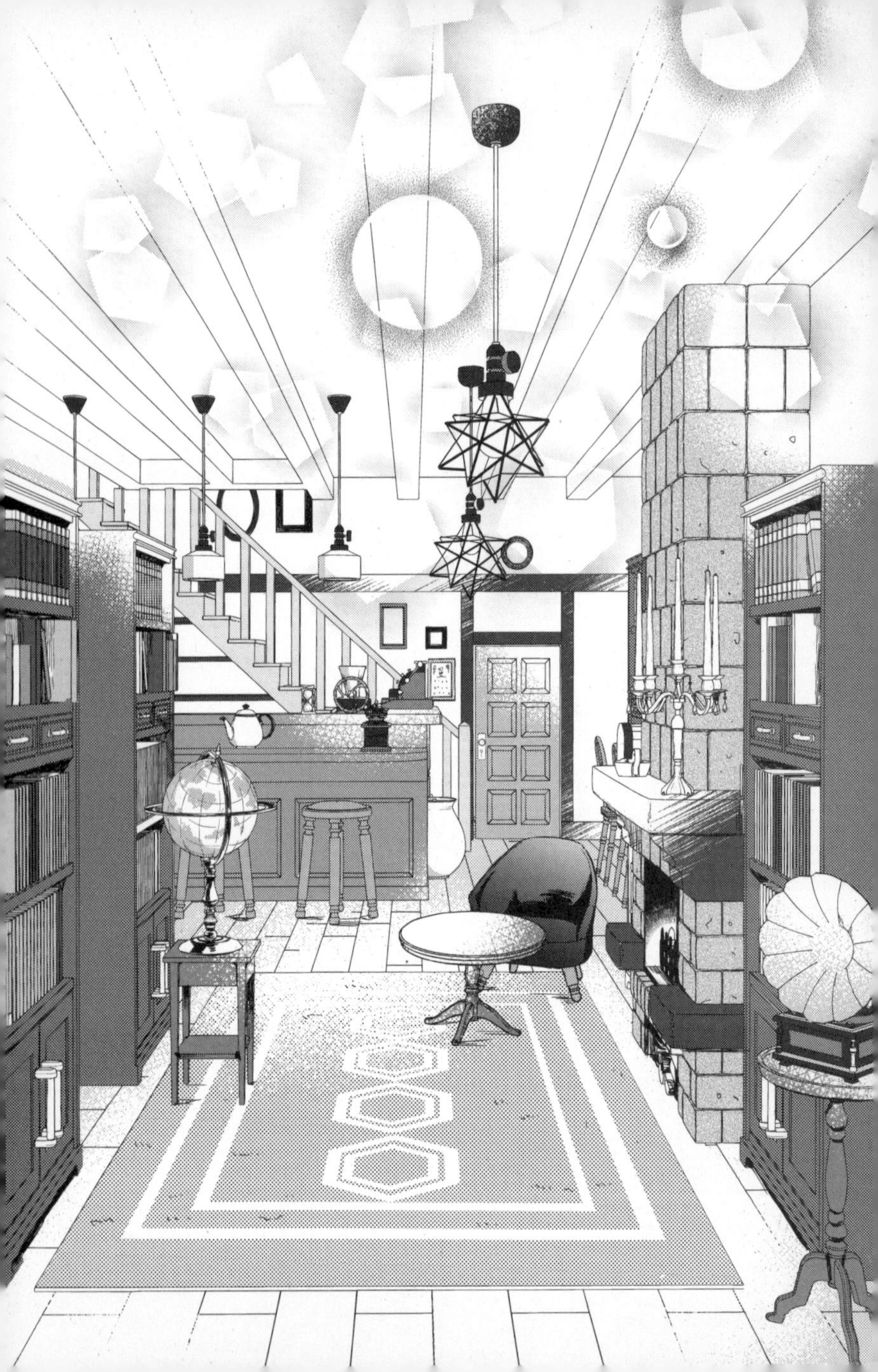

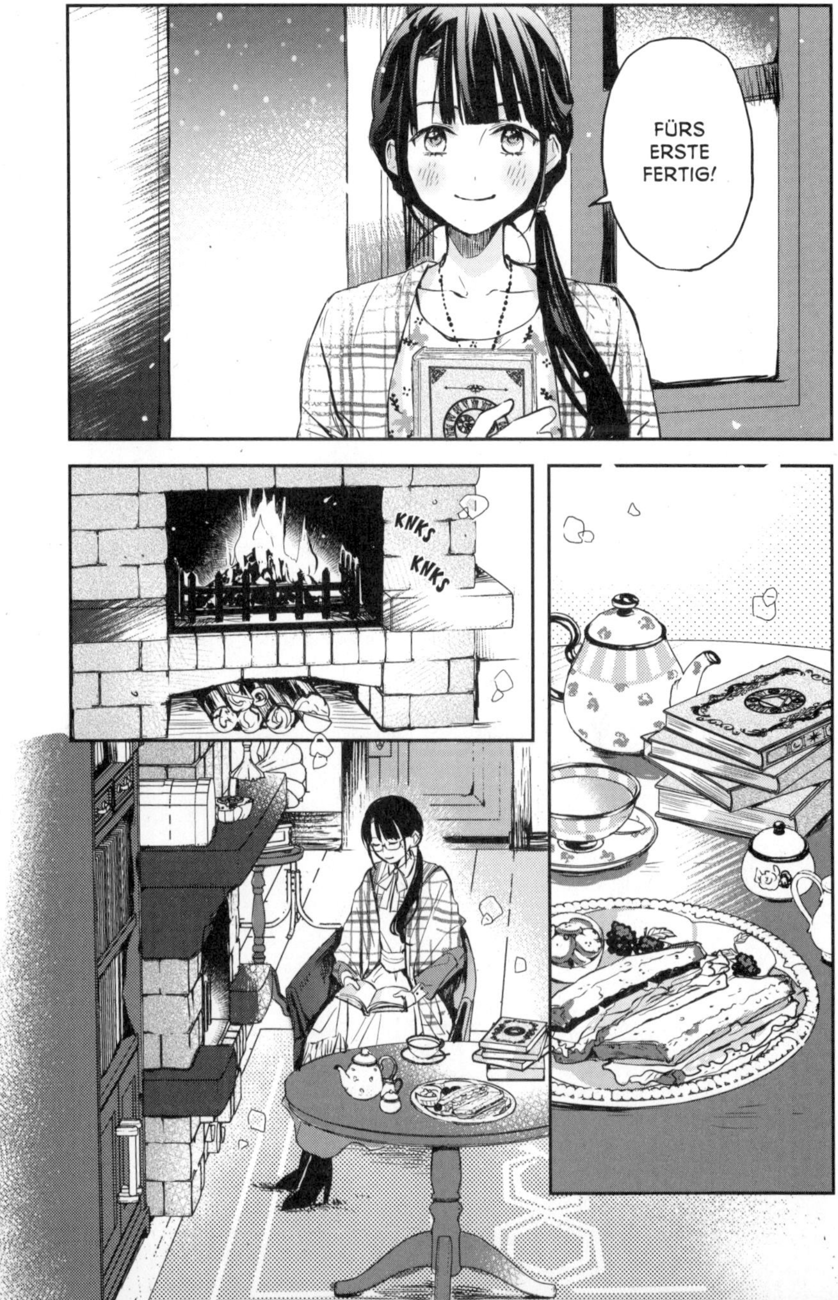
FÜRS
ERSTE
FERTIG!
KNKS
KNKS

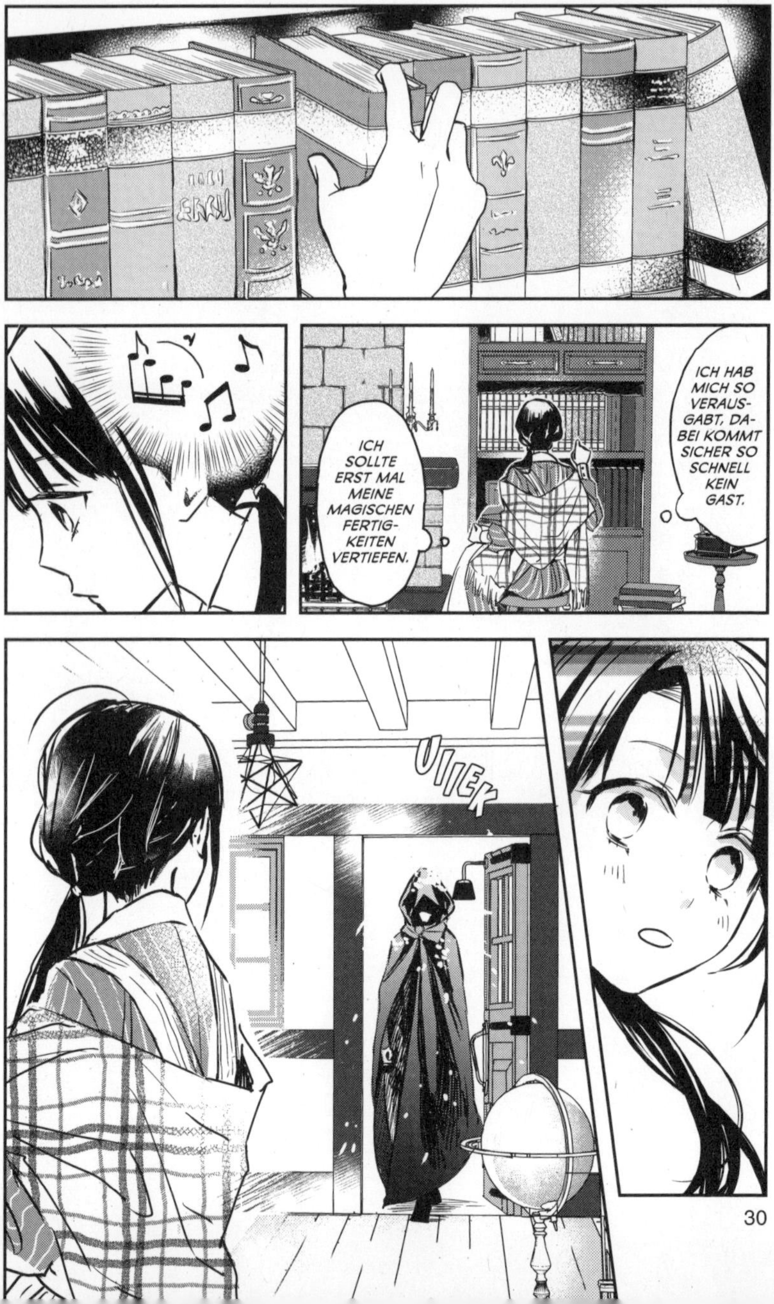
ICH HAB MICH SO VERAUSGABT, DABEI KOMMT SICHER SO SCHNELL KEIN GAST.
ICH SOLLTE ERST MAL MEINE MAGISCHEN FERTIGKEITEN VERTIEFEN.
UIIEK

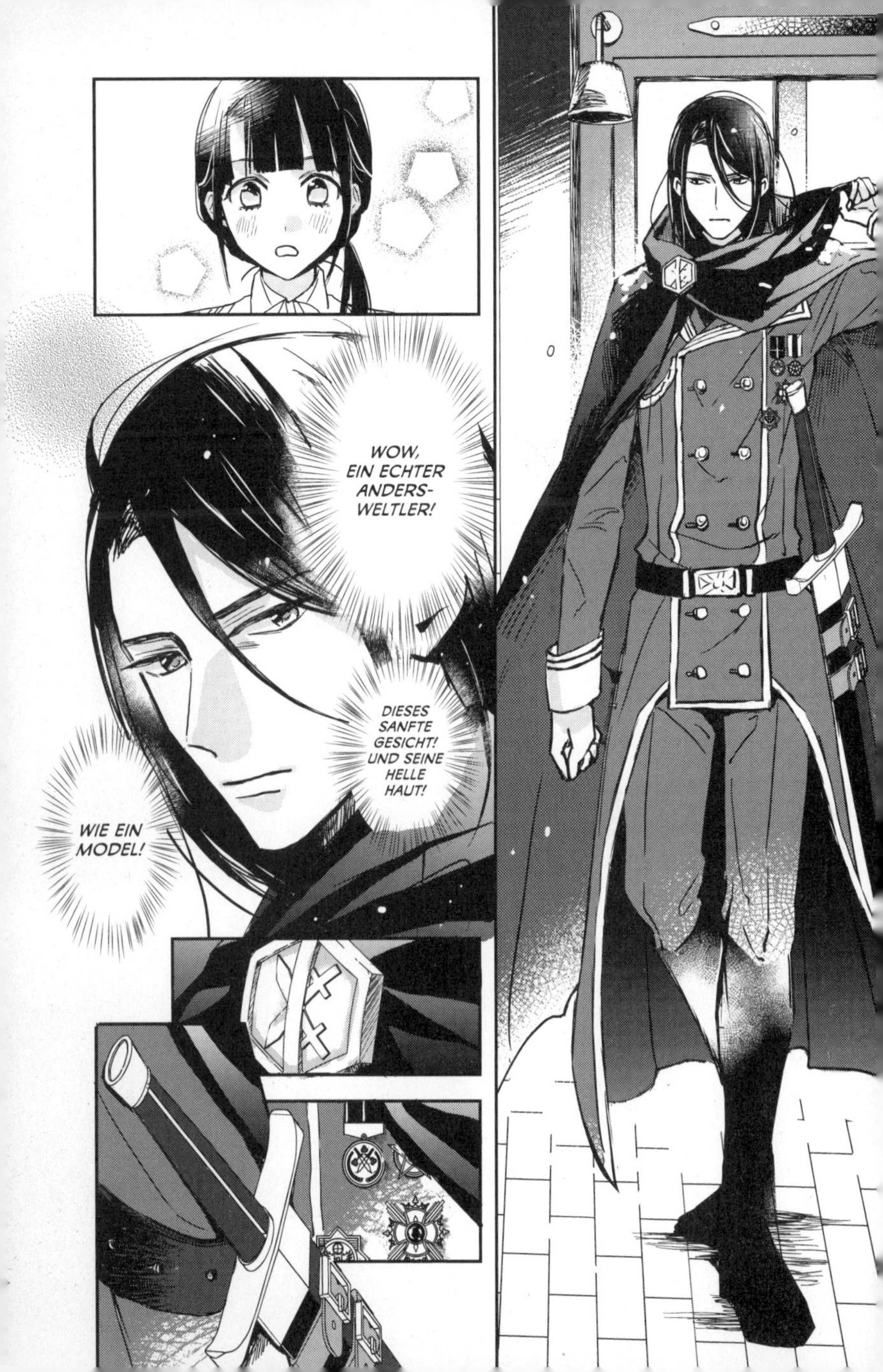
WOW, EIN ECHTER ANDERS-WELTLER!
DIESES SANFTE GESICHT! UND SEINE HELLE HAUT!
WIE EIN MODEL!

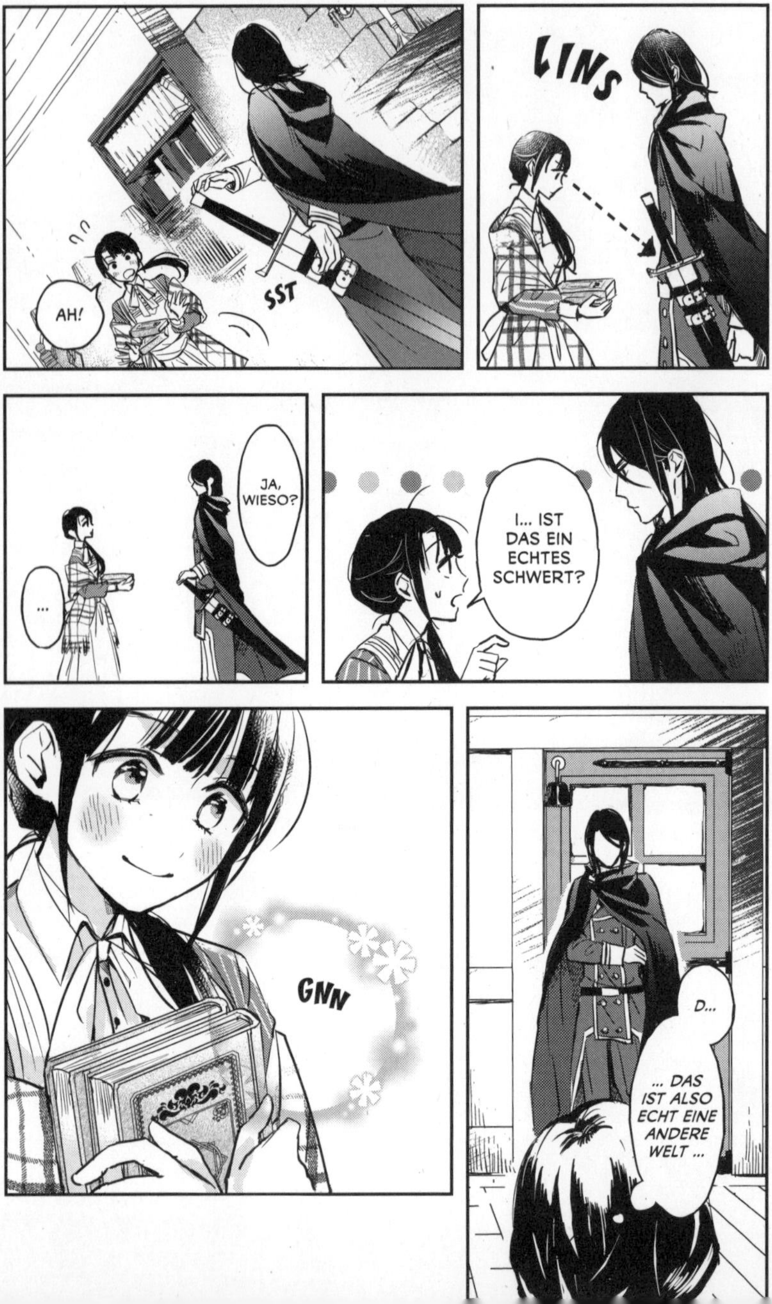
SST
AH!
LINS
I... IST DAS EIN ECHTES SCHWERT?
JA, WIESO?
...
D...
... DAS IST ALSO ECHT EINE ANDERE WELT ...
GNN

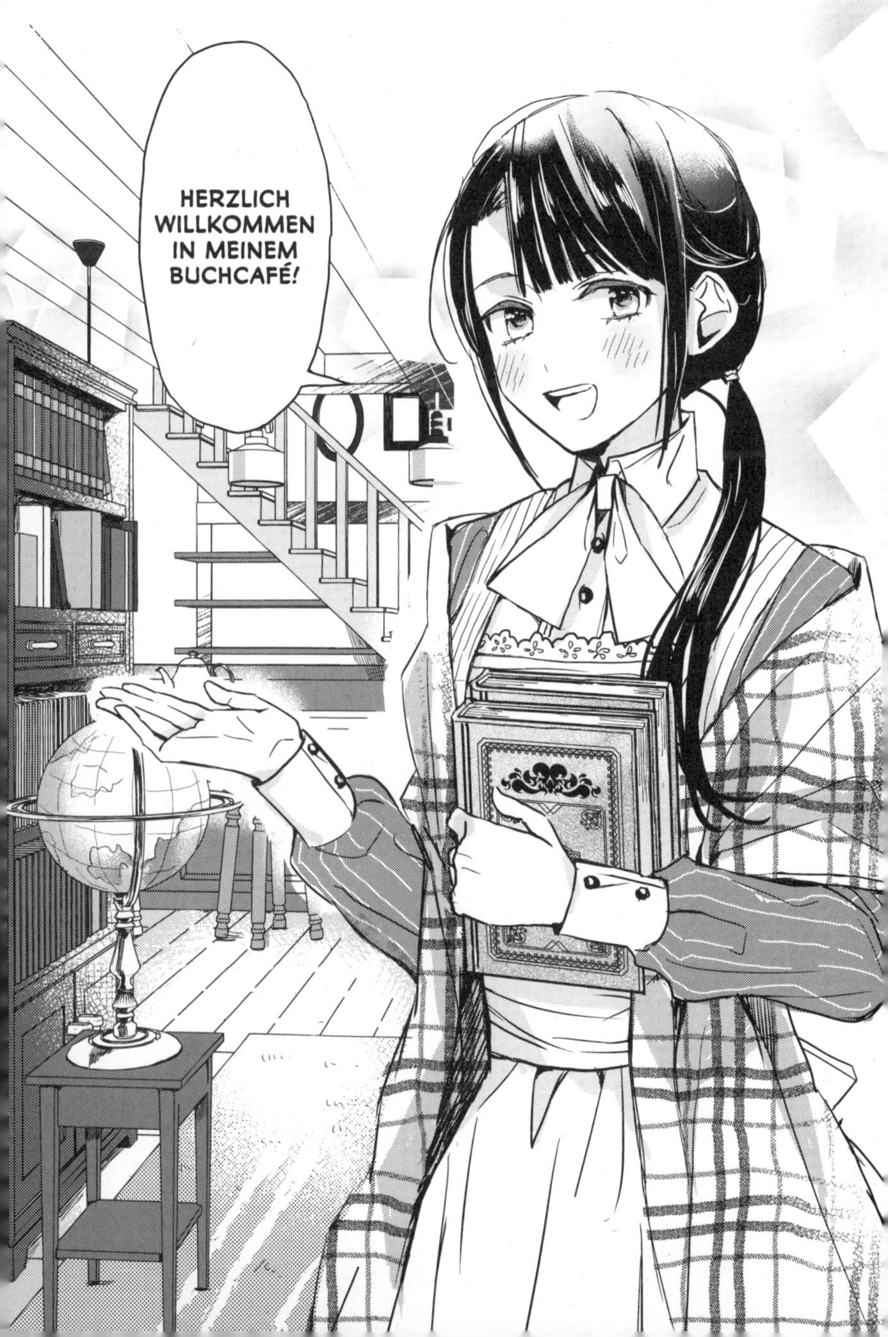
HERZLICH WILLKOMMEN IN MEINEM BUCHCAFÉ!

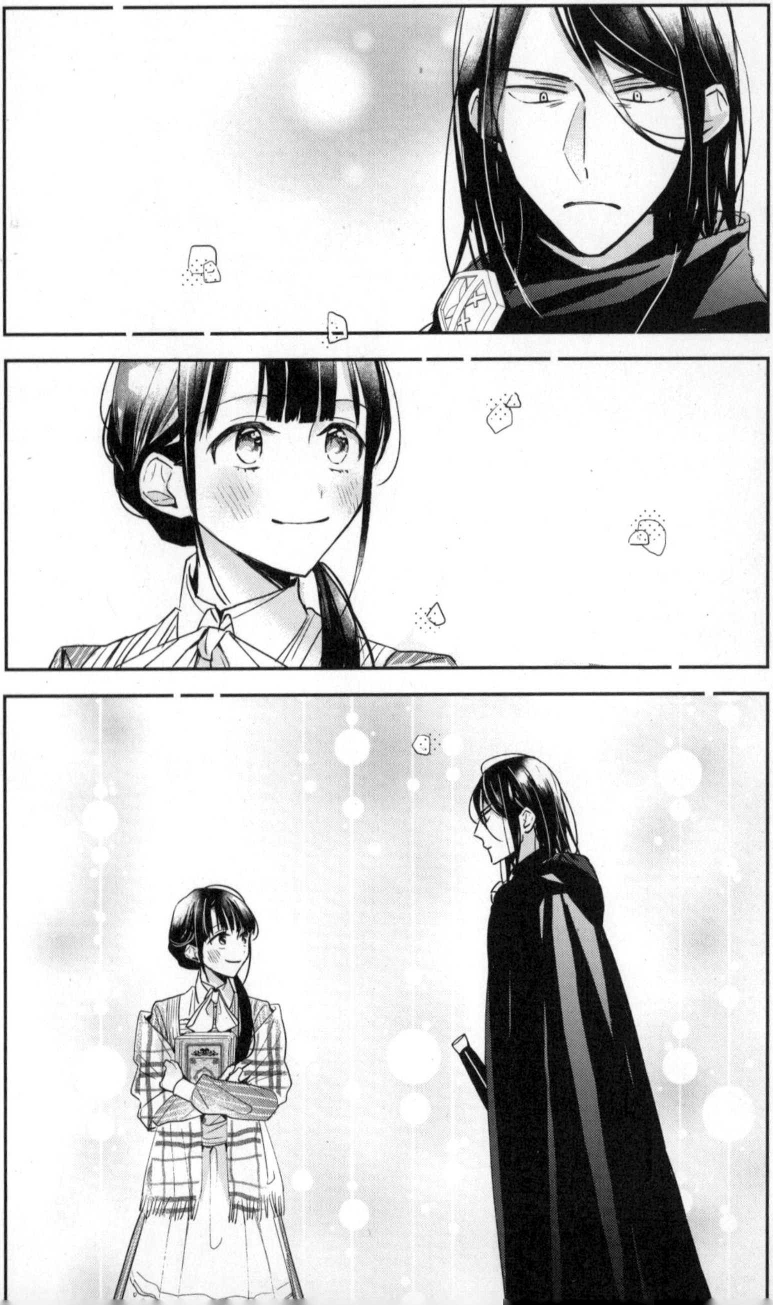

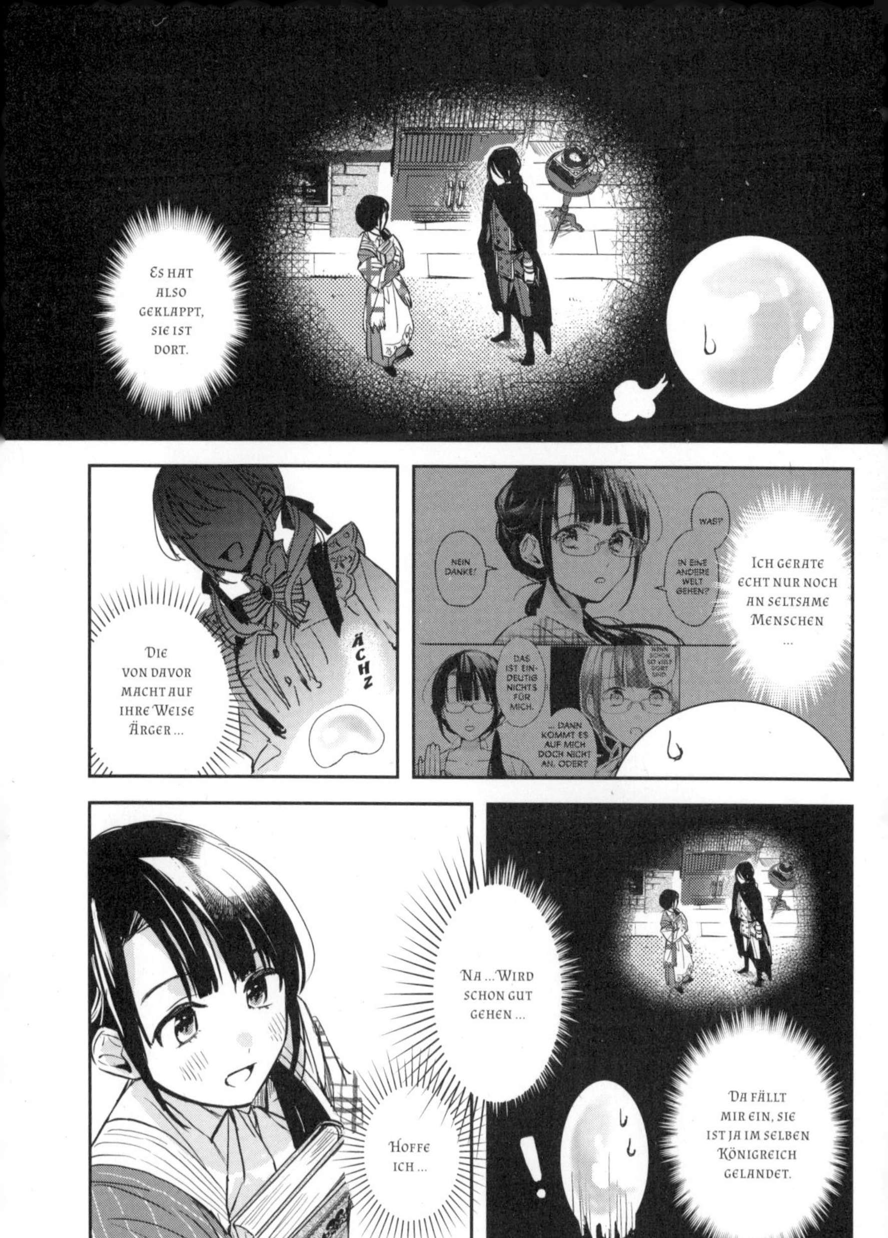
Es hat also geklappt, sie ist dort.
WAS?
IN EINE ANDERE WELT GEHEN?
NEIN DANKE!
DAS IST EINDEUTIG NICHTS FÜR MICH.
... DANN KOMMT ES AUF MICH DOCH NICHT AN, ODER?
Ich gerate echt nur noch an seltsame Menschen ...
ÄCHZ
Die von davor macht auf ihre Weise Ärger ...
Da fällt mir ein, sie ist ja im selben Königreich gelandet.
!
Na ... Wird schon gut gehen ...
Hoffe ich ...

MEIN BUCHCAFÉ IN EINER ANDEREN WELT

Kapitel 2

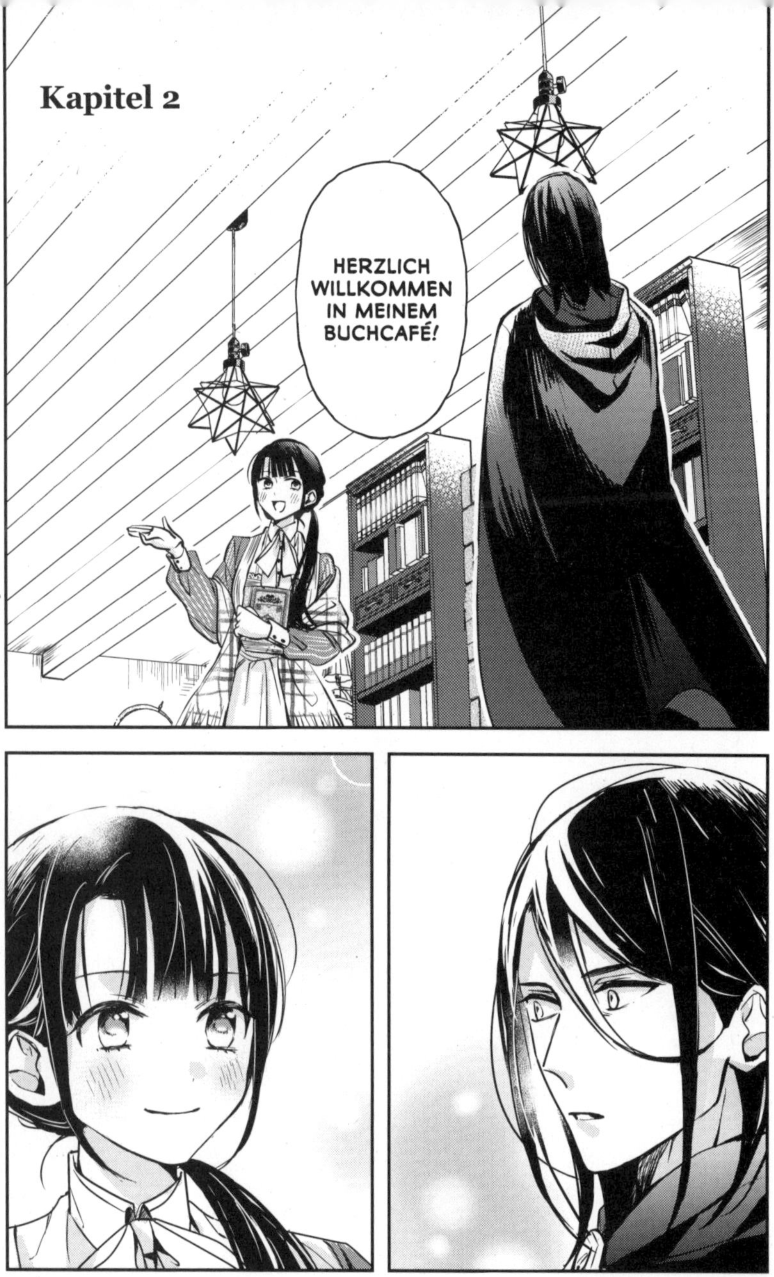

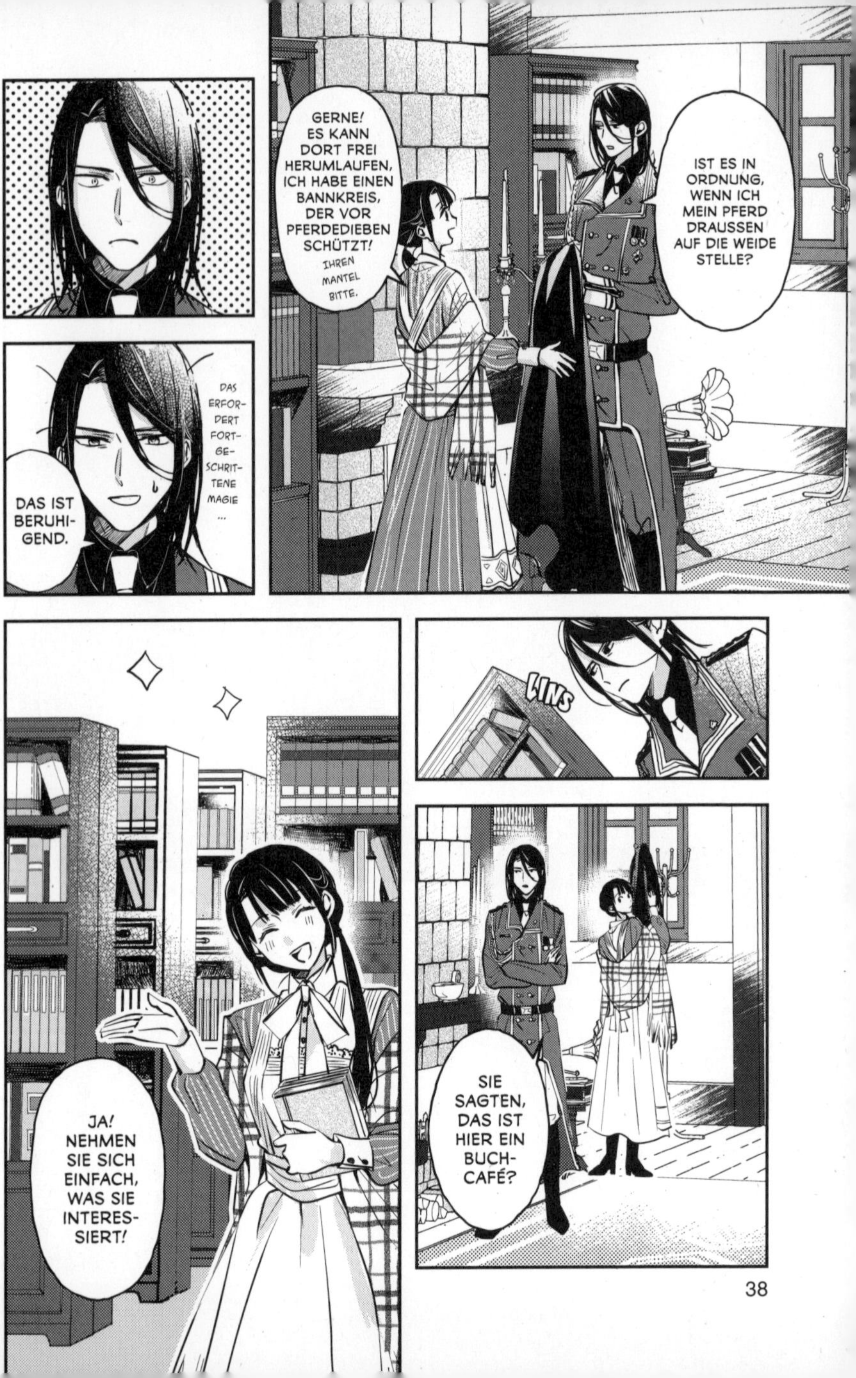
IST ES IN ORDNUNG, WENN ICH MEIN PFERD DRAUSSEN AUF DIE WEIDE STELLE?
GERNE! ES KANN DORT FREI HERUMLAUFEN, ICH HABE EINEN BANNKREIS, DER VOR PFERDEDIEBEN SCHÜTZT!
IHREN MANTEL BITTE.
DAS ERFORDERT FORTGESCHRITTENE MAGIE ...
DAS IST BERUHIGEND.
SIE SAGTEN, DAS IST HIER EIN BUCHCAFÉ?
JA! NEHMEN SIE SICH EINFACH, WAS SIE INTERESSIERT!

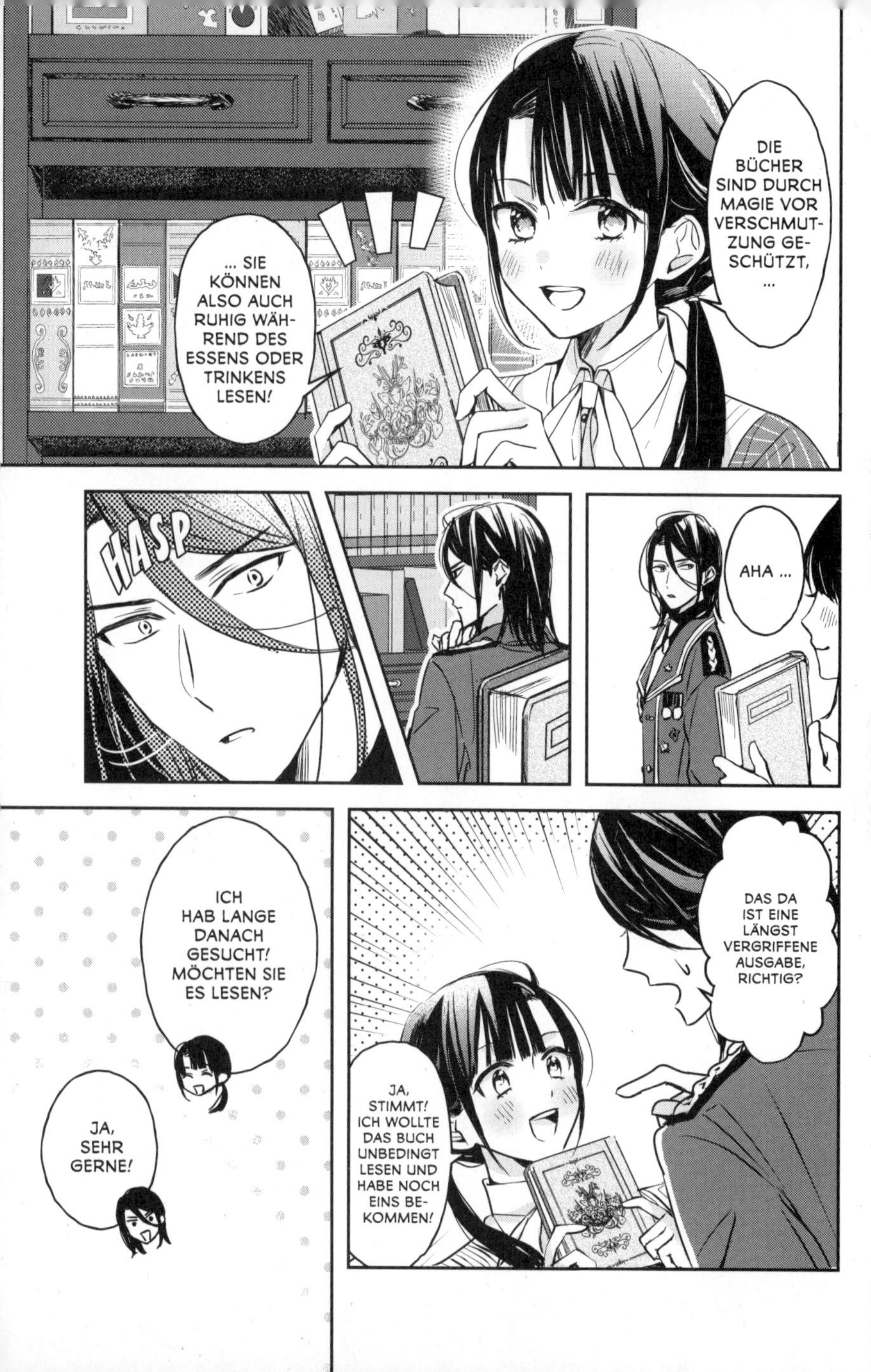
DIE BÜCHER SIND DURCH MAGIE VOR VERSCHMUTZUNG GESCHÜTZT, ...
... SIE KÖNNEN ALSO AUCH RUHIG WÄHREND DES ESSENS ODER TRINKENS LESEN!
AHA ...
HASP
DAS DA IST EINE LÄNGST VERGRIFFENE AUSGABE, RICHTIG?
JA, STIMMT! ICH WOLLTE DAS BUCH UNBEDINGT LESEN UND HABE NOCH EINS BEKOMMEN!
ICH HAB LANGE DANACH GESUCHT! MÖCHTEN SIE ES LESEN?
JA, SEHR GERNE!

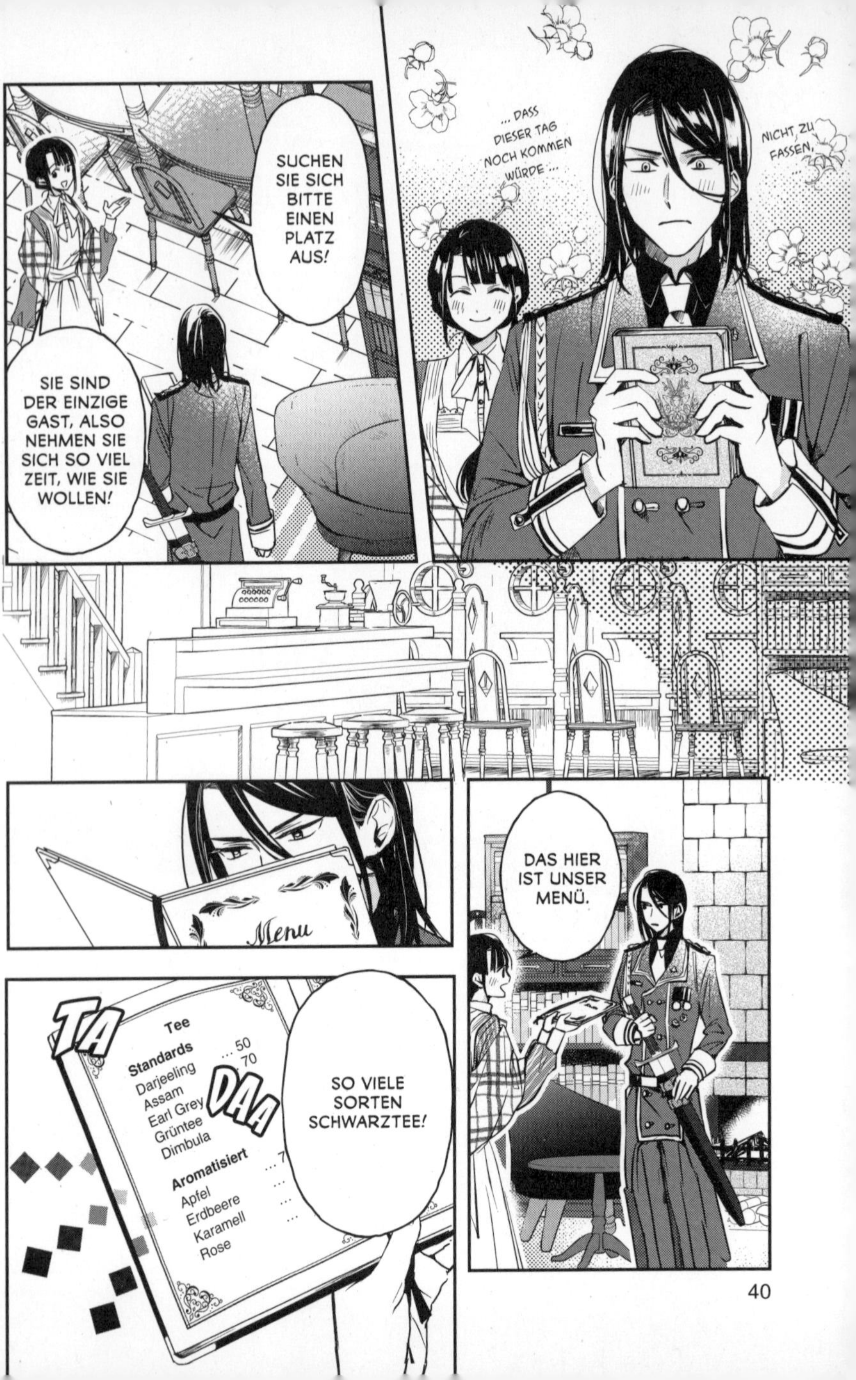
... DASS DIESER TAG NOCH KOMMEN WÜRDE ...
NICHT ZU FASSEN, ...
SUCHEN SIE SICH BITTE EINEN PLATZ AUS!
SIE SIND DER EINZIGE GAST, ALSO NEHMEN SIE SICH SO VIEL ZEIT, WIE SIE WOLLEN!
Menu
DAS HIER IST UNSER MENÜ.
TA
DAA
SO VIELE SORTEN SCHWARZTEE!
Tee
Standards
Darjeeling ... 50
Assam ... 70
Earl Grey
Grüntee
Dimbula
Aromatisiert ... 7
Apfel
Erdbeere
Karamell
Rose

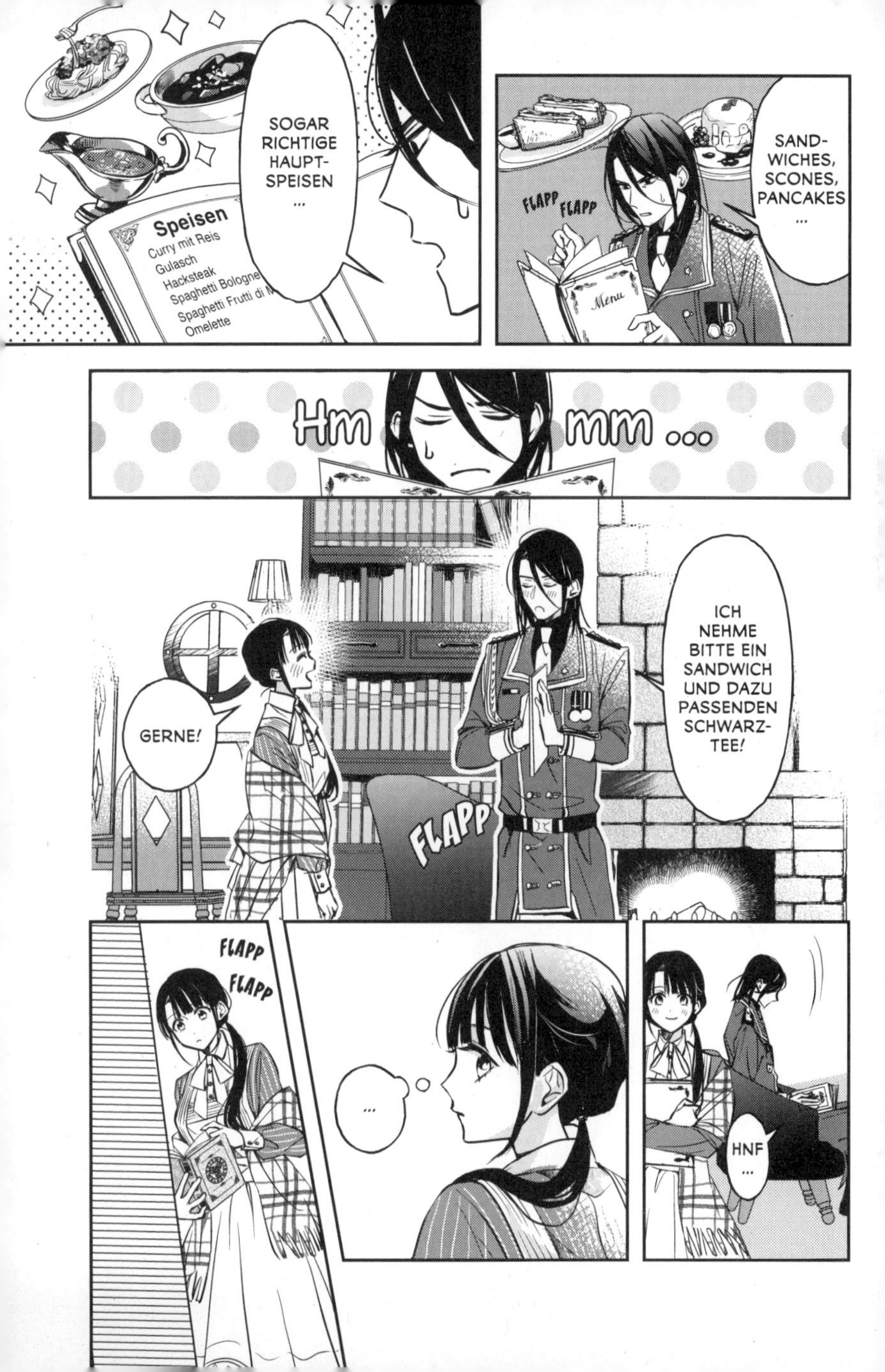
SAND-WICHES, SCONES, PANCAKES ...
FLAPP FLAPP
Menu
SOGAR RICHTIGE HAUPT-SPEISEN ...
Speisen
Curry mit Reis
Gulasch
Hacksteak
Spaghetti Bologne
Spaghetti Frutti di M
Omelette
Hm mm ...
ICH NEHME BITTE EIN SANDWICH UND DAZU PASSENDEN SCHWARZ-TEE!
FLAPP
GERNE!
HNF ...
...
FLAPP
FLAPP

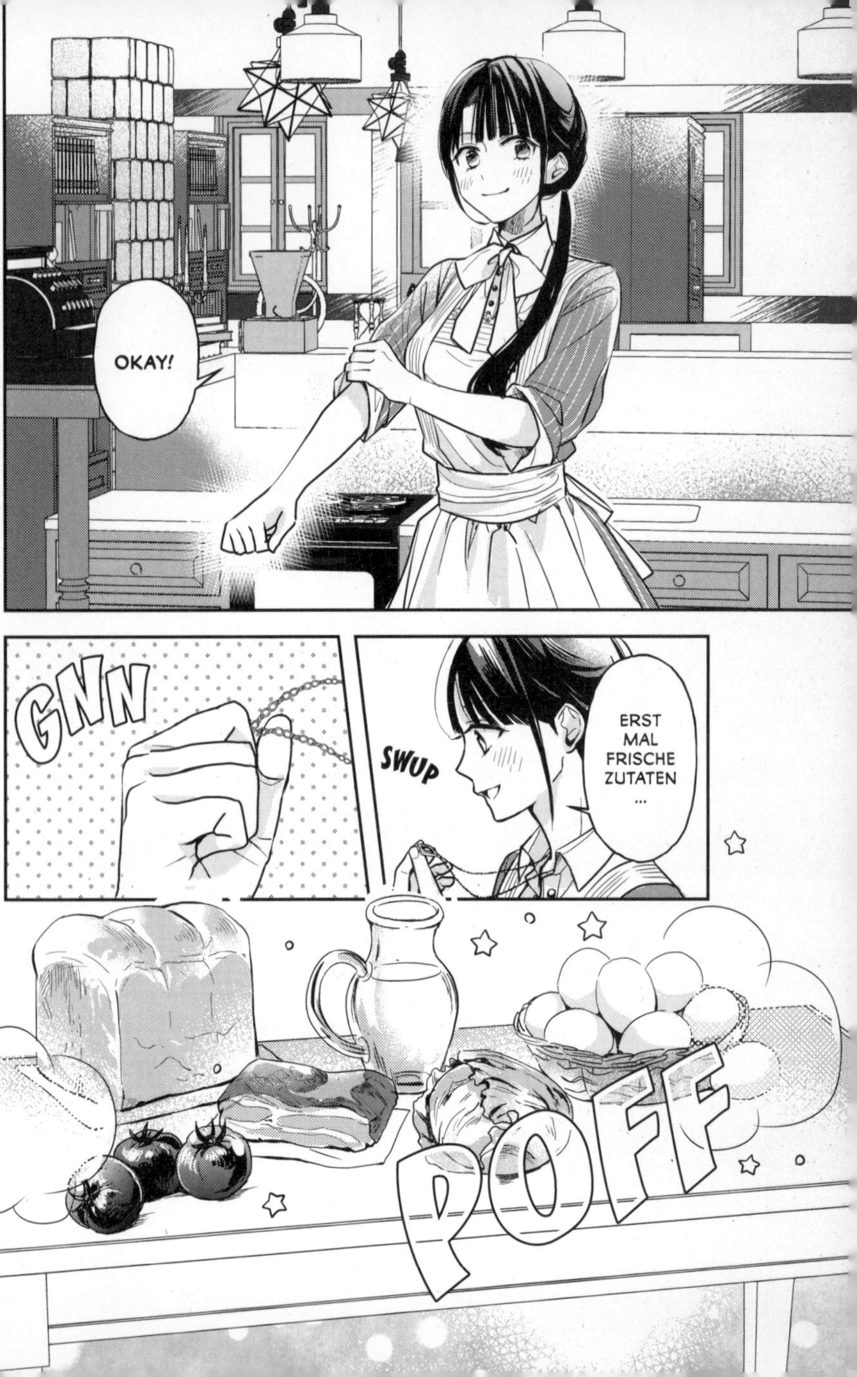
OKAY!
ERST MAL FRISCHE ZUTATEN ...
SWUP
GNN
POFF

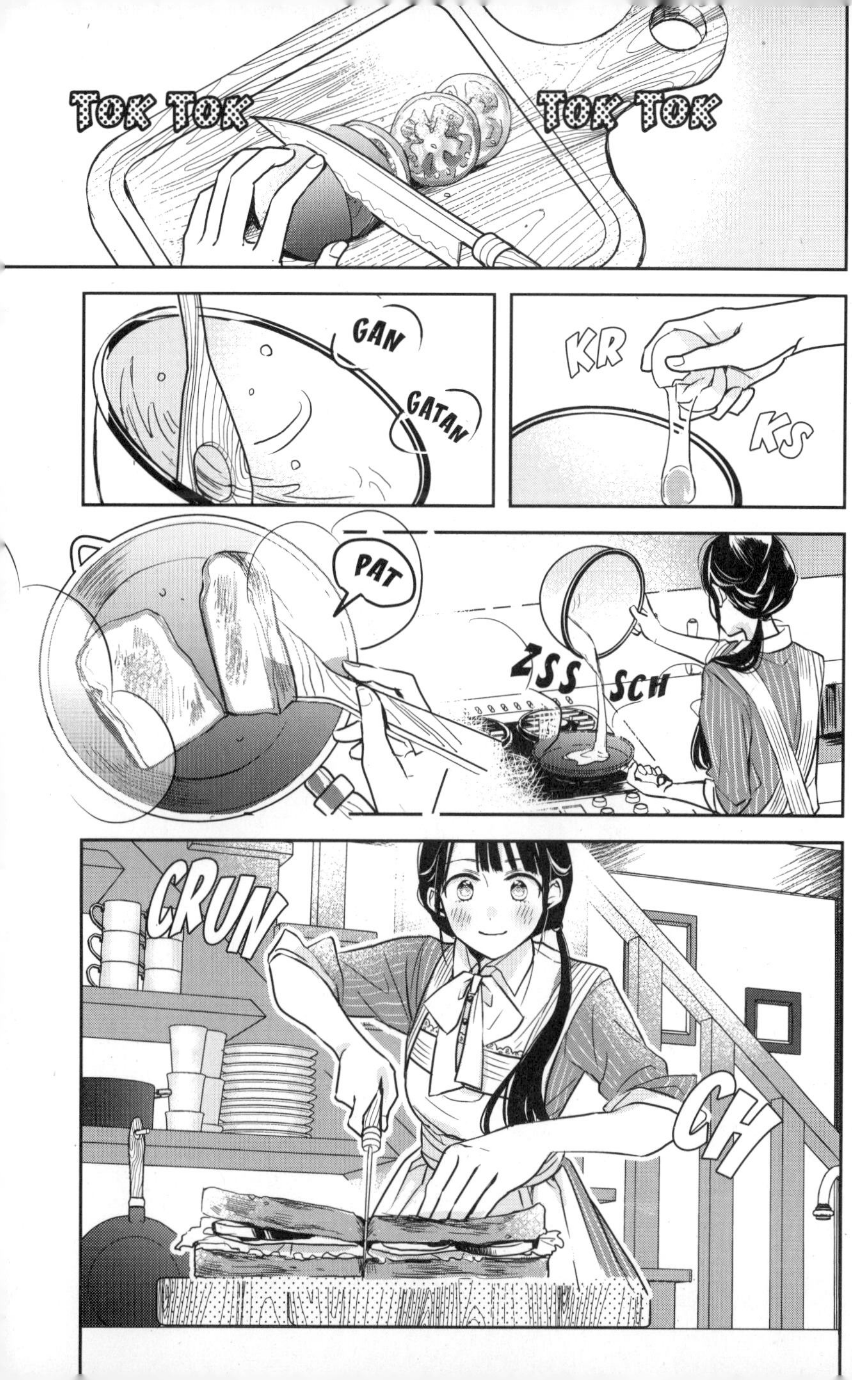
TOK TOK
TOK TOK
KR
KS
GAN
GATAN
ZSS
SCH
PAT
CRUN
CH

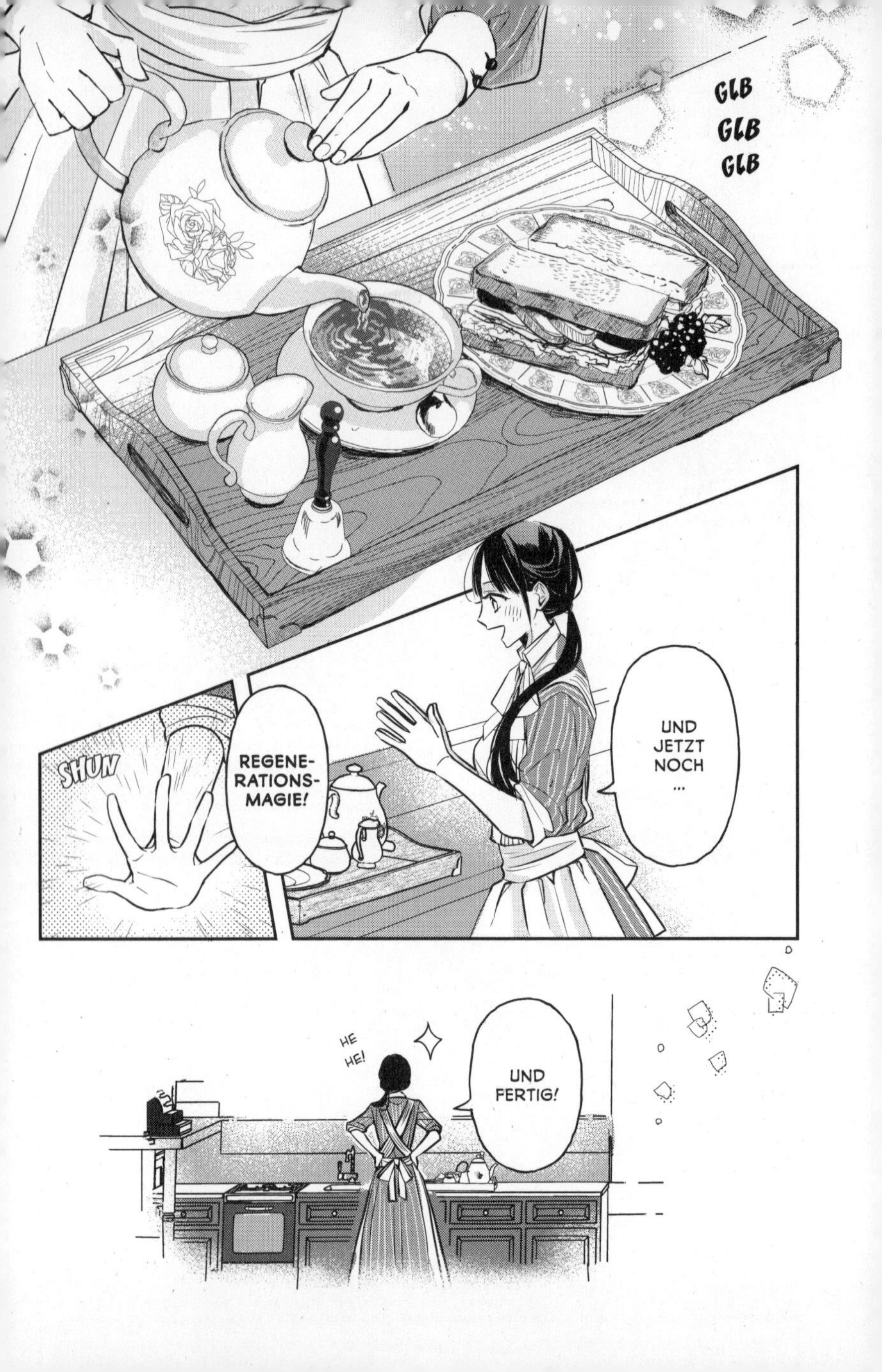
GLB
GLB
GLB
UND JETZT NOCH ...
REGENE-RATIONS-MAGIE!
SHUN
UND FERTIG!
HE HE!

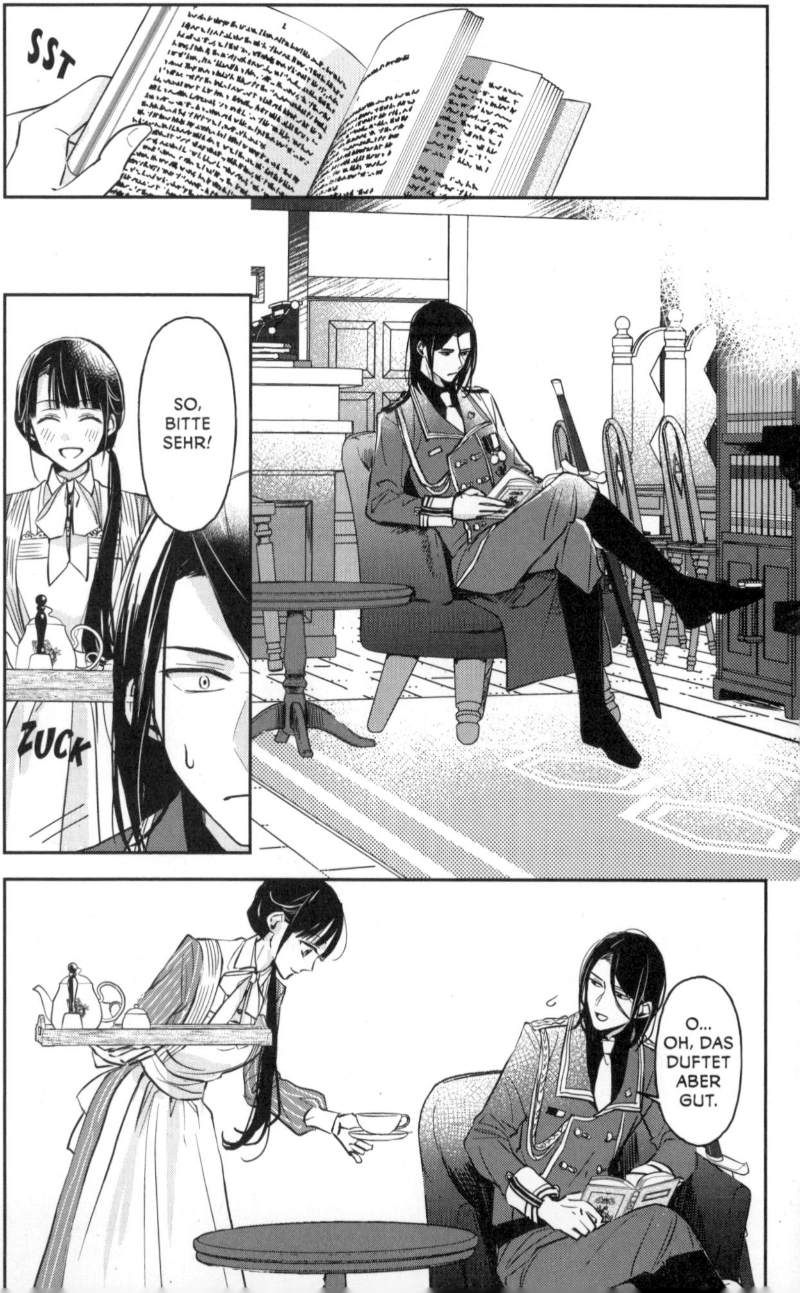
SST
SO, BITTE SEHR!
ZUCK
O... OH, DAS DUFTET ABER GUT.

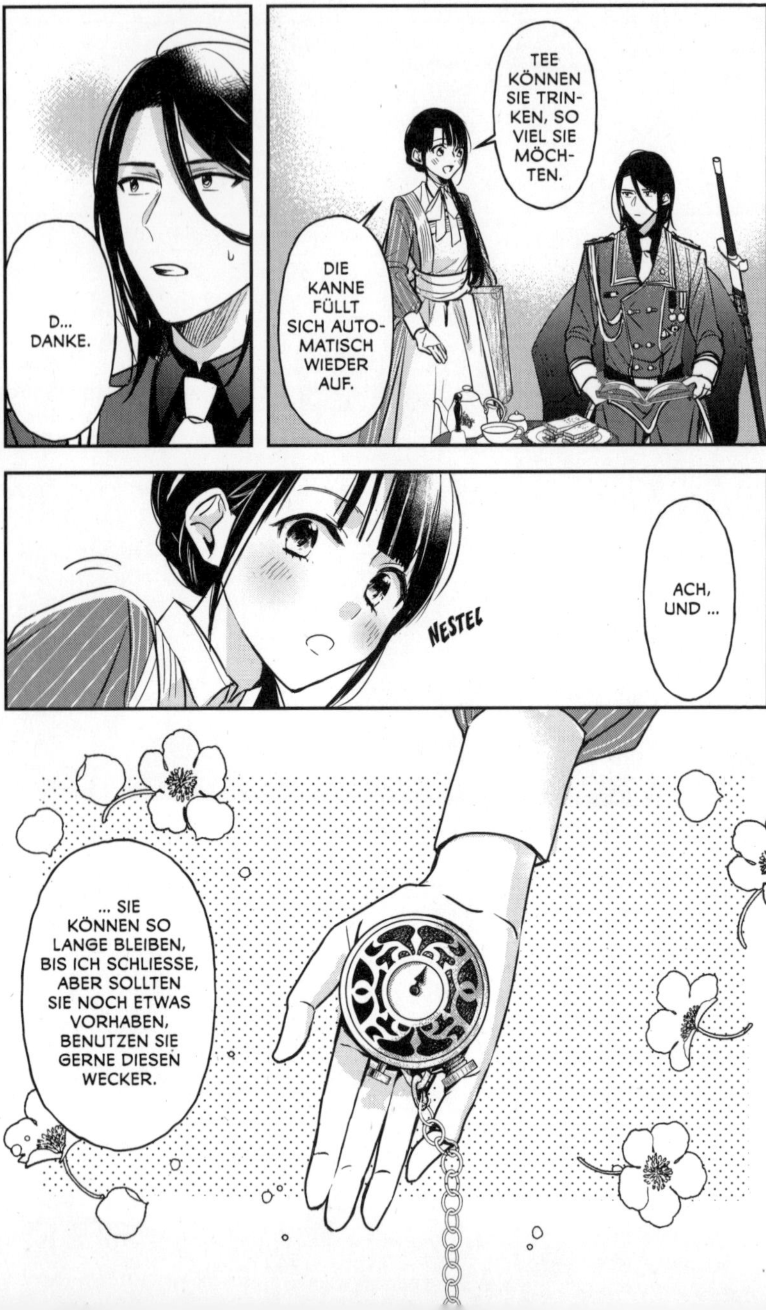
TEE KÖNNEN SIE TRINKEN, SO VIEL SIE MÖCHTEN.
DIE KANNE FÜLLT SICH AUTOMATISCH WIEDER AUF.
D... DANKE.
ACH, UND ...
NESTEL
... SIE KÖNNEN SO LANGE BLEIBEN, BIS ICH SCHLIESSE, ABER SOLLTEN SIE NOCH ETWAS VORHABEN, BENUTZEN SIE GERNE DIESEN WECKER.

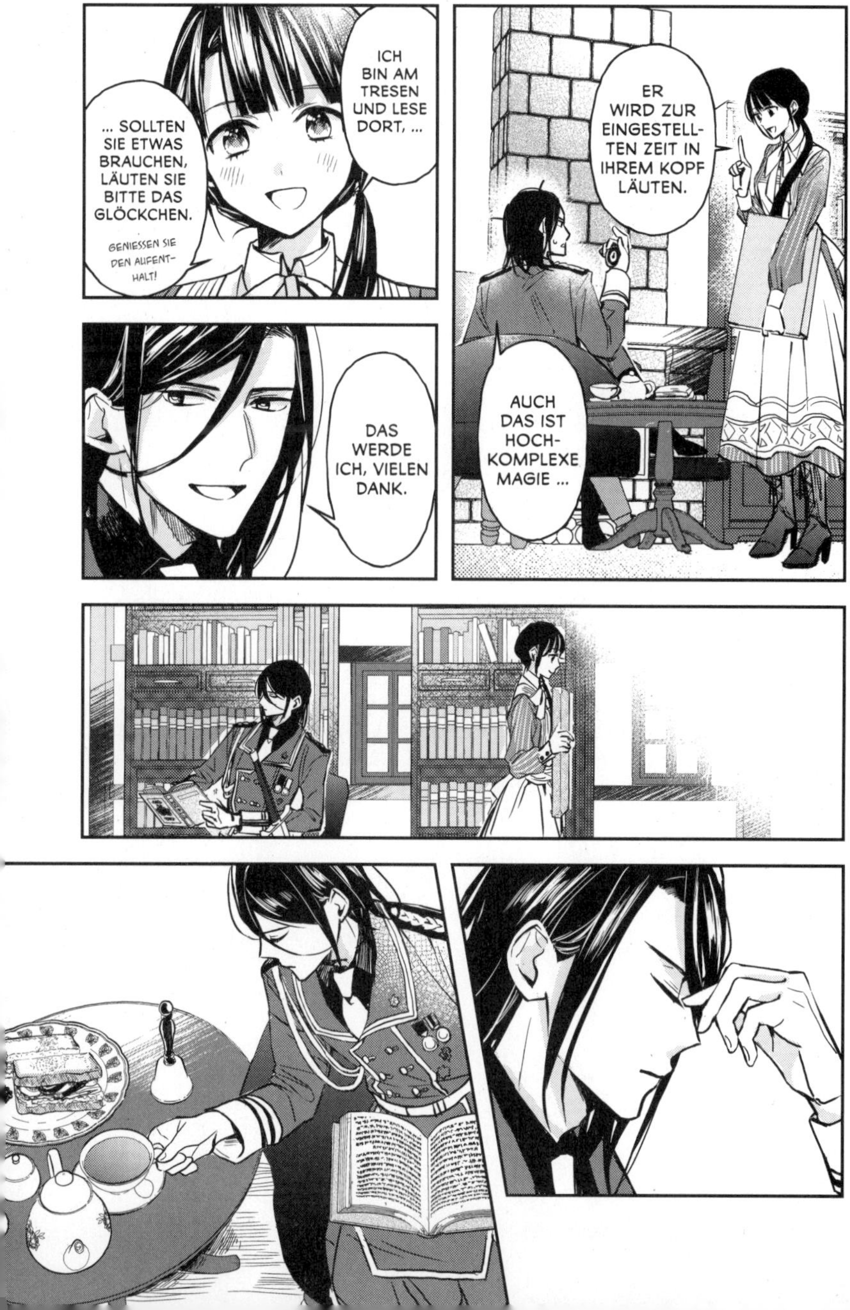
ER WIRD ZUR EINGESTELLTEN ZEIT IN IHREM KOPF LÄUTEN.
AUCH DAS IST HOCHKOMPLEXE MAGIE ...
ICH BIN AM TRESEN UND LESE DORT, ...
... SOLLTEN SIE ETWAS BRAUCHEN, LÄUTEN SIE BITTE DAS GLÖCKCHEN.
GENIESSEN SIE DEN AUFENTHALT!
DAS WERDE ICH, VIELEN DANK.

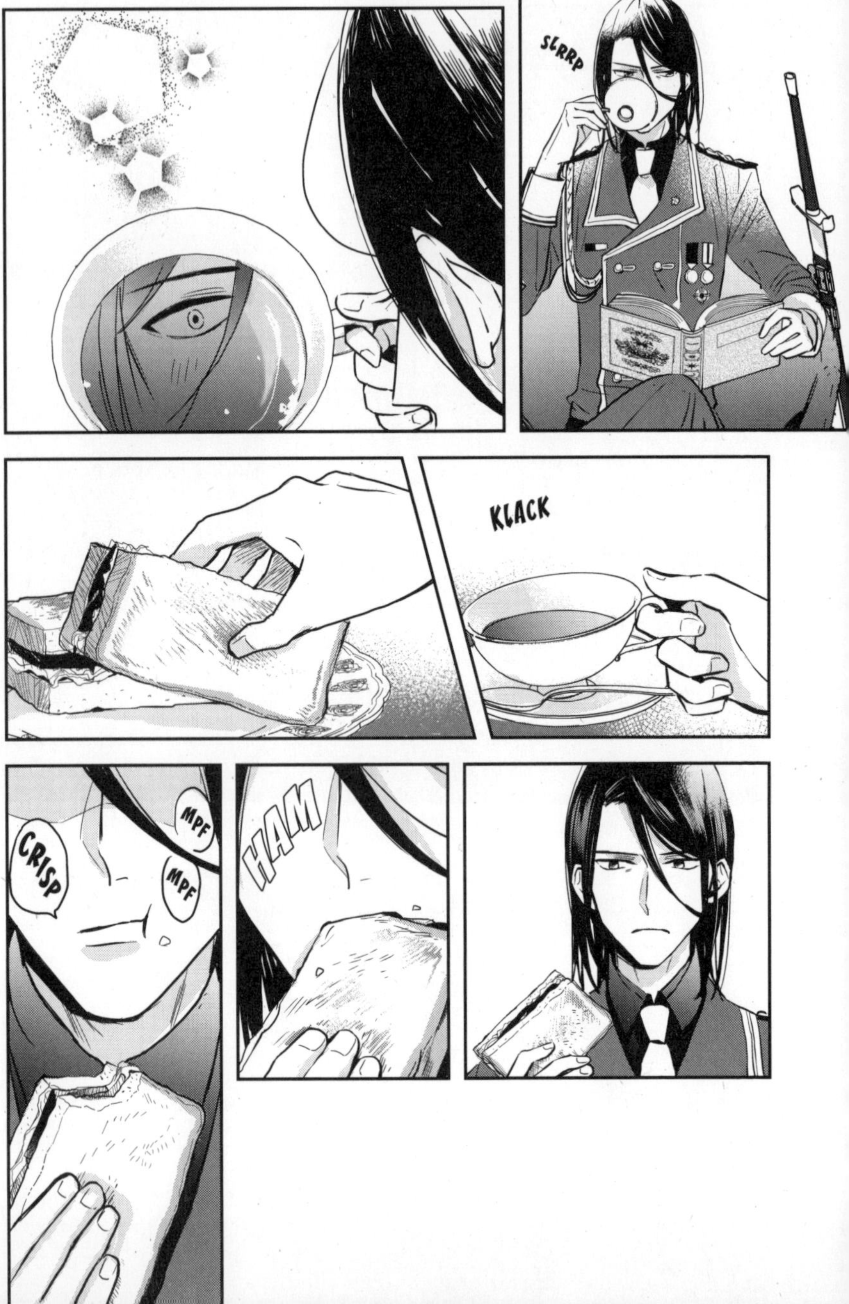
SLRRP
KLACK
HAM
CRISP
MPF
MPF

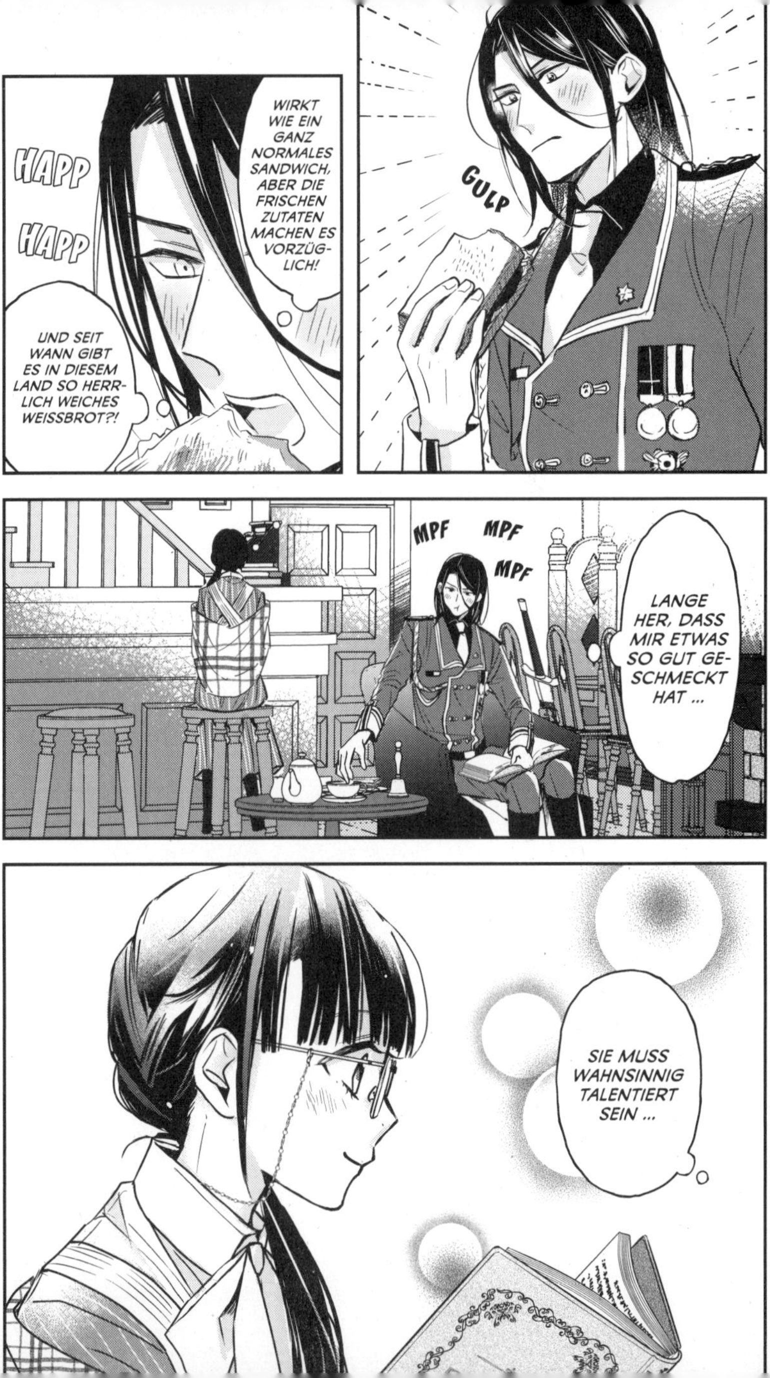
GULP
WIRKT WIE EIN GANZ NORMALES SANDWICH, ABER DIE FRISCHEN ZUTATEN MACHEN ES VORZÜG-LICH!
HAPP
HAPP
UND SEIT WANN GIBT ES IN DIESEM LAND SO HERR-LICH WEICHES WEISSBROT?!
LANGE HER, DASS MIR ETWAS SO GUT GE-SCHMECKT HAT ...
MPF
MPF
MPF
SIE MUSS WAHNSINNIG TALENTIERT SEIN ...

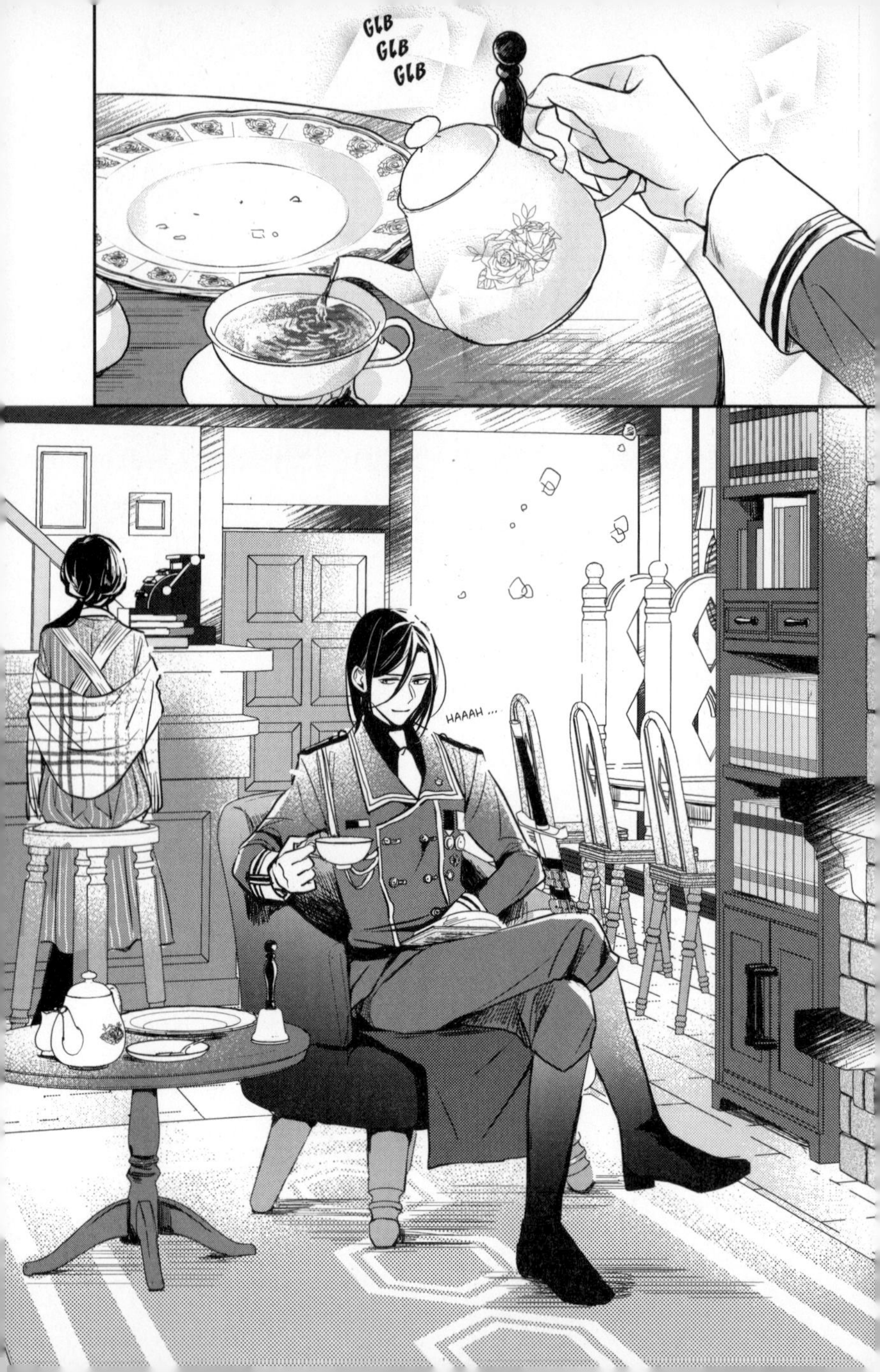
GLB
GLB
GLB
HAAAH ...

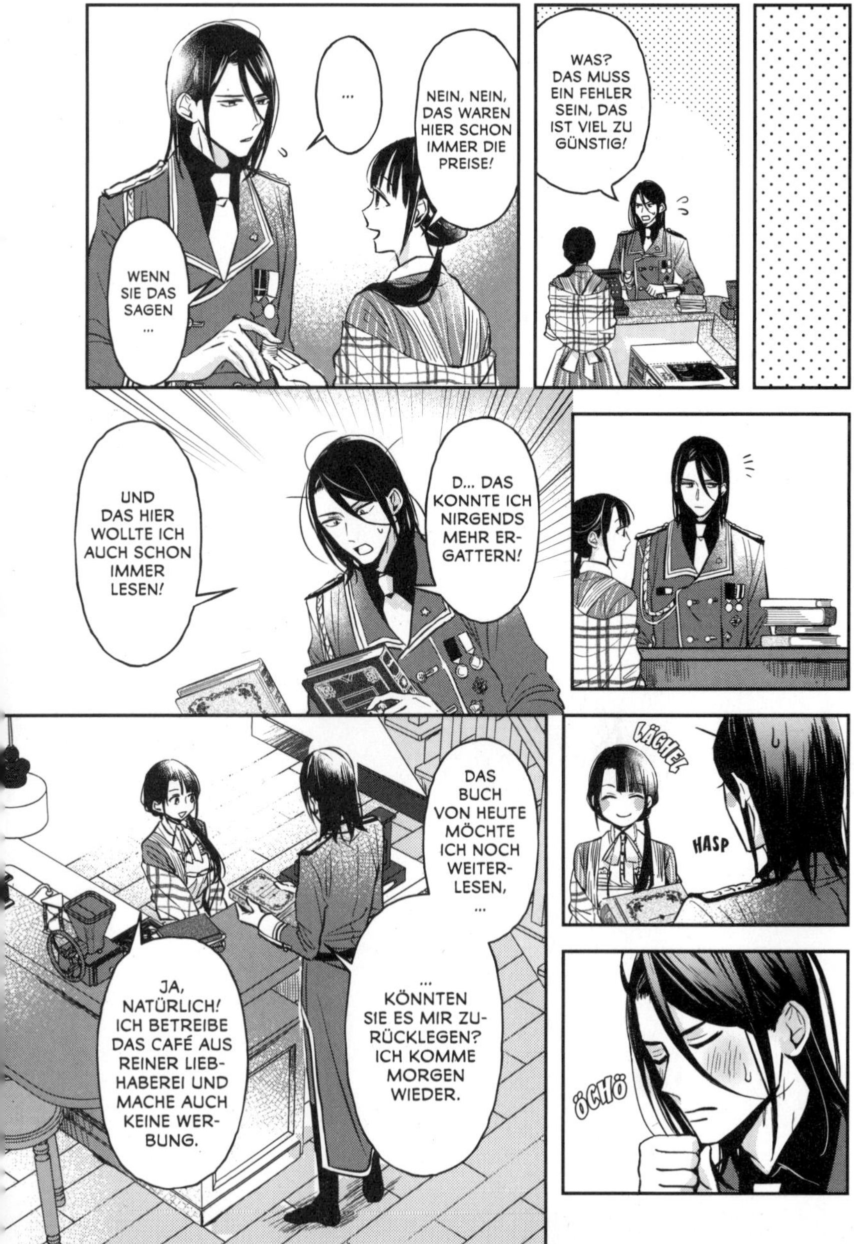
WAS? DAS MUSS EIN FEHLER SEIN, DAS IST VIEL ZU GÜNSTIG!
NEIN, NEIN, DAS WAREN HIER SCHON IMMER DIE PREISE!
...
WENN SIE DAS SAGEN ...
D... DAS KONNTE ICH NIRGENDS MEHR ERGATTERN!
UND DAS HIER WOLLTE ICH AUCH SCHON IMMER LESEN!
LÄCHEL
HASP
ÖCHÖ
DAS BUCH VON HEUTE MÖCHTE ICH NOCH WEITERLESEN, ...
... KÖNNTEN SIE ES MIR ZURÜCKLEGEN? ICH KOMME MORGEN WIEDER.
JA, NATÜRLICH! ICH BETREIBE DAS CAFÉ AUS REINER LIEBHABEREI UND MACHE AUCH KEINE WERBUNG.

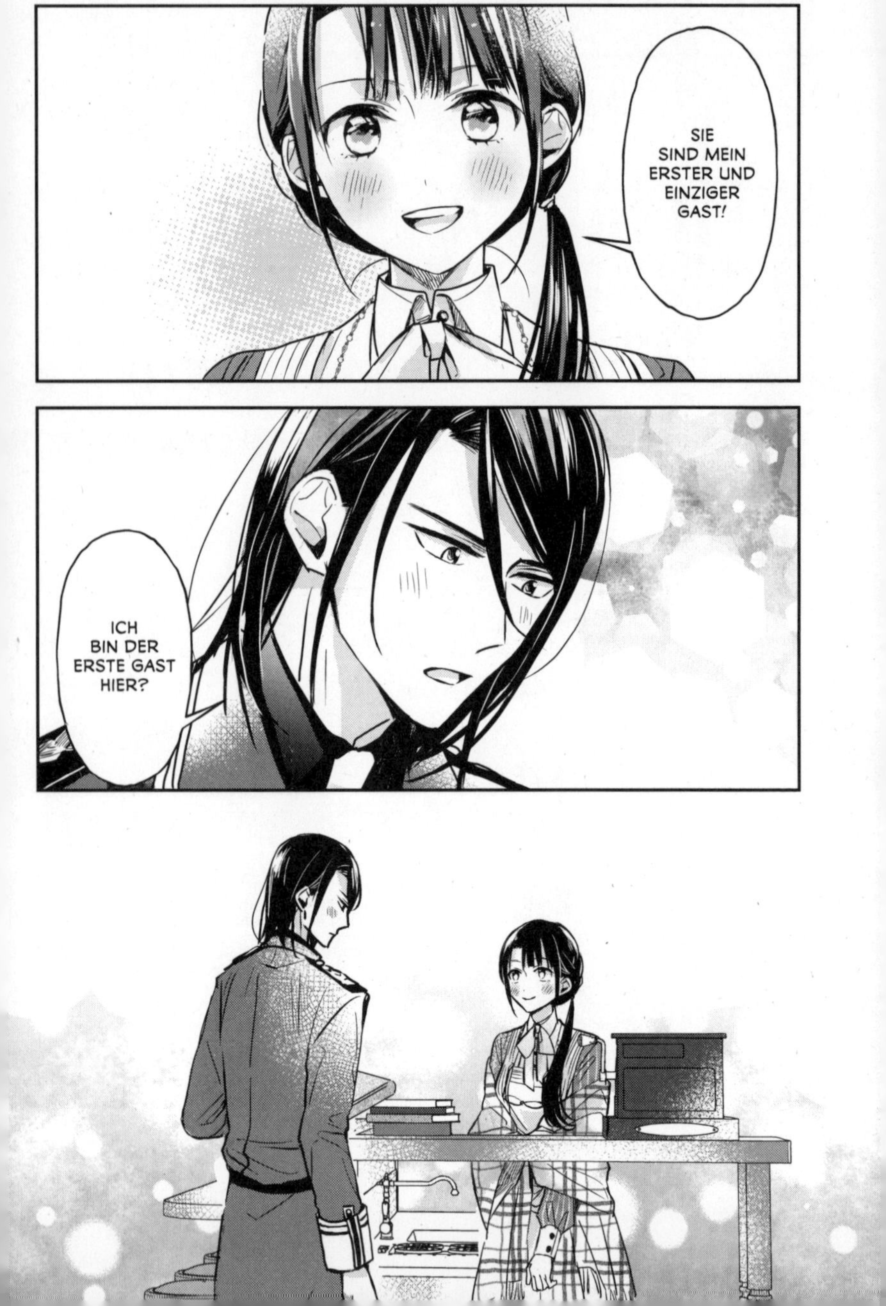
SIE SIND MEIN ERSTER UND EINZIGER GAST!
ICH BIN DER ERSTE GAST HIER?

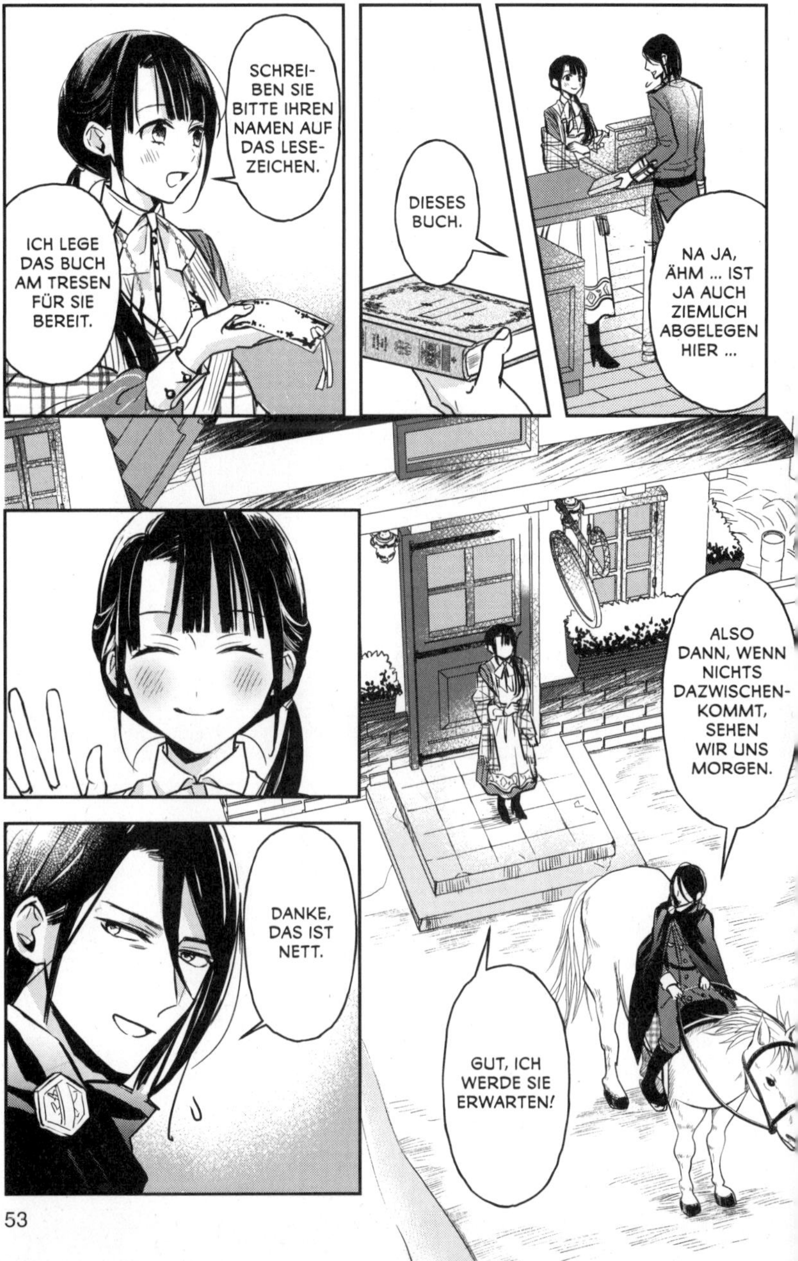
NA JA, ÄHM ... IST JA AUCH ZIEMLICH ABGELEGEN HIER ...
DIESES BUCH.
SCHREIBEN SIE BITTE IHREN NAMEN AUF DAS LESEZEICHEN.
ICH LEGE DAS BUCH AM TRESEN FÜR SIE BEREIT.
ALSO DANN, WENN NICHTS DAZWISCHENKOMMT, SEHEN WIR UNS MORGEN.
GUT, ICH WERDE SIE ERWARTEN!
DANKE, DAS IST NETT.

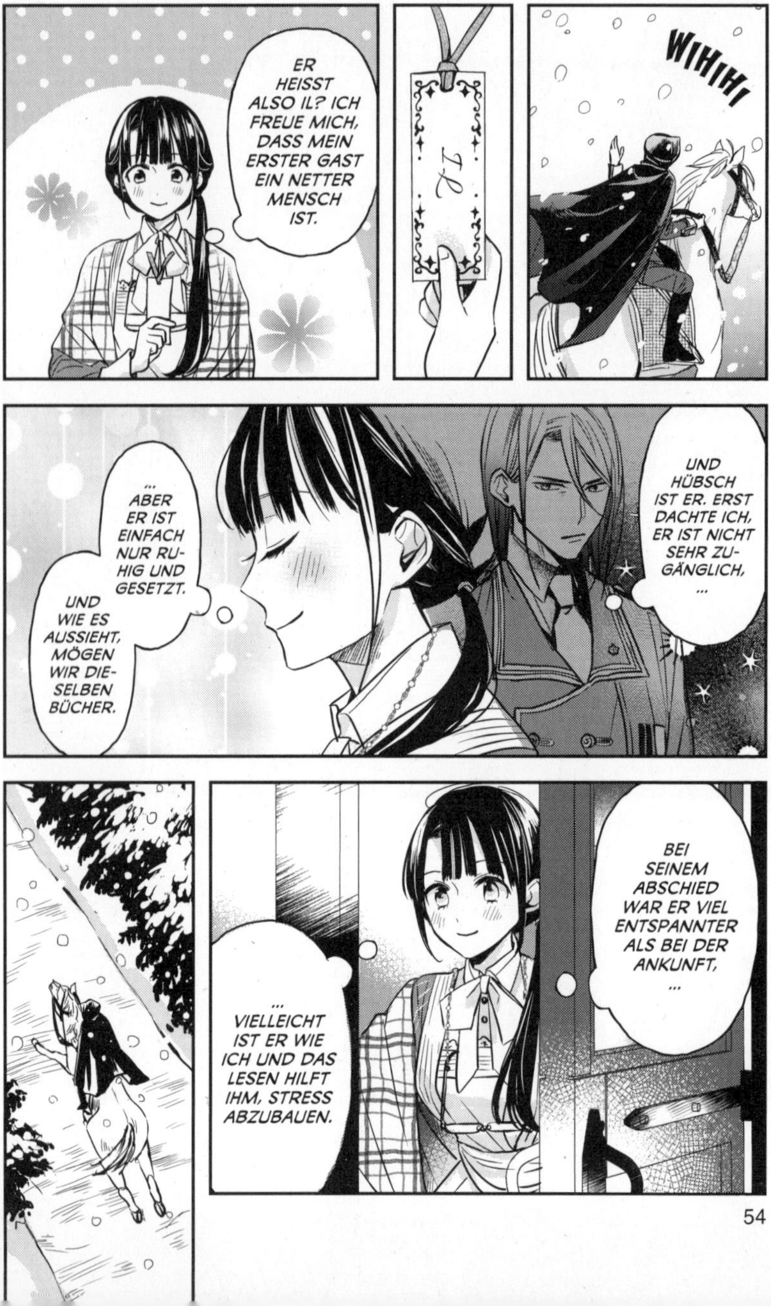
WIHIHI
Il
ER HEISST ALSO IL? ICH FREUE MICH, DASS MEIN ERSTER GAST EIN NETTER MENSCH IST.
UND HÜBSCH IST ER. ERST DACHTE ICH, ER IST NICHT SEHR ZU-GÄNGLICH, ...
... ABER ER IST EINFACH NUR RU-HIG UND GESETZT.
UND WIE ES AUSSIEHT, MÖGEN WIR DIE-SELBEN BÜCHER.
BEI SEINEM ABSCHIED WAR ER VIEL ENTSPANNTER ALS BEI DER ANKUNFT, ...
... VIELLEICHT IST ER WIE ICH UND DAS LESEN HILFT IHM, STRESS ABZUBAUEN.

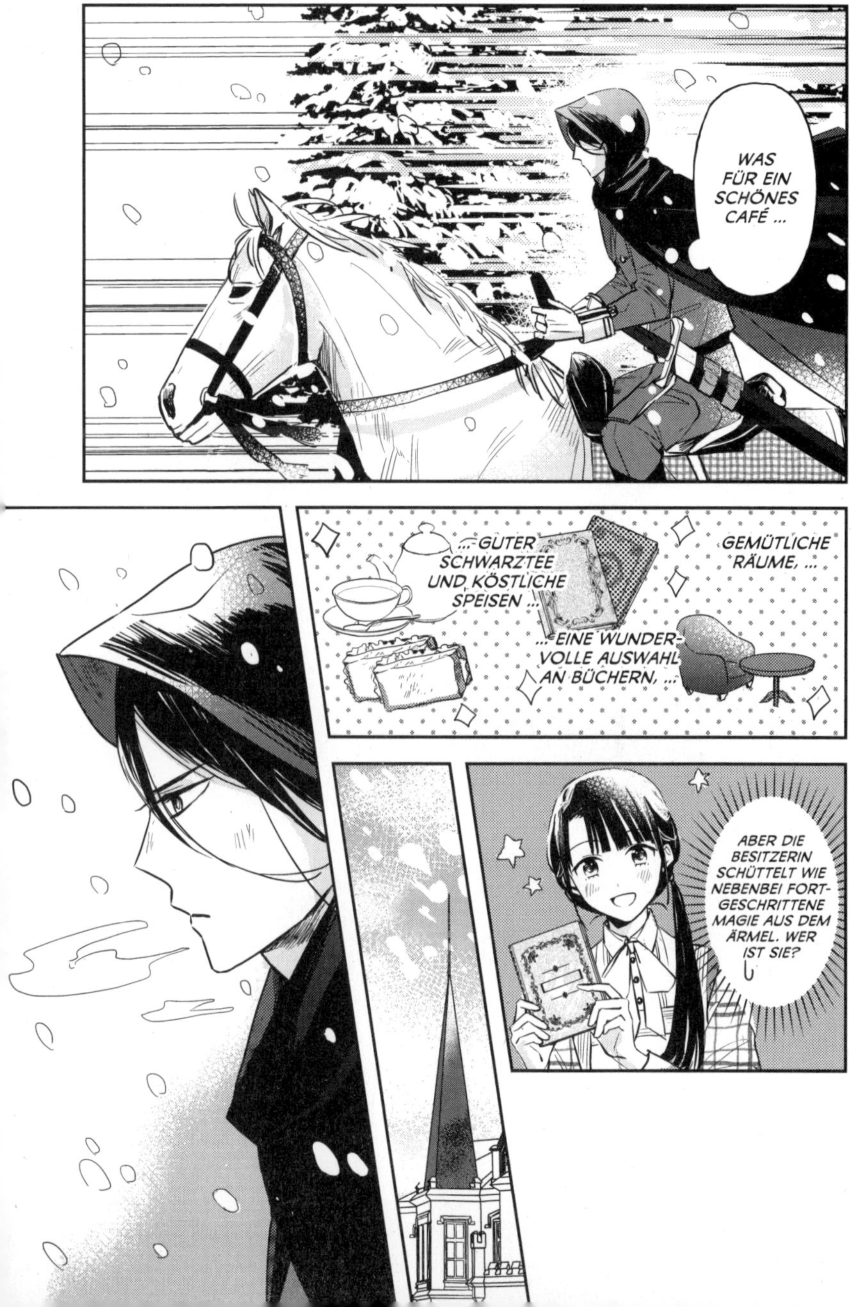
WAS FÜR EIN SCHÖNES CAFÉ ...
GEMÜTLICHE RÄUME, ...
... GUTER SCHWARZTEE UND KÖSTLICHE SPEISEN ...
... EINE WUNDERVOLLE AUSWAHL AN BÜCHERN, ...
ABER DIE BESITZERIN SCHÜTTELT WIE NEBENBEI FORTGESCHRITTENE MAGIE AUS DEM ÄRMEL. WER IST SIE?

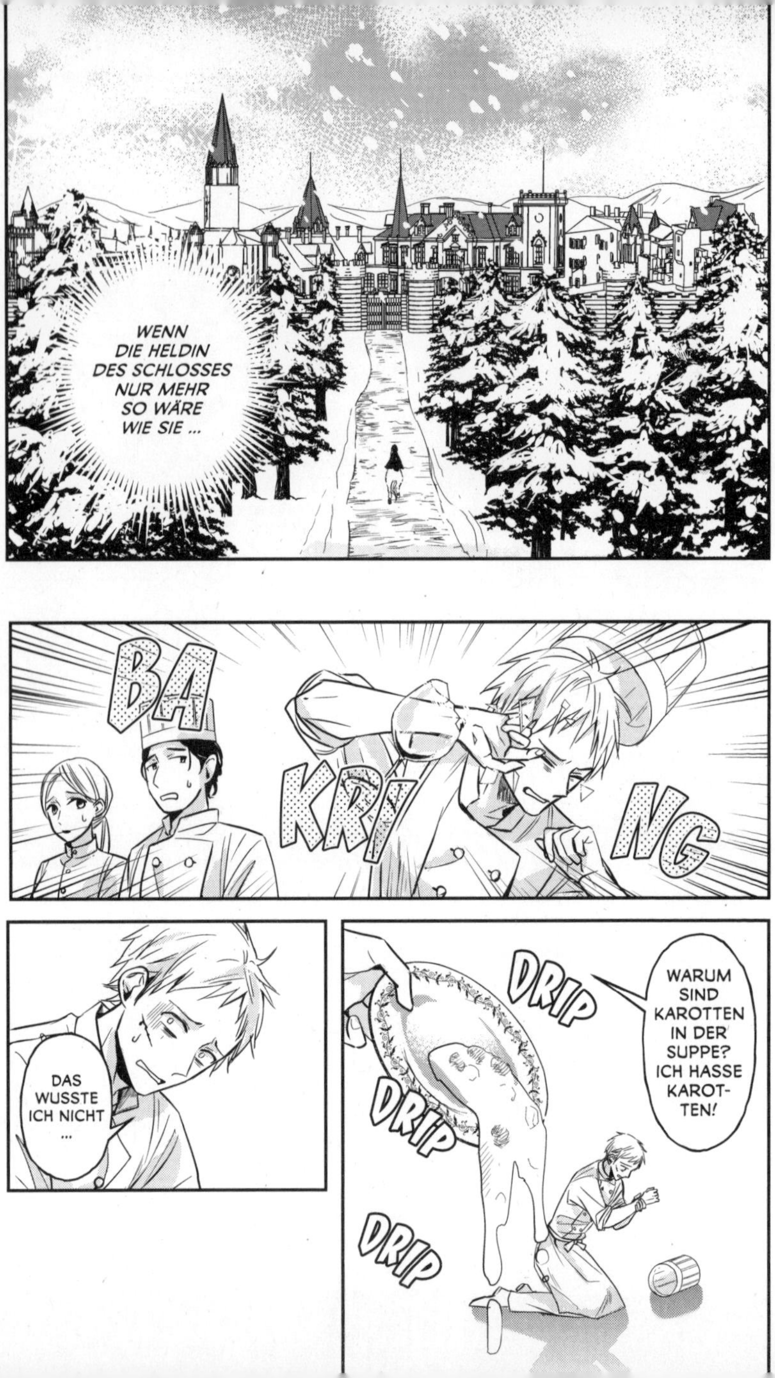
WENN DIE HELDIN DES SCHLOSSES NUR MEHR SO WÄRE WIE SIE ...
BA
KRI
NG
WARUM SIND KAROTTEN IN DER SUPPE? ICH HASSE KAROT-TEN!
DRIP
DRIP
DRIP
DAS WUSSTE ICH NICHT ...

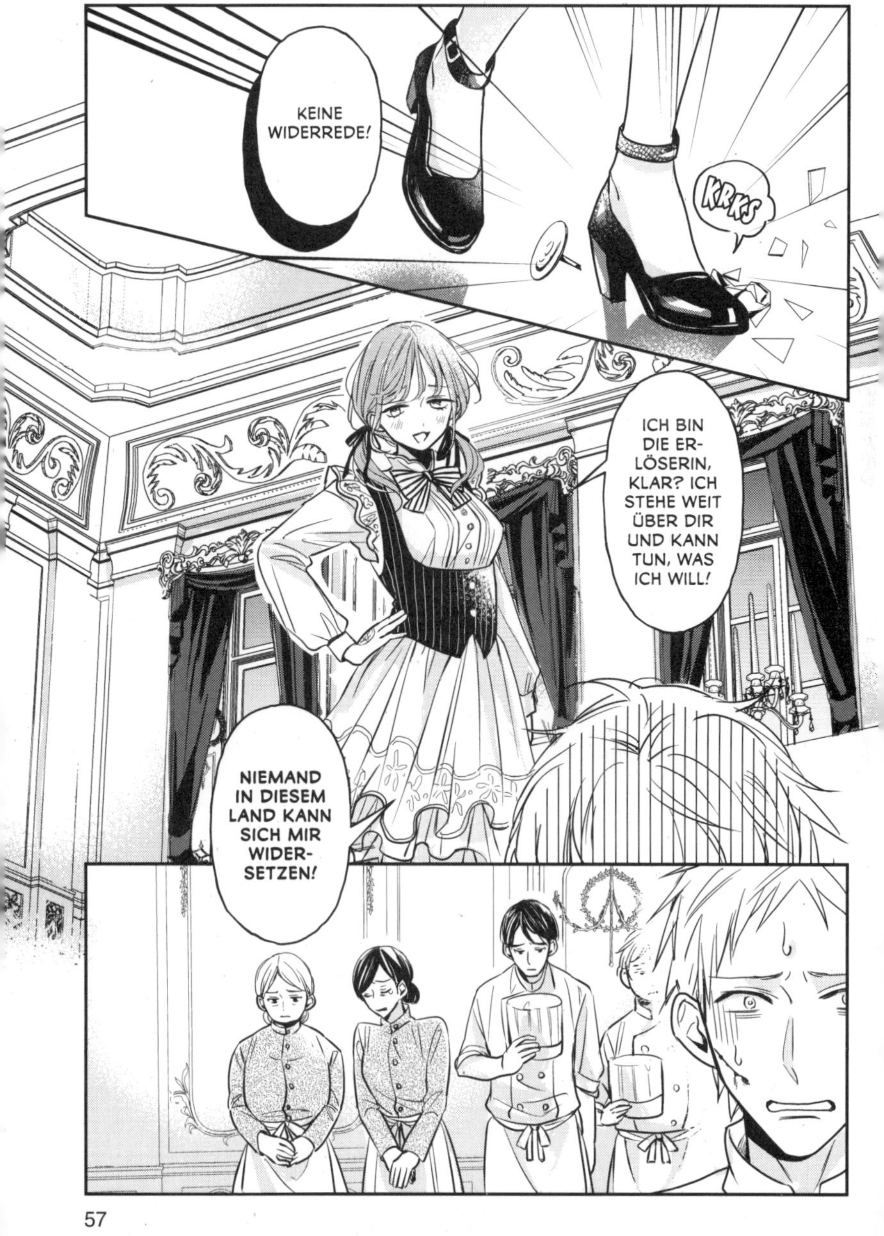
KEINE WIDERREDE!
KRKS
ICH BIN DIE ERLÖSERIN, KLAR? ICH STEHE WEIT ÜBER DIR UND KANN TUN, WAS ICH WILL!
NIEMAND IN DIESEM LAND KANN SICH MIR WIDERSETZEN!

MEIN BUCHCAFÉ IN
EINER ANDEREN WELT

Kapitel 3

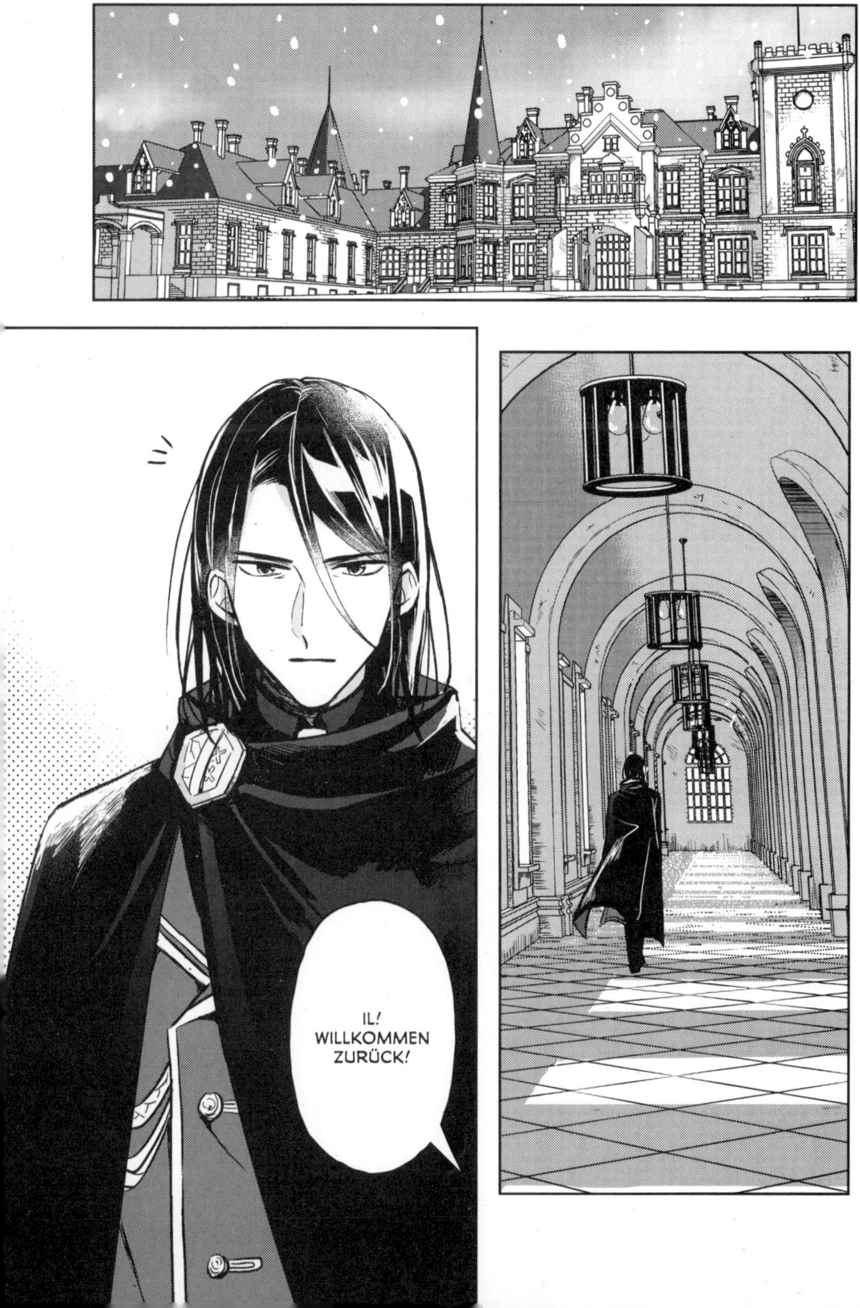

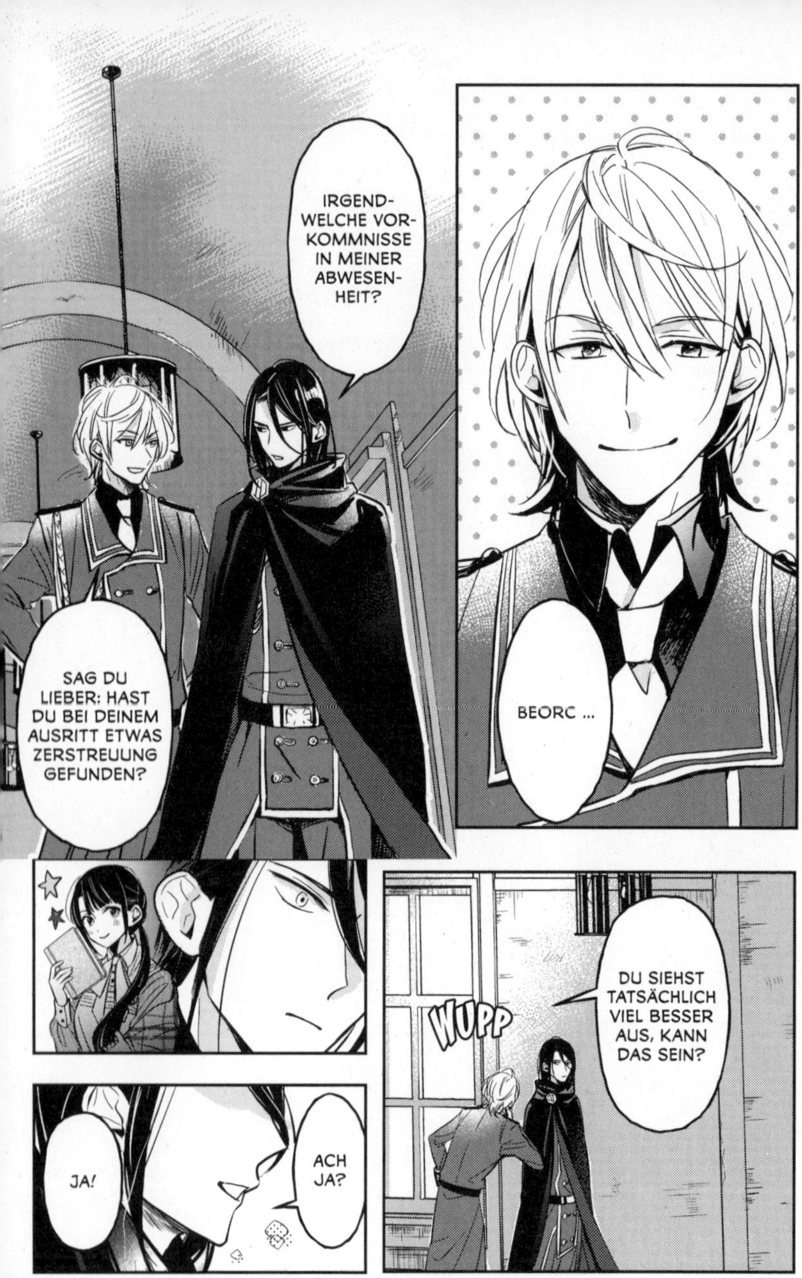
BEORC ...
IRGENDWELCHE VORKOMMNISSE IN MEINER ABWESENHEIT?
SAG DU LIEBER: HAST DU BEI DEINEM AUSRITT ETWAS ZERSTREUUNG GEFUNDEN?
DU SIEHST TATSÄCHLICH VIEL BESSER AUS, KANN DAS SEIN?
WUPP
ACH JA?
JA!

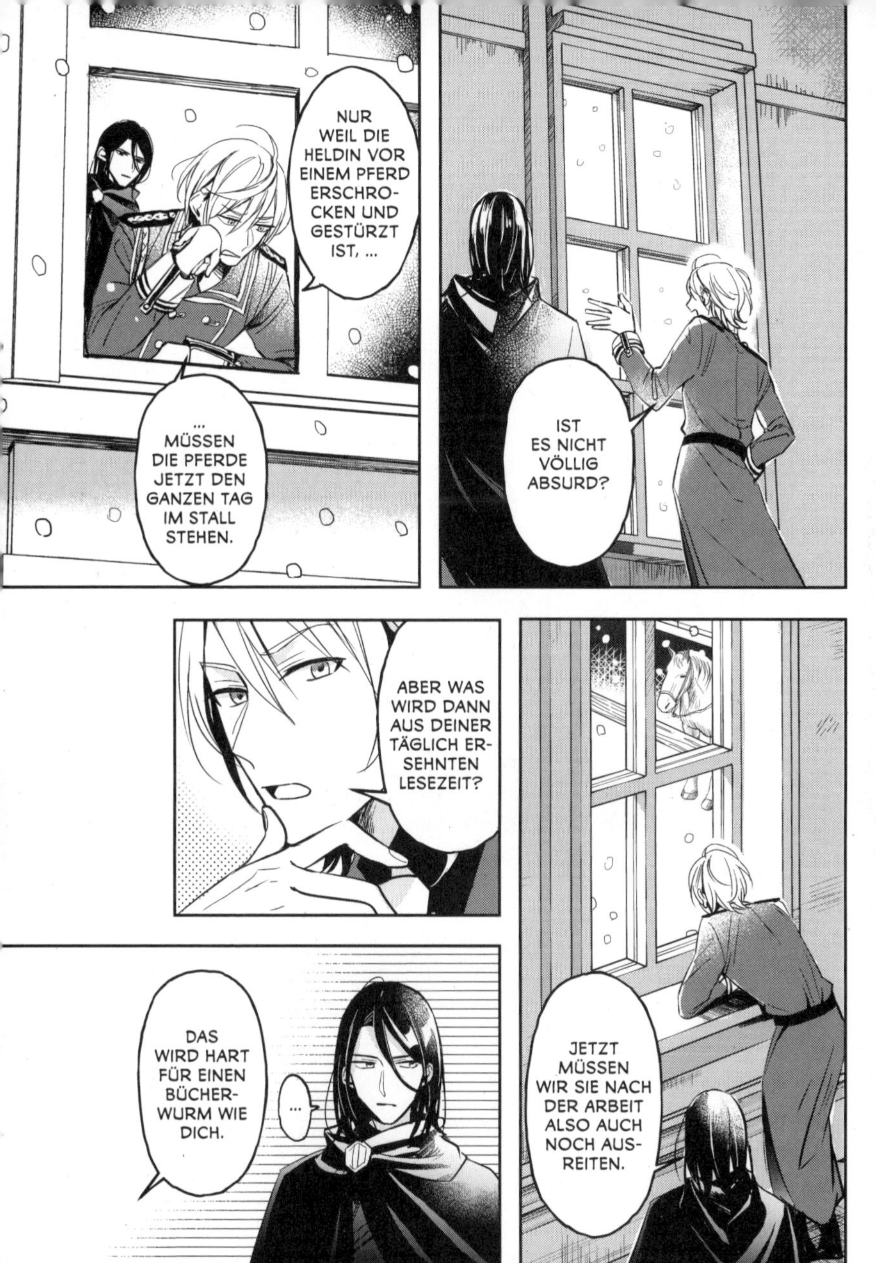
IST ES NICHT VÖLLIG ABSURD?
NUR WEIL DIE HELDIN VOR EINEM PFERD ERSCHROCKEN UND GESTÜRZT IST, ...
... MÜSSEN DIE PFERDE JETZT DEN GANZEN TAG IM STALL STEHEN.
JETZT MÜSSEN WIR SIE NACH DER ARBEIT ALSO AUCH NOCH AUSREITEN.
ABER WAS WIRD DANN AUS DEINER TÄGLICH ERSEHNTEN LESEZEIT?
...
DAS WIRD HART FÜR EINEN BÜCHERWURM WIE DICH.

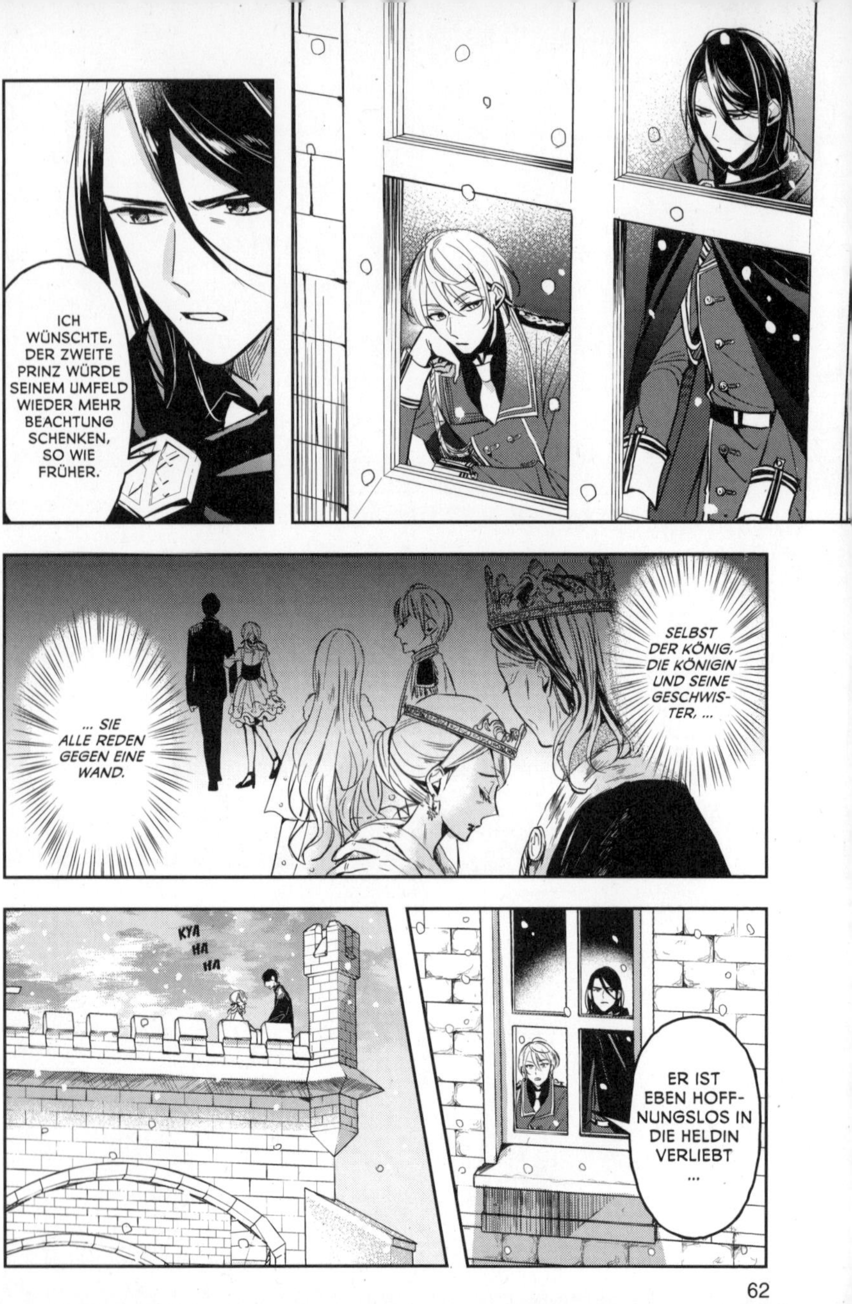
ICH WÜNSCHTE, DER ZWEITE PRINZ WÜRDE SEINEM UMFELD WIEDER MEHR BEACHTUNG SCHENKEN, SO WIE FRÜHER.
SELBST DER KÖNIG, DIE KÖNIGIN UND SEINE GESCHWIS-TER, ...
... SIE ALLE REDEN GEGEN EINE WAND.
KYA HA HA
ER IST EBEN HOFF-NUNGSLOS IN DIE HELDIN VERLIEBT ...

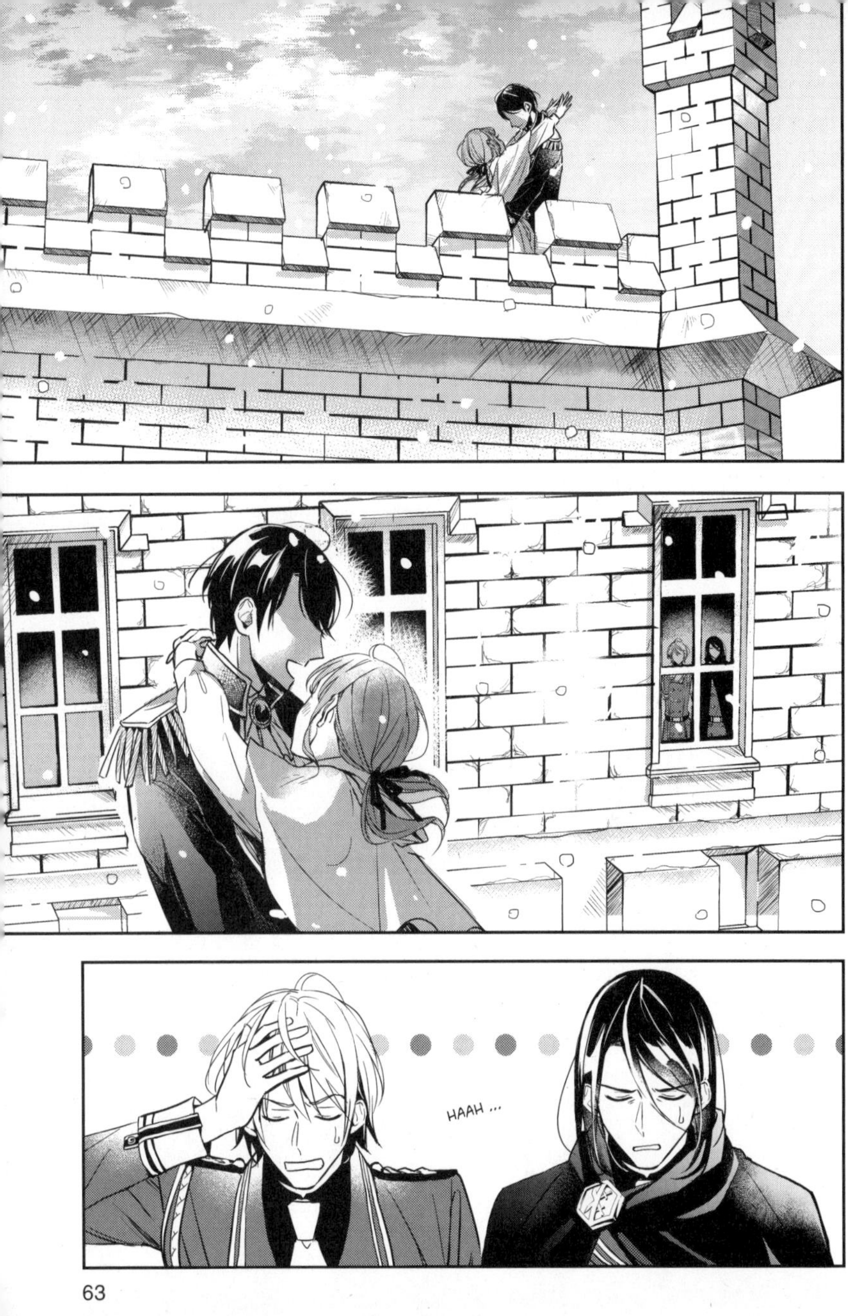
HAAH ...

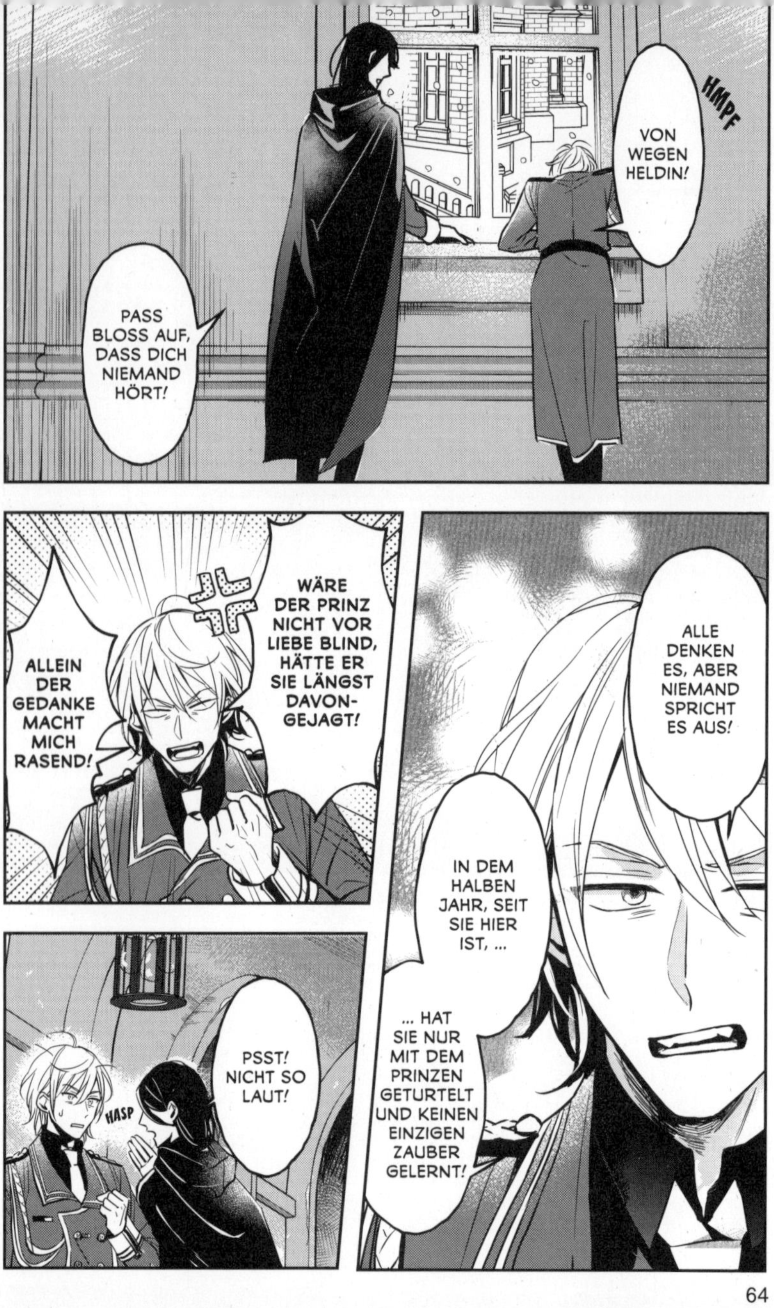
HMPF
VON WEGEN HELDIN!
PASS BLOSS AUF, DASS DICH NIEMAND HÖRT!
ALLE DENKEN ES, ABER NIEMAND SPRICHT ES AUS!
WÄRE DER PRINZ NICHT VOR LIEBE BLIND, HÄTTE ER SIE LÄNGST DAVON-GEJAGT!
ALLEIN DER GEDANKE MACHT MICH RASEND!
IN DEM HALBEN JAHR, SEIT SIE HIER IST, ...
... HAT SIE NUR MIT DEM PRINZEN GETURTELT UND KEINEN EINZIGEN ZAUBER GELERNT!
PSST! NICHT SO LAUT!
HASP

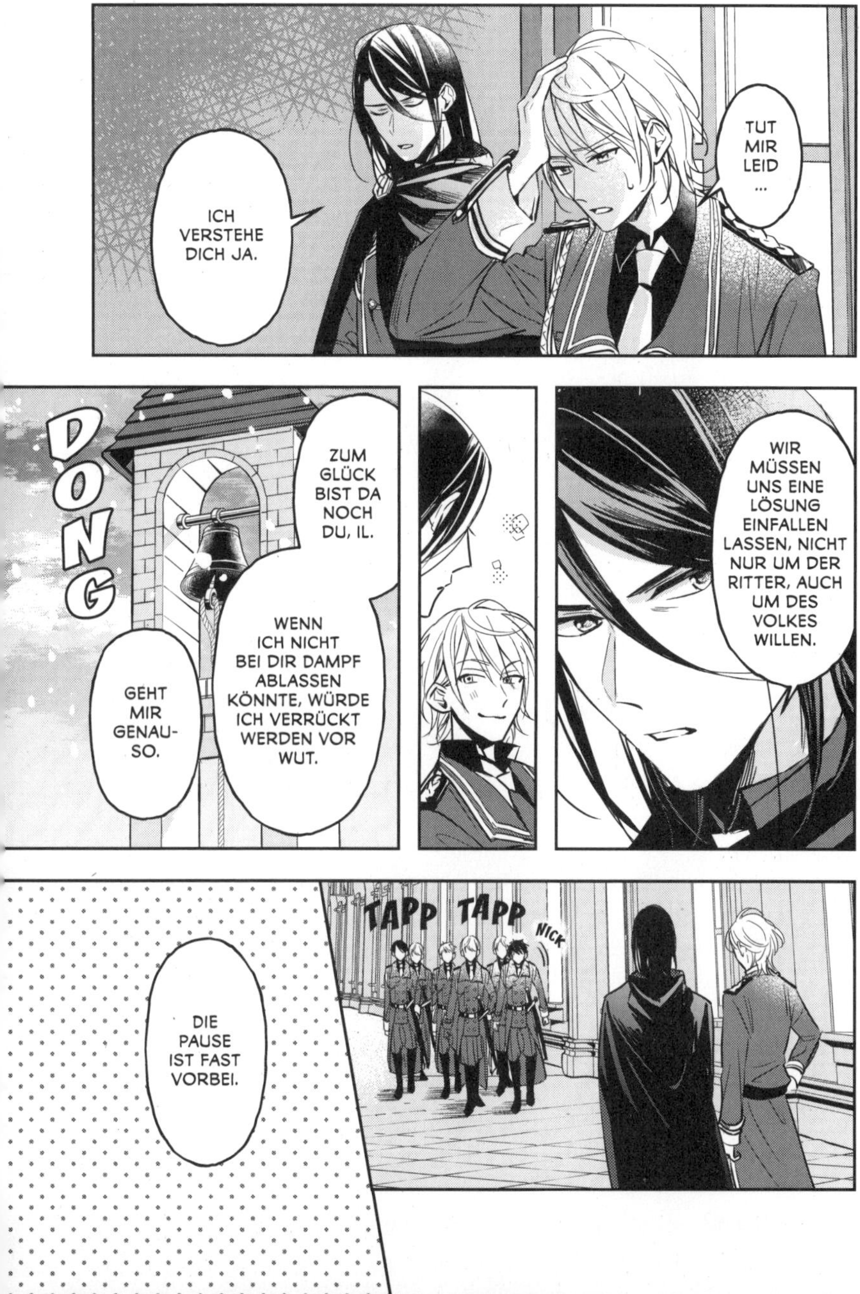
TUT MIR LEID ...
ICH VERSTEHE DICH JA.
WIR MÜSSEN UNS EINE LÖSUNG EINFALLEN LASSEN, NICHT NUR UM DER RITTER, AUCH UM DES VOLKES WILLEN.
ZUM GLÜCK BIST DA NOCH DU, IL.
WENN ICH NICHT BEI DIR DAMPF ABLASSEN KÖNNTE, WÜRDE ICH VERRÜCKT WERDEN VOR WUT.
GEHT MIR GENAU-SO.
DONG
NICK
TAPP TAPP
DIE PAUSE IST FAST VORBEI.

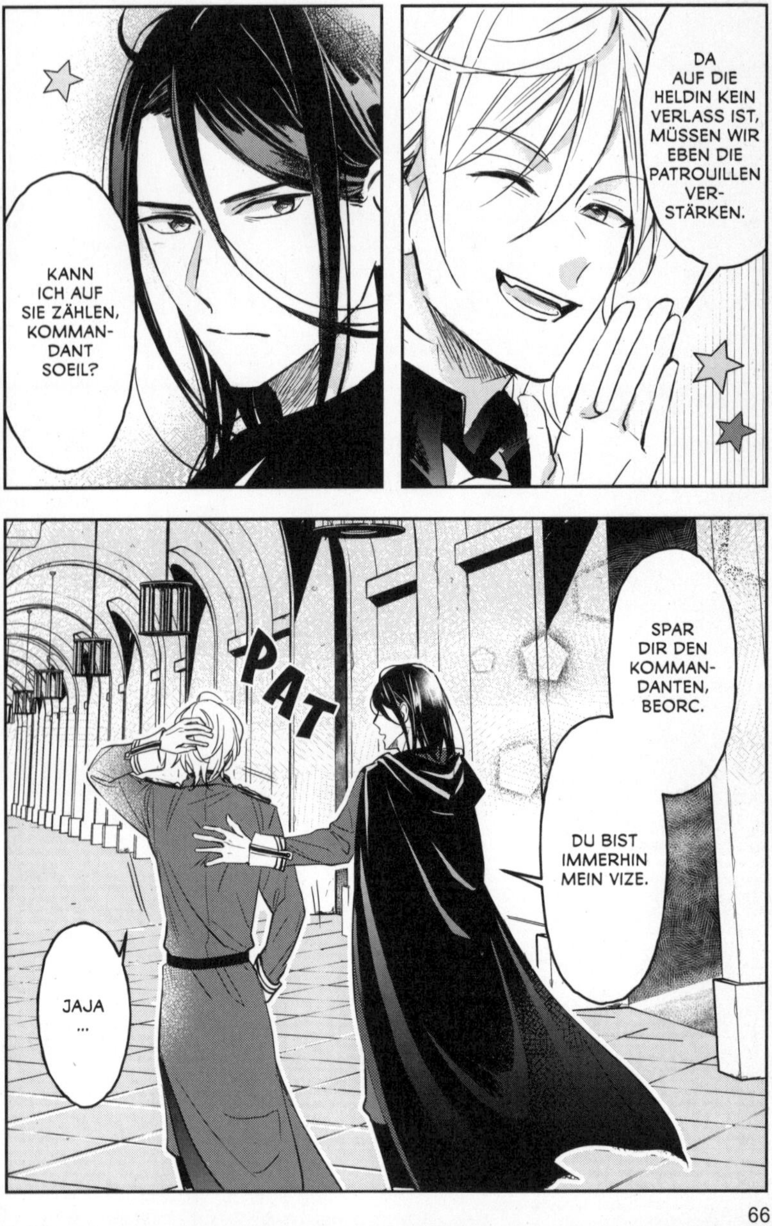
DA AUF DIE HELDIN KEIN VERLASS IST, MÜSSEN WIR EBEN DIE PATROUILLEN VER-STÄRKEN.
KANN ICH AUF SIE ZÄHLEN, KOMMAN-DANT SOEIL?
SPAR DIR DEN KOMMAN-DANTEN, BEORC.
DU BIST IMMERHIN MEIN VIZE.
PAT
JAJA ...

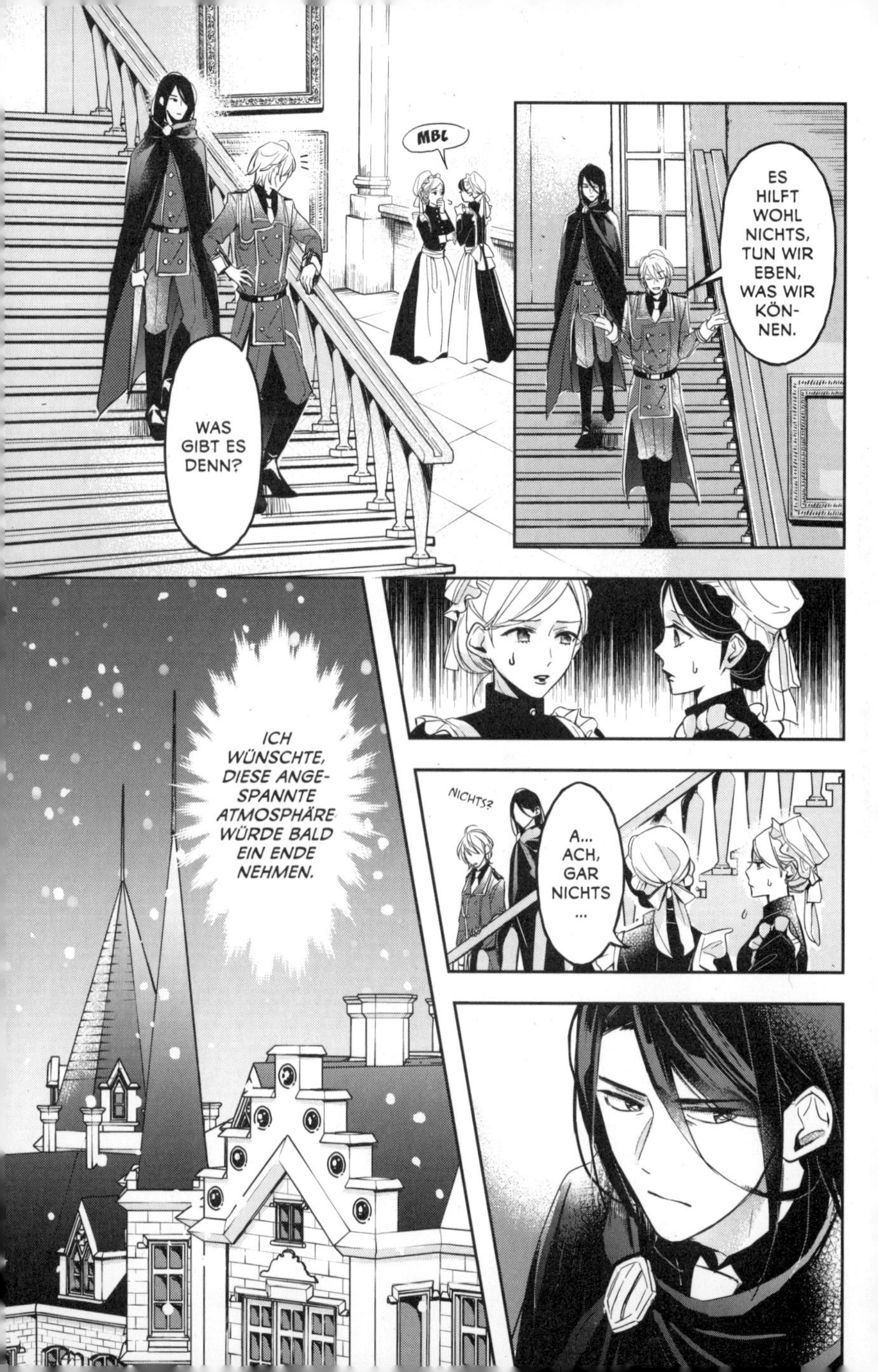
MBL
WAS GIBT ES DENN?
ES HILFT WOHL NICHTS, TUN WIR EBEN, WAS WIR KÖN-NEN.
A... ACH, GAR NICHTS ...
NICHTS?
ICH WÜNSCHTE, DIESE ANGE-SPANNTE ATMOSPHÄRE WÜRDE BALD EIN ENDE NEHMEN.

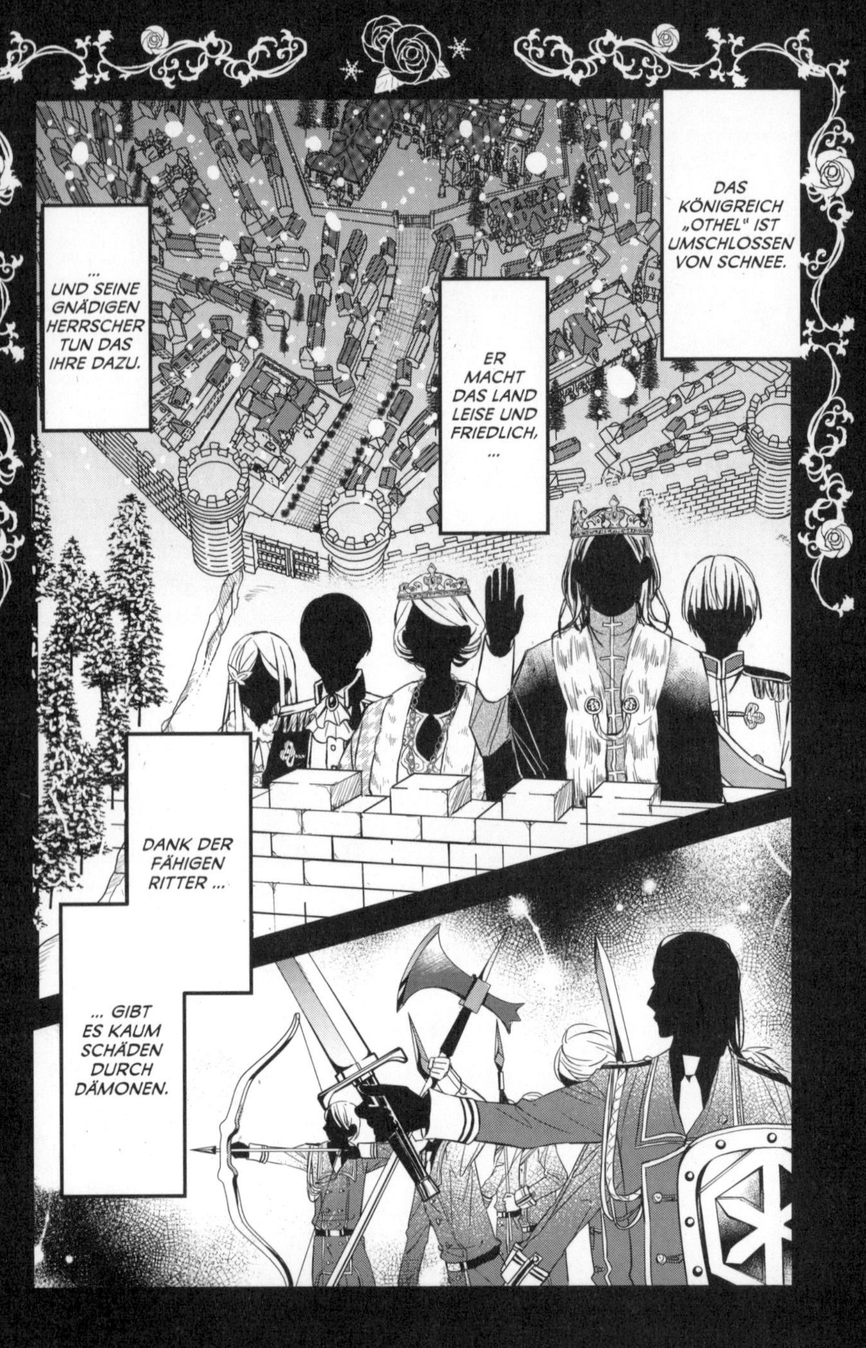
DAS KÖNIGREICH „OTHEL" IST UMSCHLOSSEN VON SCHNEE.
ER MACHT DAS LAND LEISE UND FRIEDLICH, ...
... UND SEINE GNÄDIGEN HERRSCHER TUN DAS IHRE DAZU.
DANK DER FÄHIGEN RITTER ...
... GIBT ES KAUM SCHÄDEN DURCH DÄMONEN.

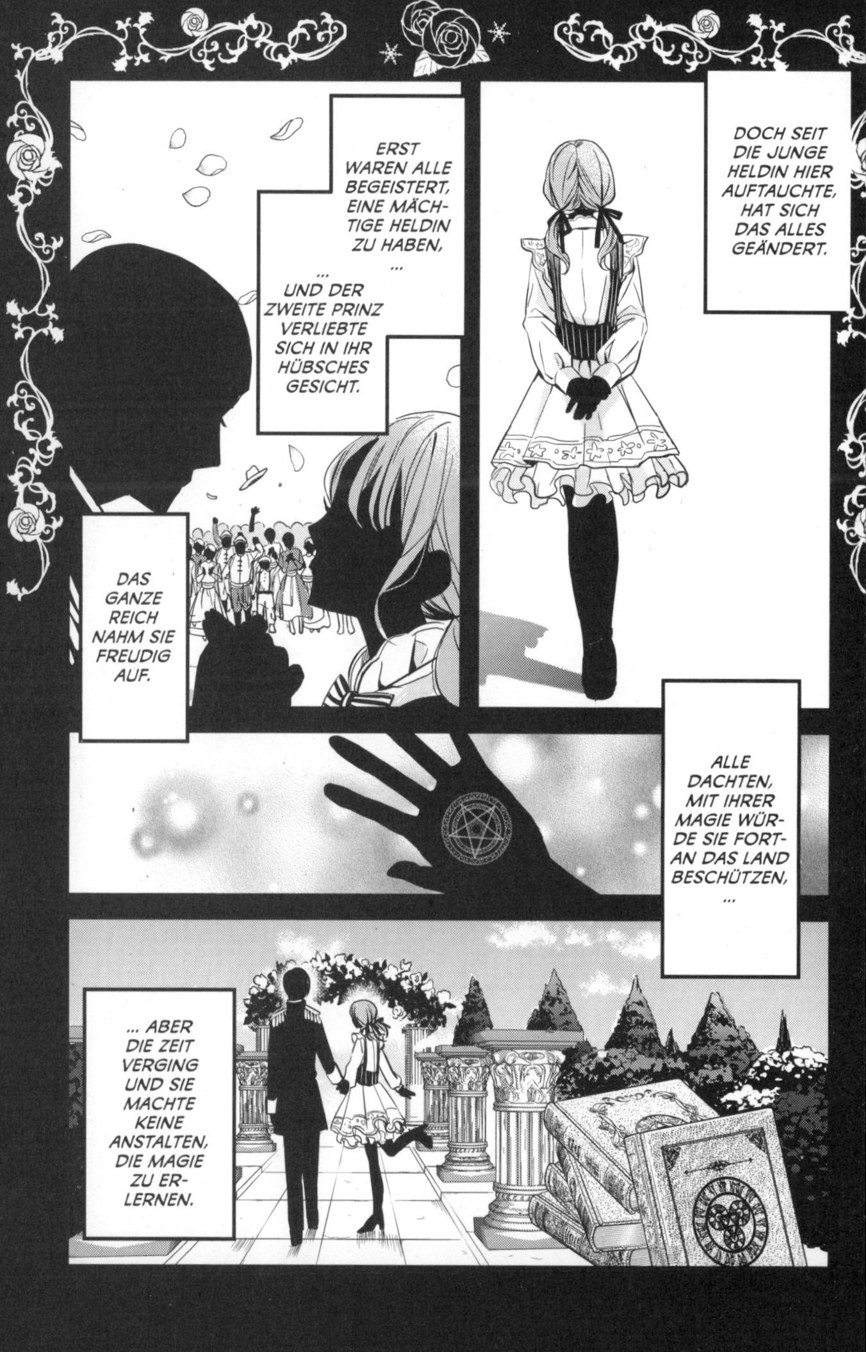
ERST WAREN ALLE BEGEISTERT, EINE MÄCHTIGE HELDIN ZU HABEN, ...
... UND DER ZWEITE PRINZ VERLIEBTE SICH IN IHR HÜBSCHES GESICHT.
DAS GANZE REICH NAHM SIE FREUDIG AUF.
DOCH SEIT DIE JUNGE HELDIN HIER AUFTAUCHTE, HAT SICH DAS ALLES GEÄNDERT.
ALLE DACHTEN, MIT IHRER MAGIE WÜRDE SIE FORTAN DAS LAND BESCHÜTZEN, ...
... ABER DIE ZEIT VERGING UND SIE MACHTE KEINE ANSTALTEN, DIE MAGIE ZU ERLERNEN.

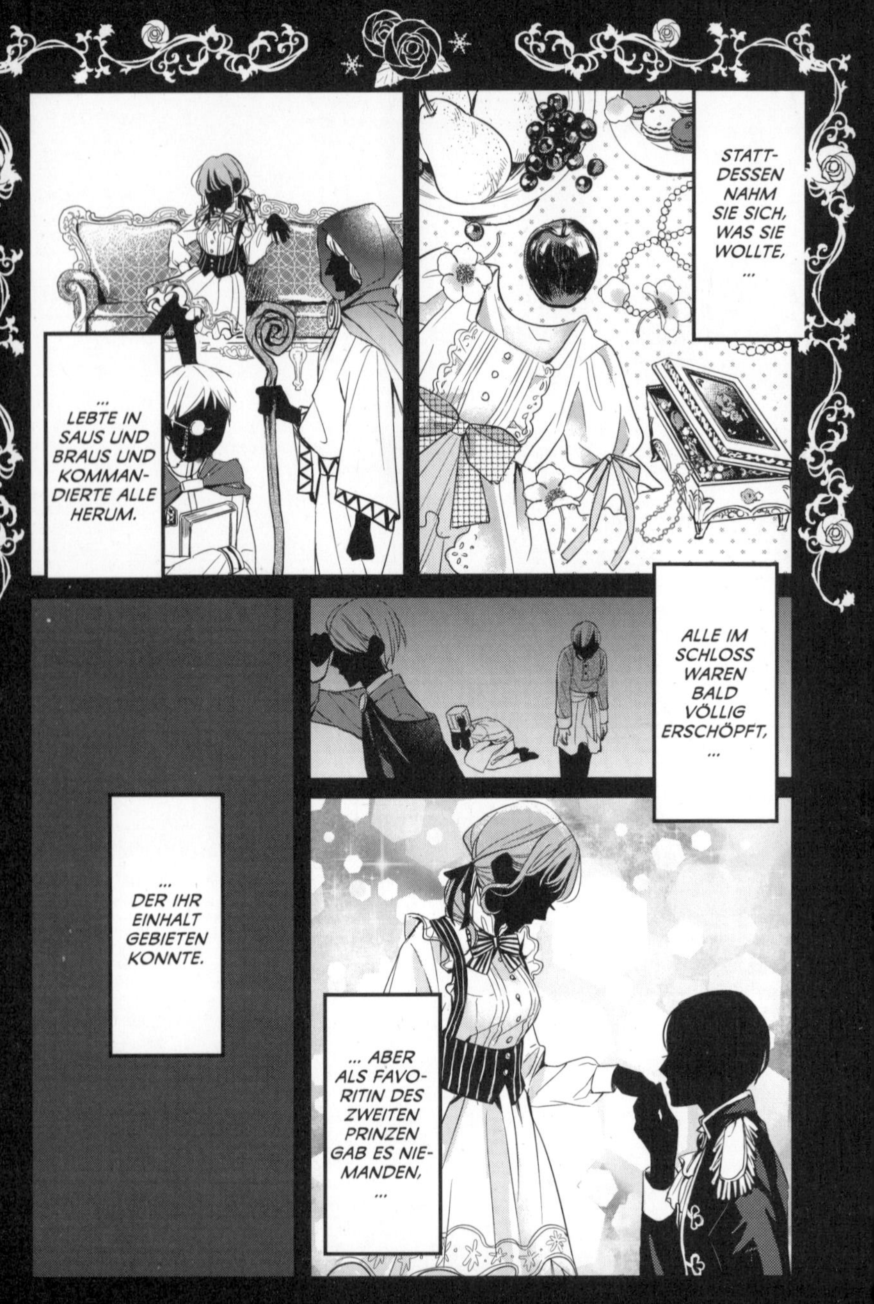
STATT-
DESSEN
NAHM
SIE SICH,
WAS SIE
WOLLTE,
...
... LEBTE IN SAUS UND BRAUS UND KOMMAN-DIERTE ALLE HERUM.
ALLE IM SCHLOSS WAREN BALD VÖLLIG ERSCHÖPFT, ...
... ABER ALS FAVO-RITIN DES ZWEITEN PRINZEN GAB ES NIE-MANDEN, ...
... DER IHR EINHALT GEBIETEN KONNTE.

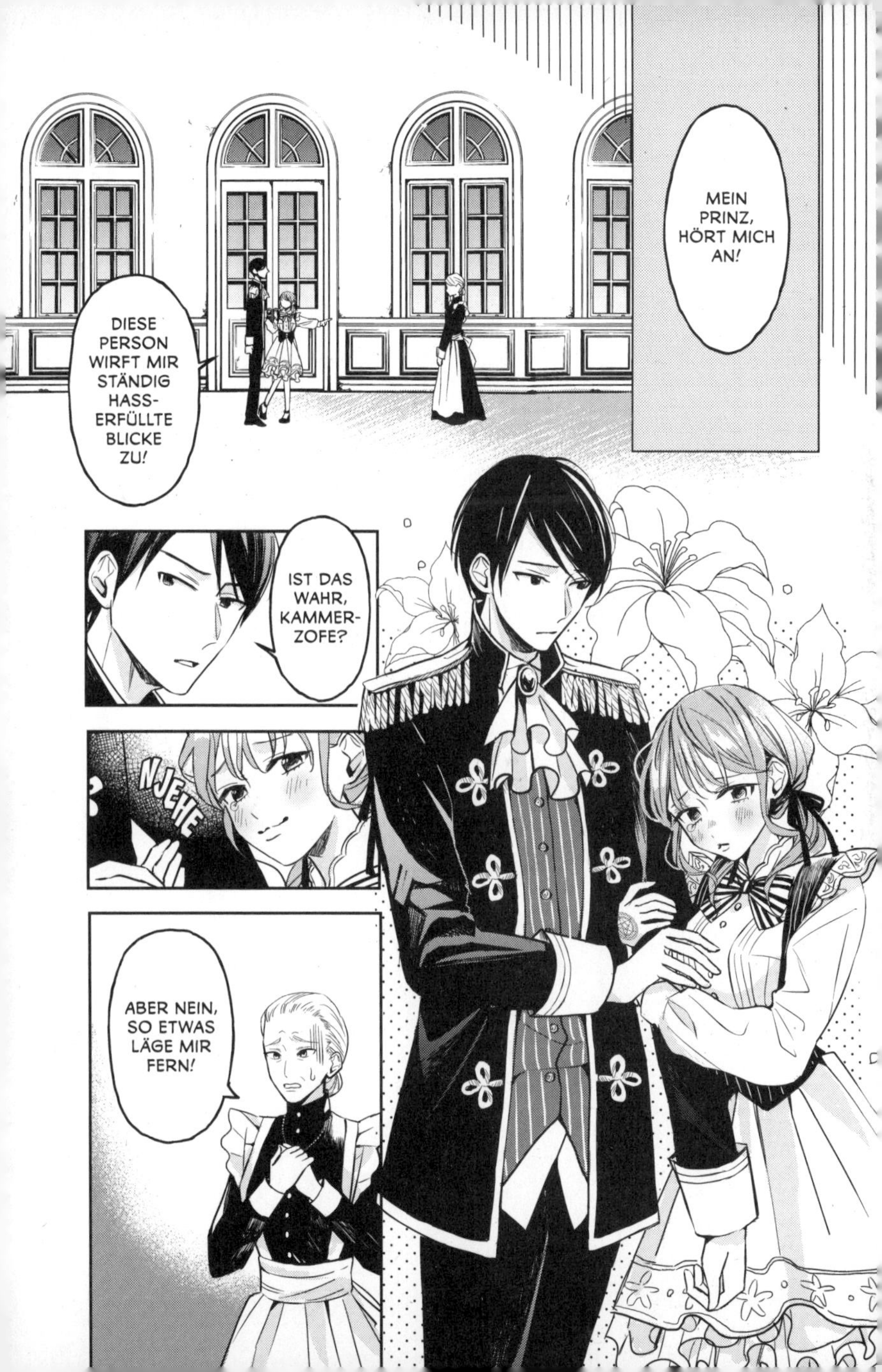
MEIN PRINZ, HÖRT MICH AN!
DIESE PERSON WIRFT MIR STÄNDIG HASS-ERFÜLLTE BLICKE ZU!
IST DAS WAHR, KAMMER-ZOFE?
NJEHE
ABER NEIN, SO ETWAS LÄGE MIR FERN!

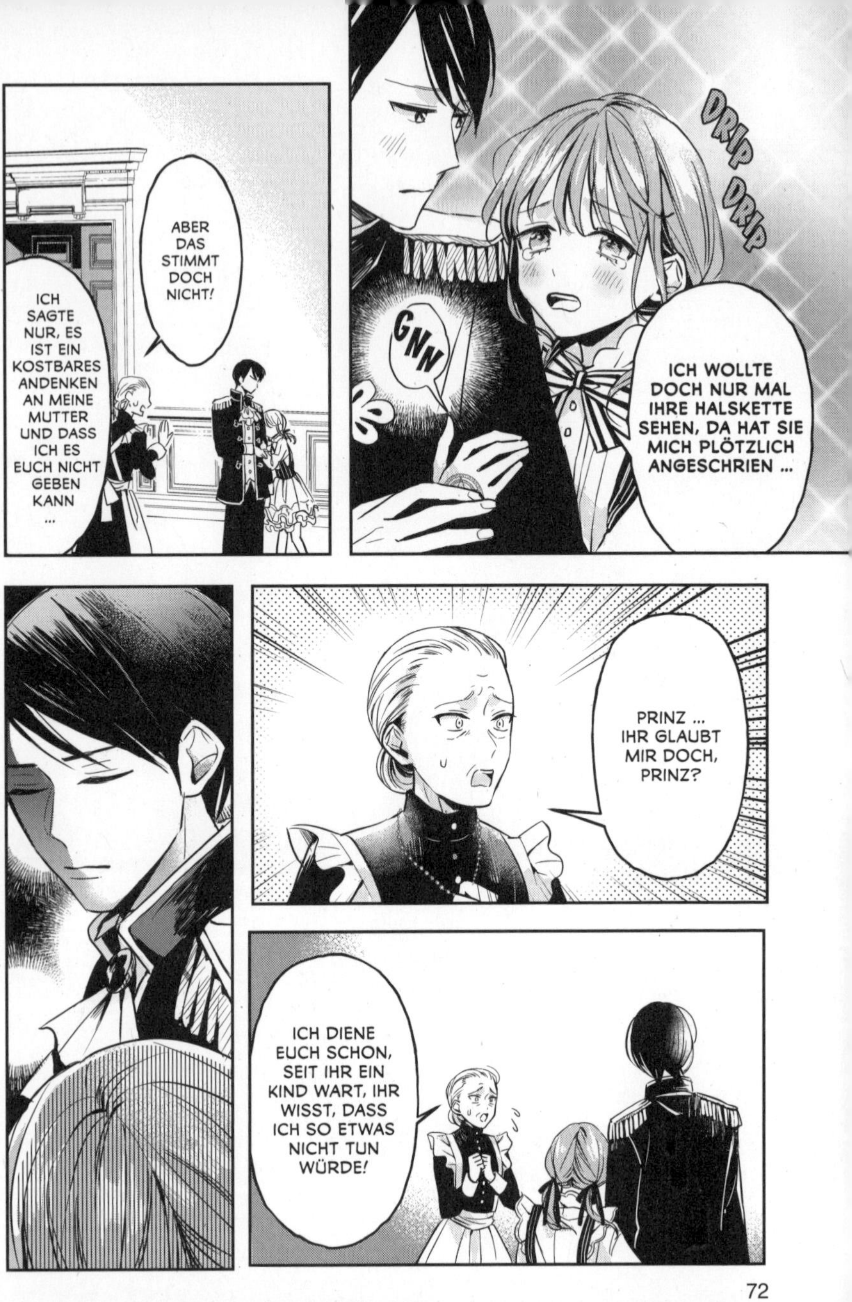
DRIP DRIP
ICH WOLLTE DOCH NUR MAL IHRE HALSKETTE SEHEN, DA HAT SIE MICH PLÖTZLICH ANGESCHRIEN ...
GNN
ABER DAS STIMMT DOCH NICHT!
ICH SAGTE NUR, ES IST EIN KOSTBARES ANDENKEN AN MEINE MUTTER UND DASS ICH ES EUCH NICHT GEBEN KANN ...
PRINZ ... IHR GLAUBT MIR DOCH, PRINZ?
ICH DIENE EUCH SCHON, SEIT IHR EIN KIND WART, IHR WISST, DASS ICH SO ETWAS NICHT TUN WÜRDE!

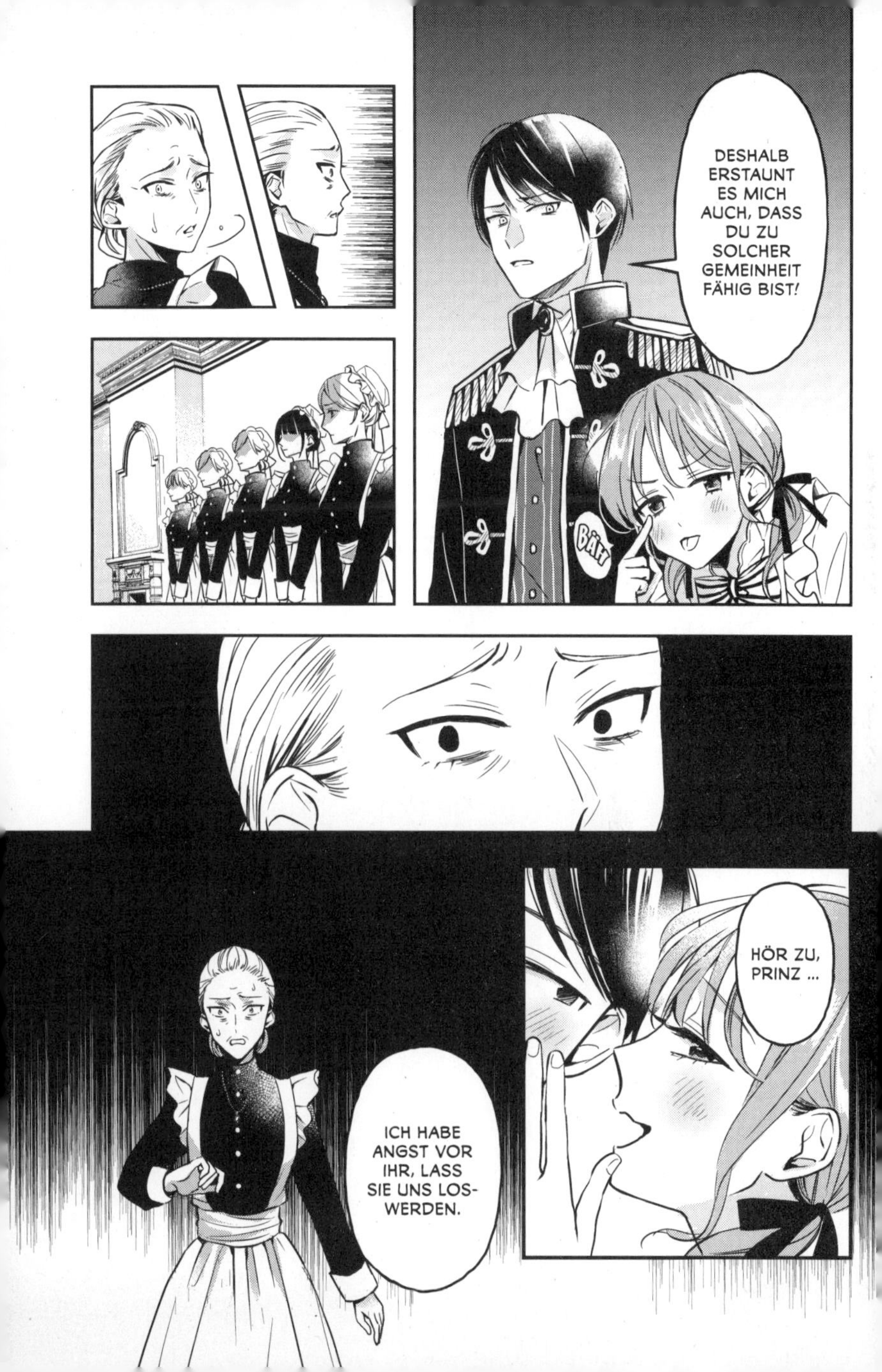
DESHALB ERSTAUNT ES MICH AUCH, DASS DU ZU SOLCHER GEMEINHEIT FÄHIG BIST!
BÄH
HÖR ZU, PRINZ …
ICH HABE ANGST VOR IHR, LASS SIE UNS LOS-WERDEN.

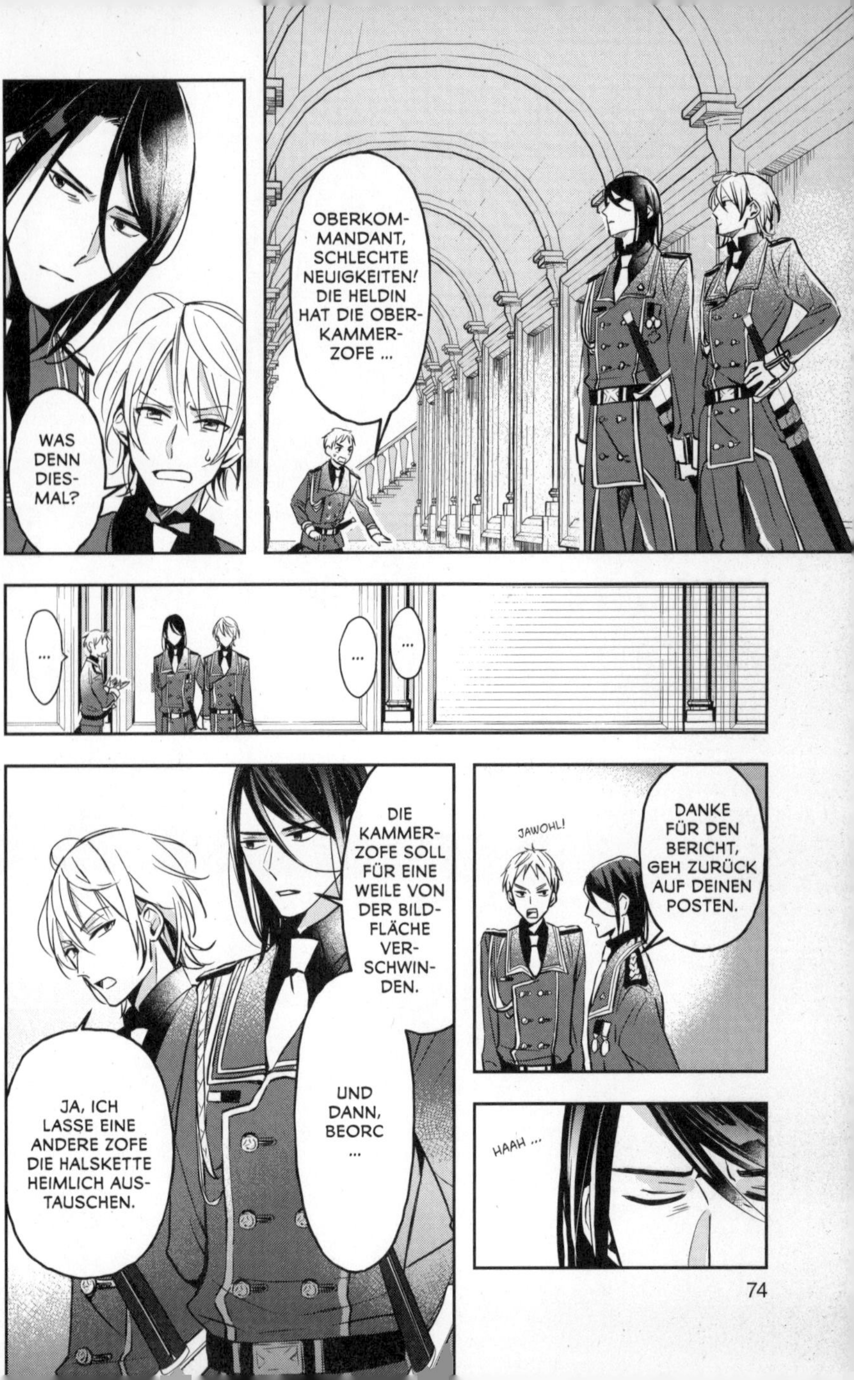
OBERKOMMANDANT, SCHLECHTE NEUIGKEITEN! DIE HELDIN HAT DIE OBERKAMMERZOFE …
WAS DENN DIESMAL?
…
…
…
DANKE FÜR DEN BERICHT, GEH ZURÜCK AUF DEINEN POSTEN.
JAWOHL!
HAAH …
DIE KAMMERZOFE SOLL FÜR EINE WEILE VON DER BILDFLÄCHE VERSCHWINDEN.
UND DANN, BEORC …
JA, ICH LASSE EINE ANDERE ZOFE DIE HALSKETTE HEIMLICH AUSTAUSCHEN.

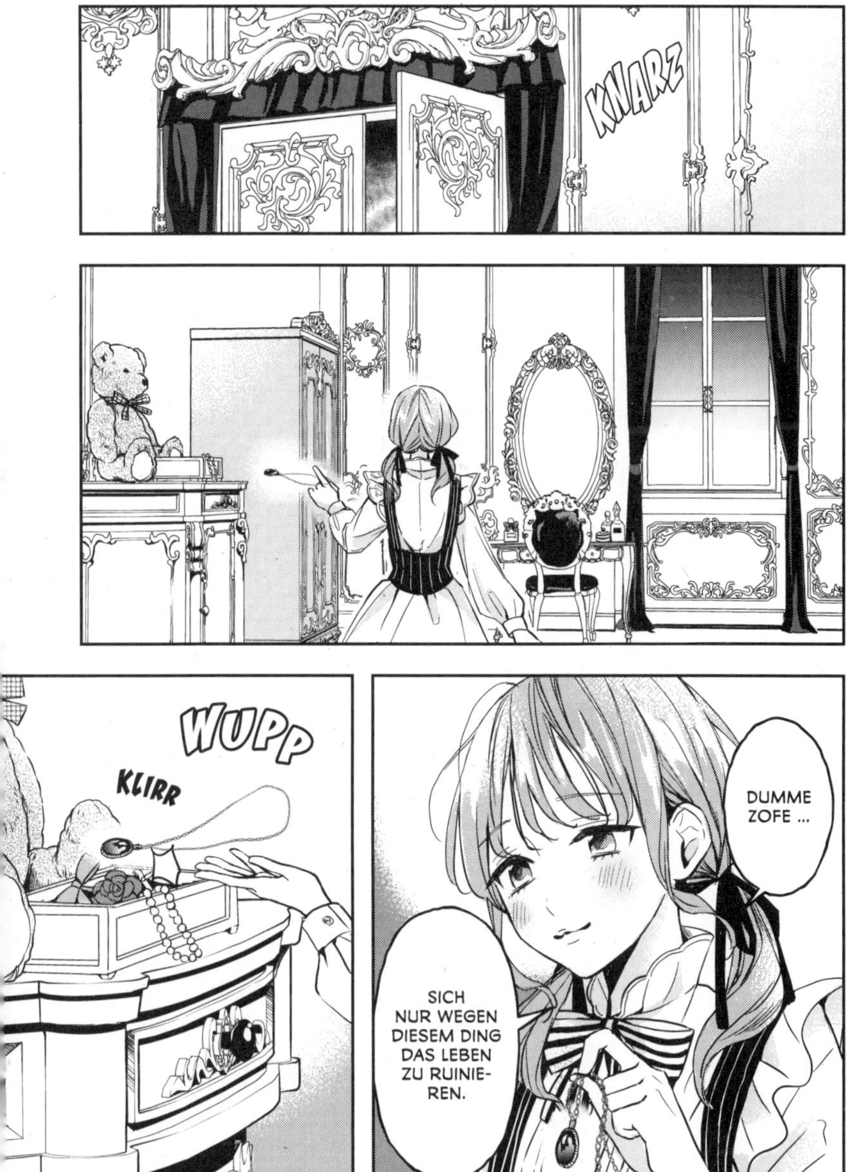
KNARZ
DUMME ZOFE ...
SICH NUR WEGEN DIESEM DING DAS LEBEN ZU RUINIE-REN.
WUPP
KLIRR

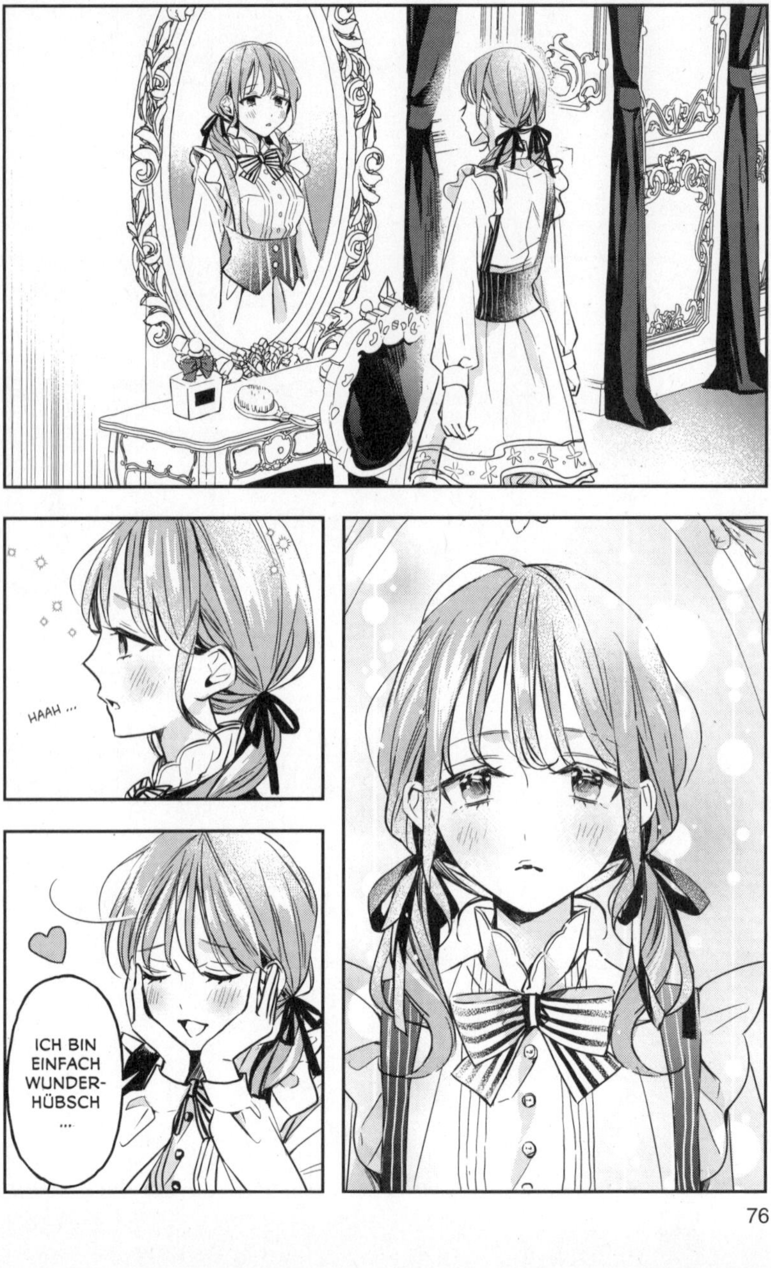
HAAH …
ICH BIN EINFACH WUNDERHÜBSCH …

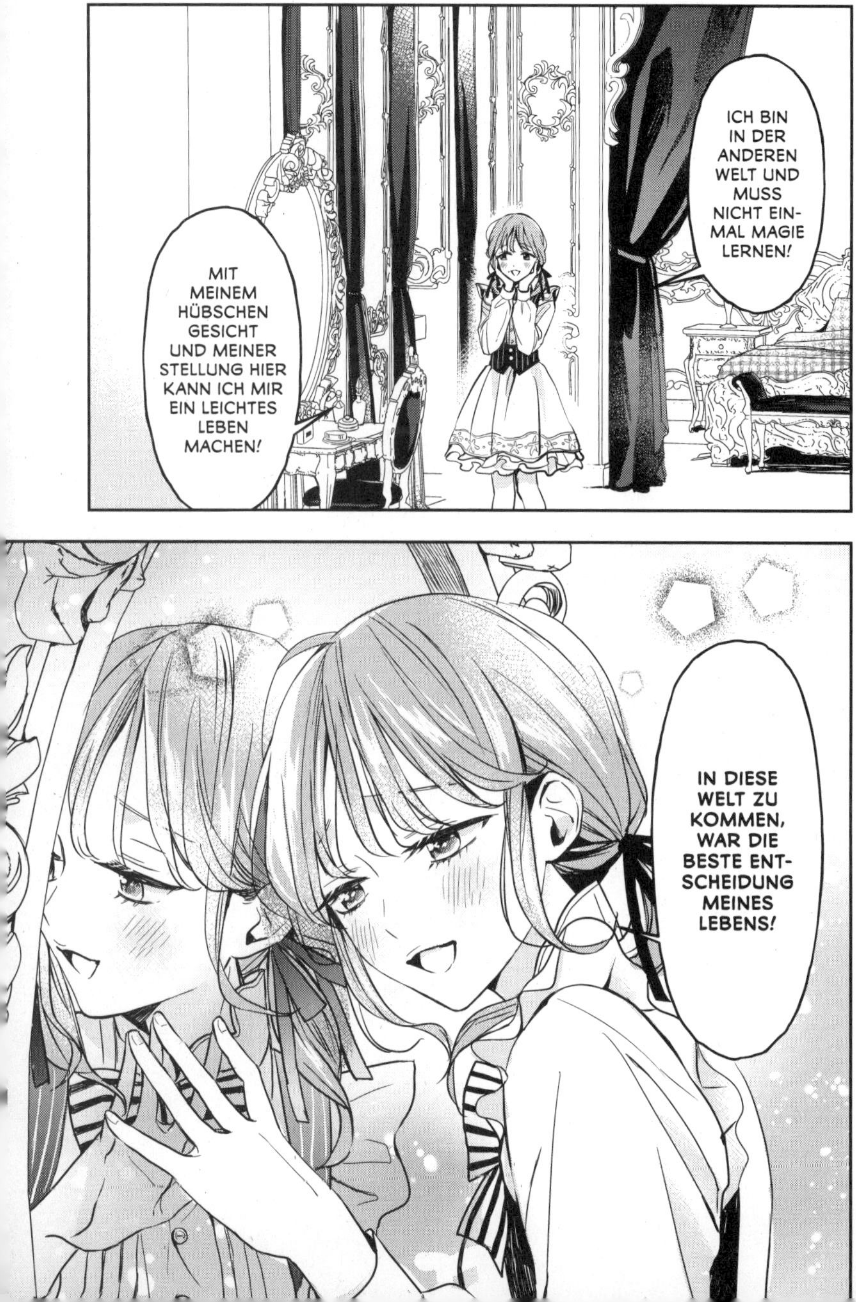
ICH BIN IN DER ANDEREN WELT UND MUSS NICHT EIN-MAL MAGIE LERNEN!
MIT MEINEM HÜBSCHEN GESICHT UND MEINER STELLUNG HIER KANN ICH MIR EIN LEICHTES LEBEN MACHEN!
IN DIESE WELT ZU KOMMEN, WAR DIE BESTE ENT-SCHEIDUNG MEINES LEBENS!

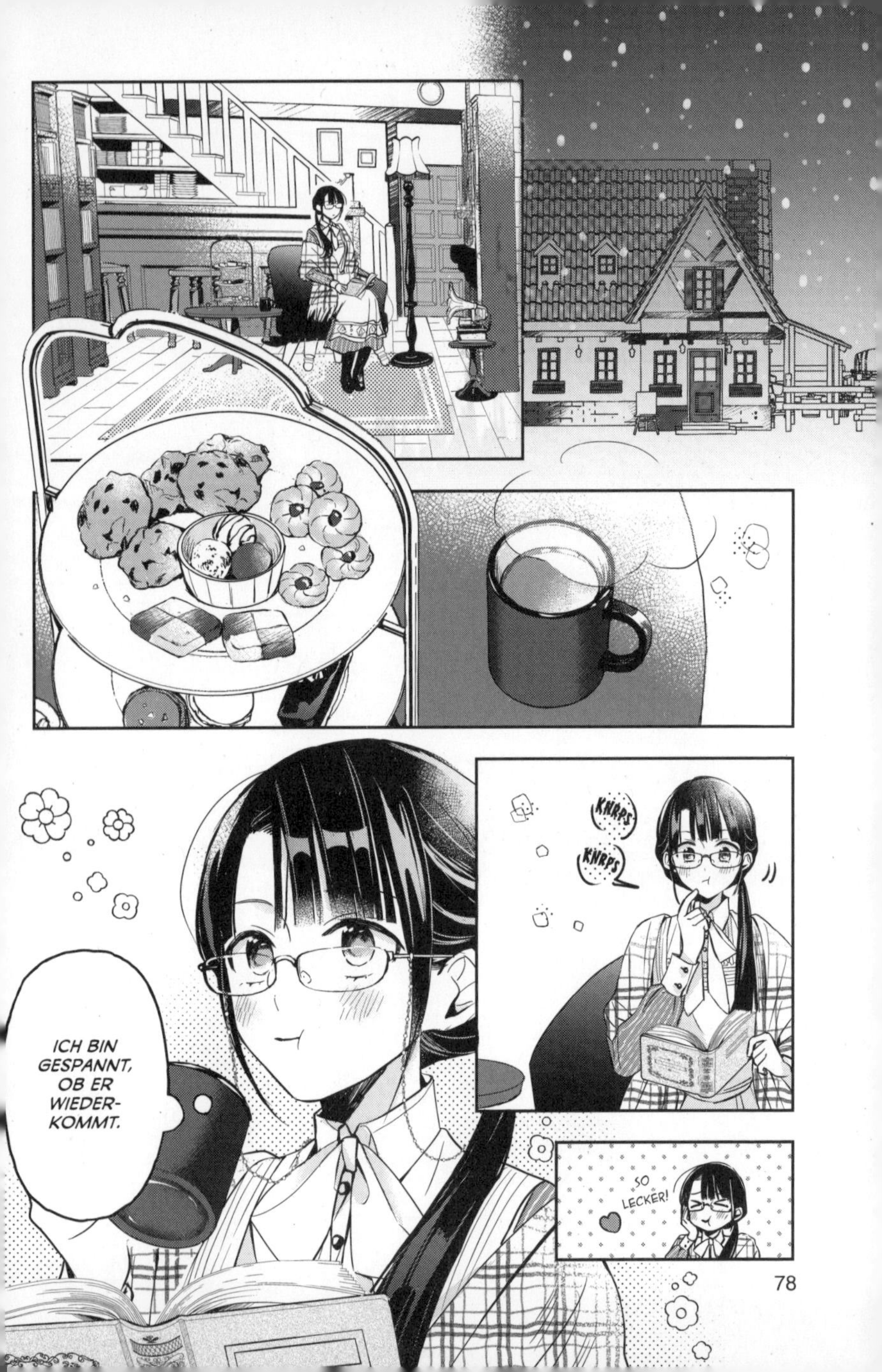
KNRPS
KNRPS
ICH BIN GESPANNT, OB ER WIEDER-KOMMT.
SO LECKER!

Kapitel 4

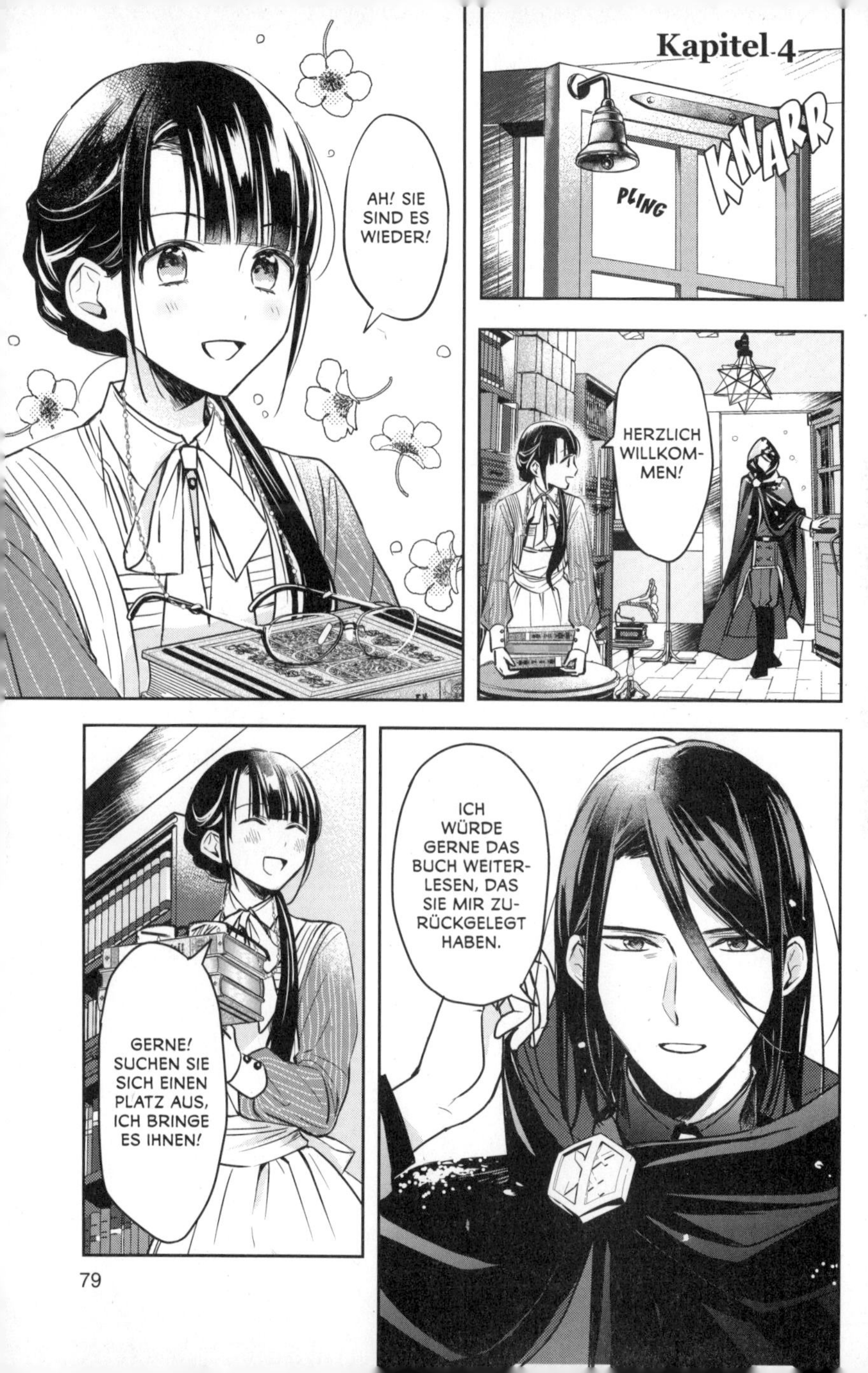
KNARR
PLING
HERZLICH WILLKOMMEN!
AH! SIE SIND ES WIEDER!
ICH WÜRDE GERNE DAS BUCH WEITERLESEN, DAS SIE MIR ZURÜCKGELEGT HABEN.
GERNE! SUCHEN SIE SICH EINEN PLATZ AUS, ICH BRINGE ES IHNEN!

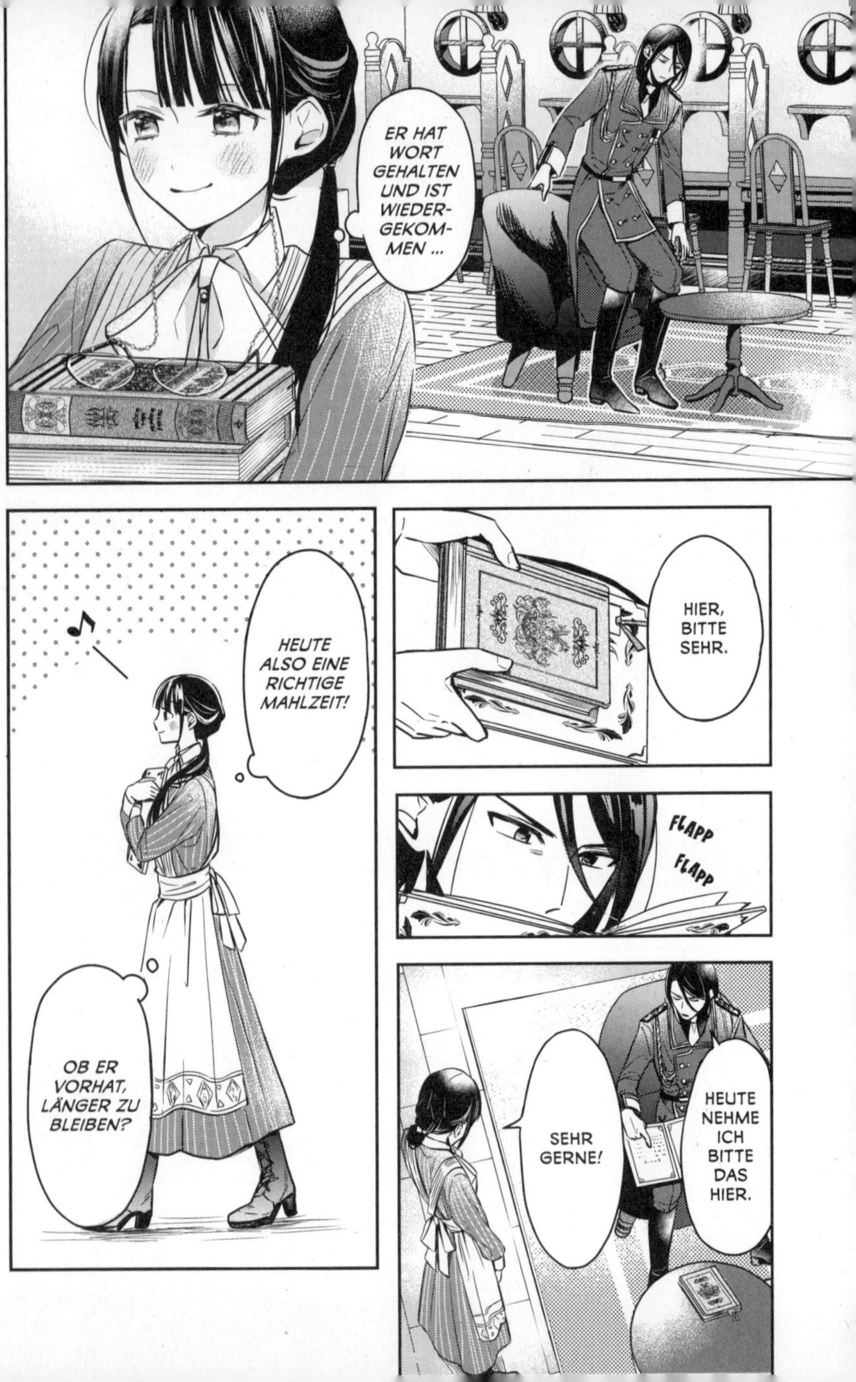
ER HAT WORT GEHALTEN UND IST WIEDER-GEKOM-MEN ...
HIER, BITTE SEHR.
FLAPP
FLAPP
HEUTE NEHME ICH BITTE DAS HIER.
SEHR GERNE!
HEUTE ALSO EINE RICHTIGE MAHLZEIT!
OB ER VORHAT, LÄNGER ZU BLEIBEN?

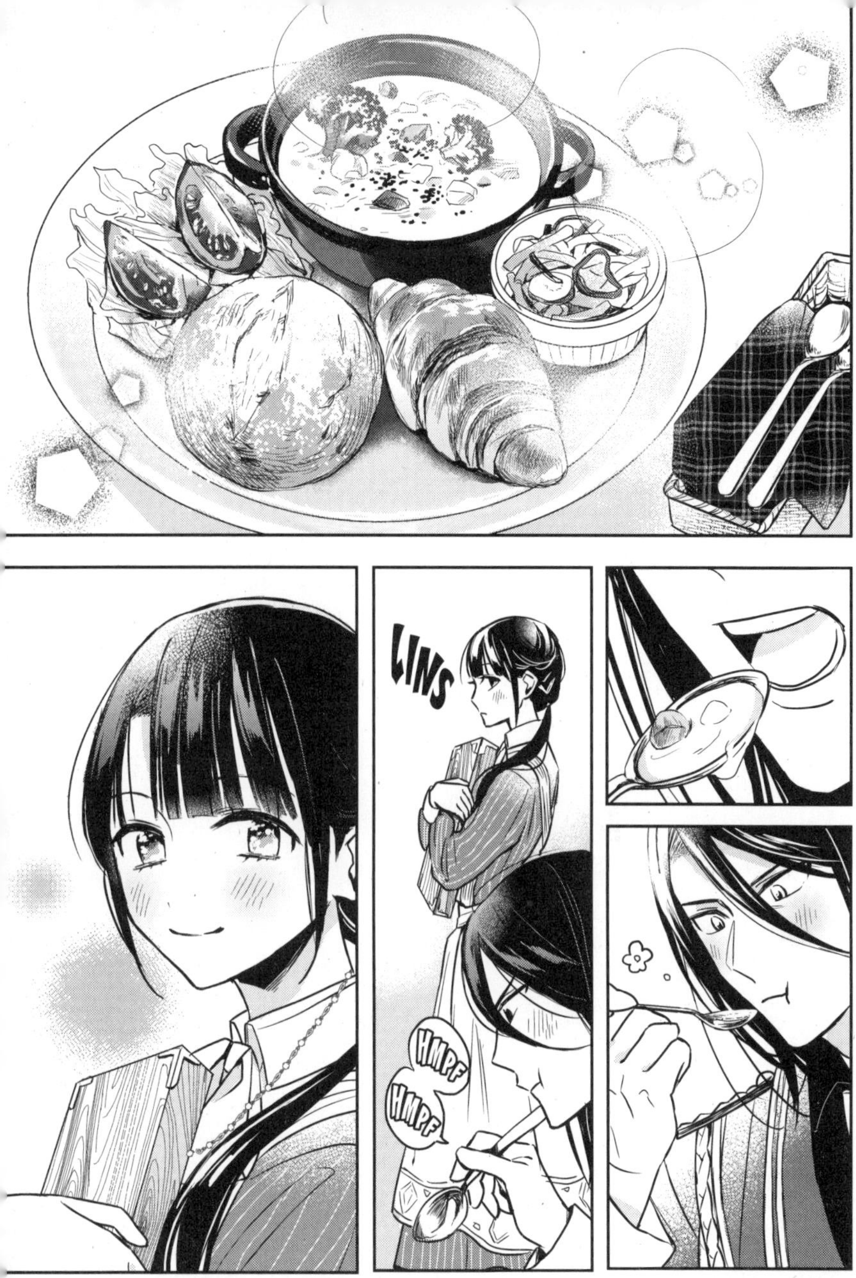

LINS
HMPF
HMPF

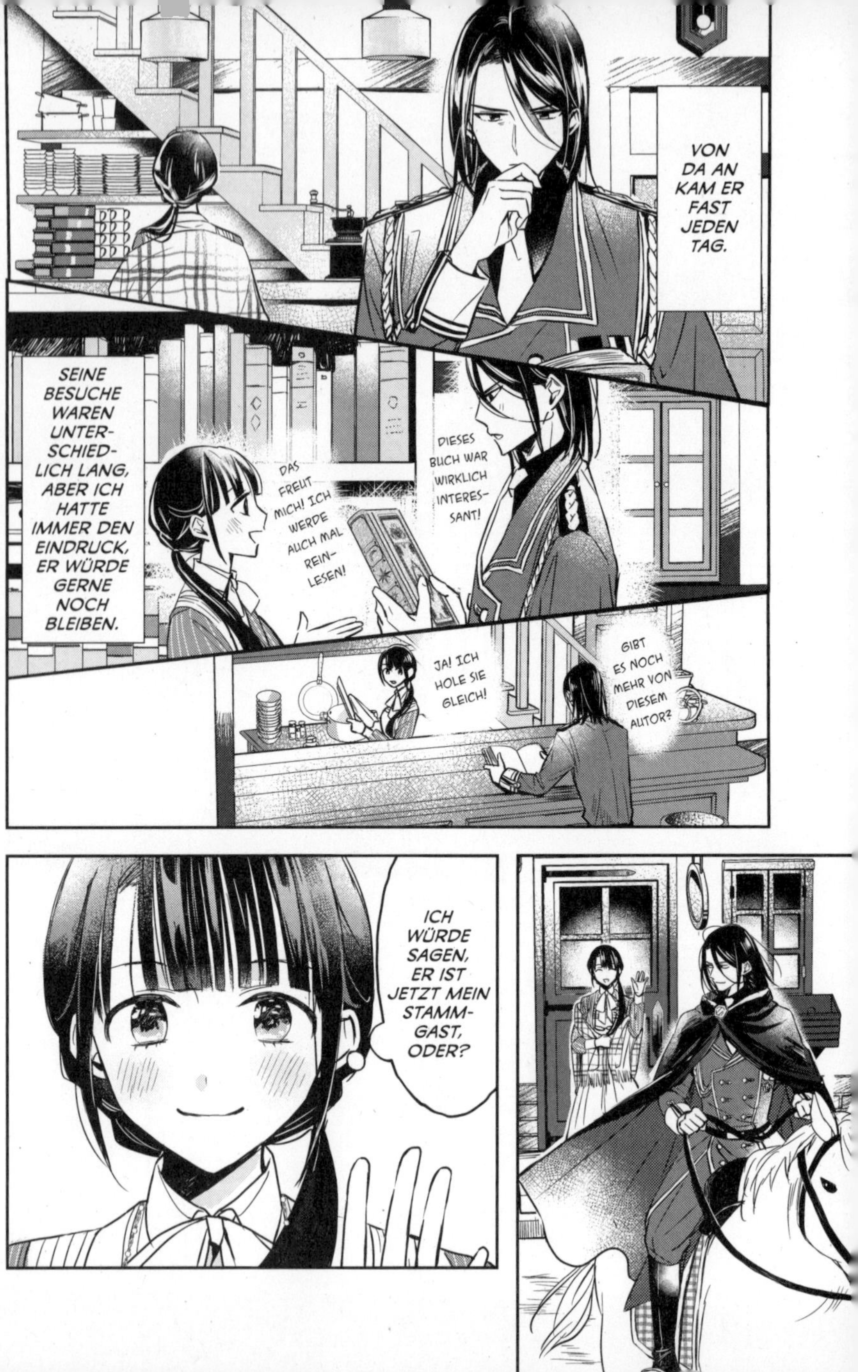
VON DA AN KAM ER FAST JEDEN TAG.
SEINE BESUCHE WAREN UNTER-SCHIED-LICH LANG, ABER ICH HATTE IMMER DEN EINDRUCK, ER WÜRDE GERNE NOCH BLEIBEN.
DIESES BUCH WAR WIRKLICH INTERES-SANT!
DAS FREUT MICH! ICH WERDE AUCH MAL REIN-LESEN!
GIBT ES NOCH MEHR VON DIESEM AUTOR?
JA! ICH HOLE SIE GLEICH!
ICH WÜRDE SAGEN, ER IST JETZT MEIN STAMM-GAST, ODER?

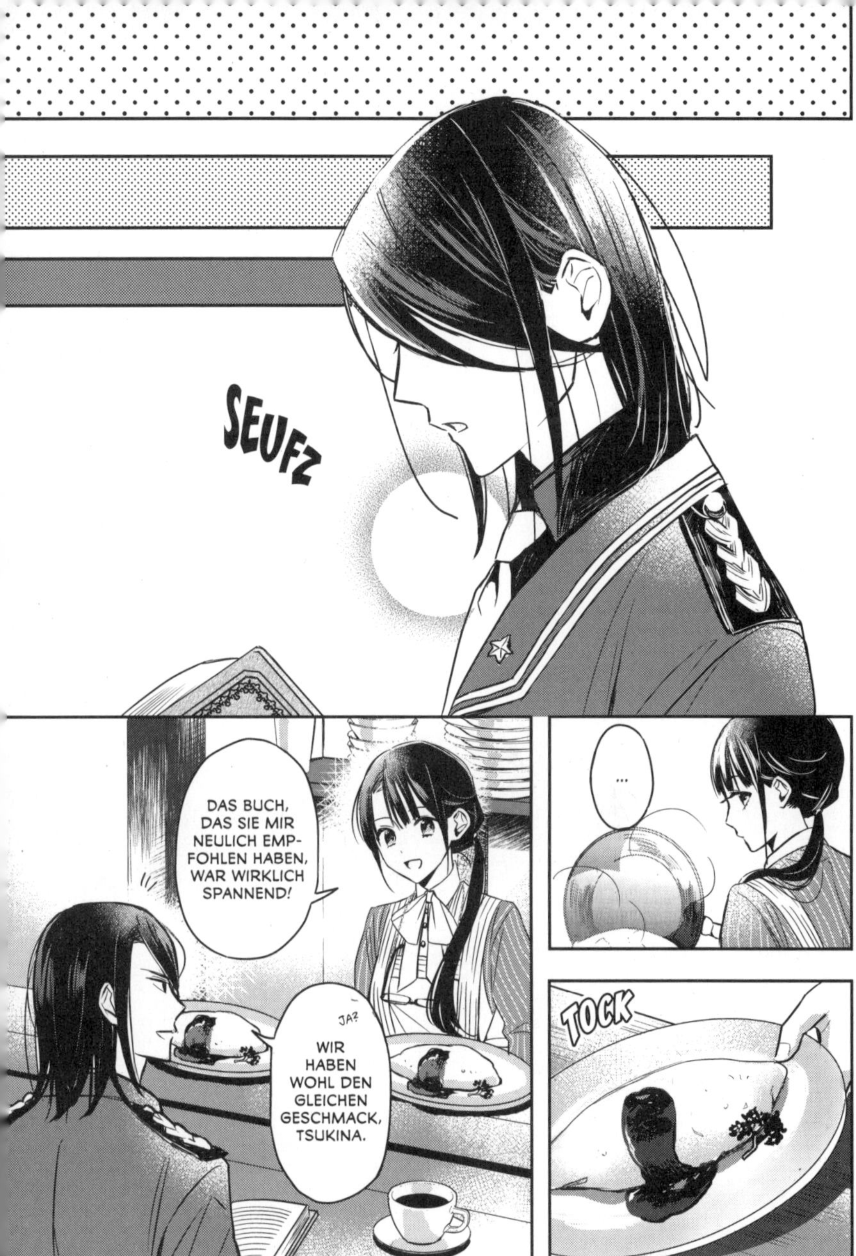
SEUFZ
...
DAS BUCH, DAS SIE MIR NEULICH EMPFOHLEN HABEN, WAR WIRKLICH SPANNEND!
JA?
WIR HABEN WOHL DEN GLEICHEN GESCHMACK, TSUKINA.
TOCK

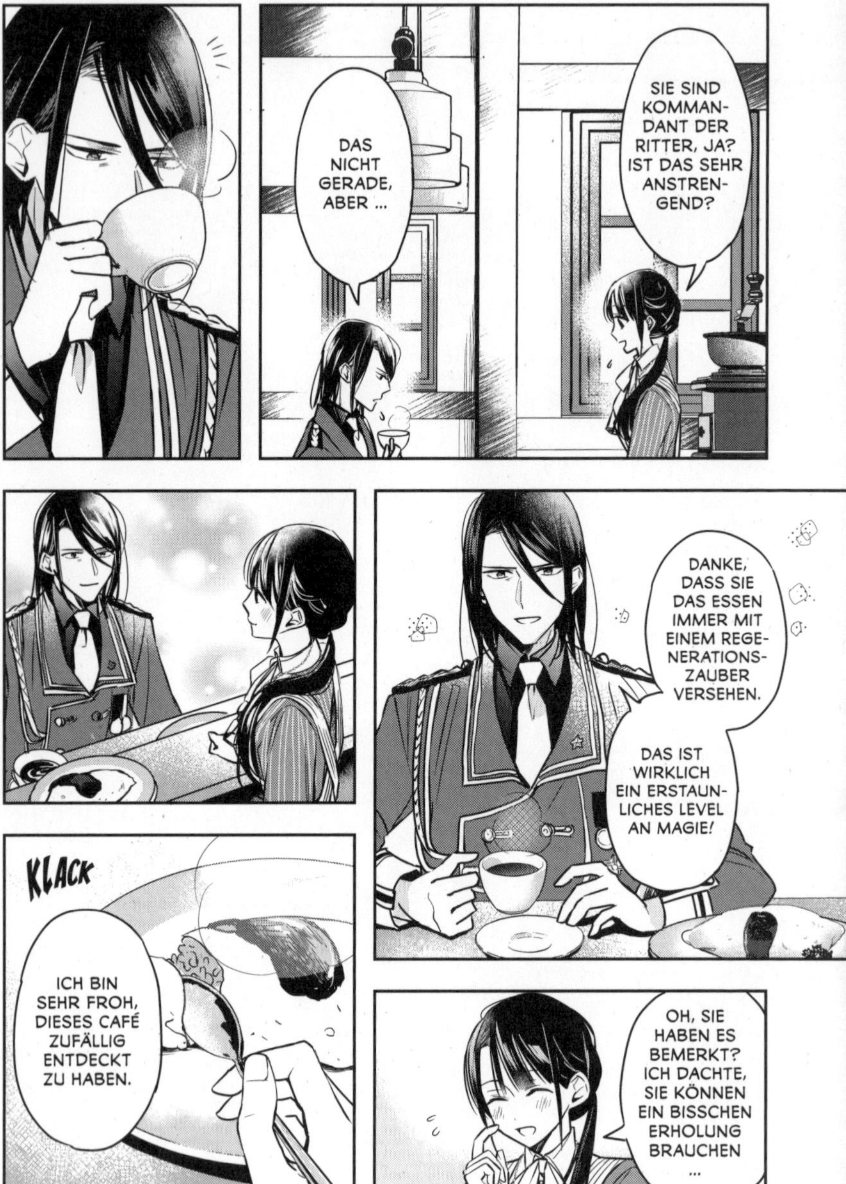

SIE SIND KOMMANDANT DER RITTER, JA? IST DAS SEHR ANSTRENGEND?
DAS NICHT GERADE, ABER ...
DANKE, DASS SIE DAS ESSEN IMMER MIT EINEM REGENERATIONSZAUBER VERSEHEN.
DAS IST WIRKLICH EIN ERSTAUNLICHES LEVEL AN MAGIE!
OH, SIE HABEN ES BEMERKT? ICH DACHTE, SIE KÖNNEN EIN BISSCHEN ERHOLUNG BRAUCHEN ...
KLACK
ICH BIN SEHR FROH, DIESES CAFÉ ZUFÄLLIG ENTDECKT ZU HABEN.

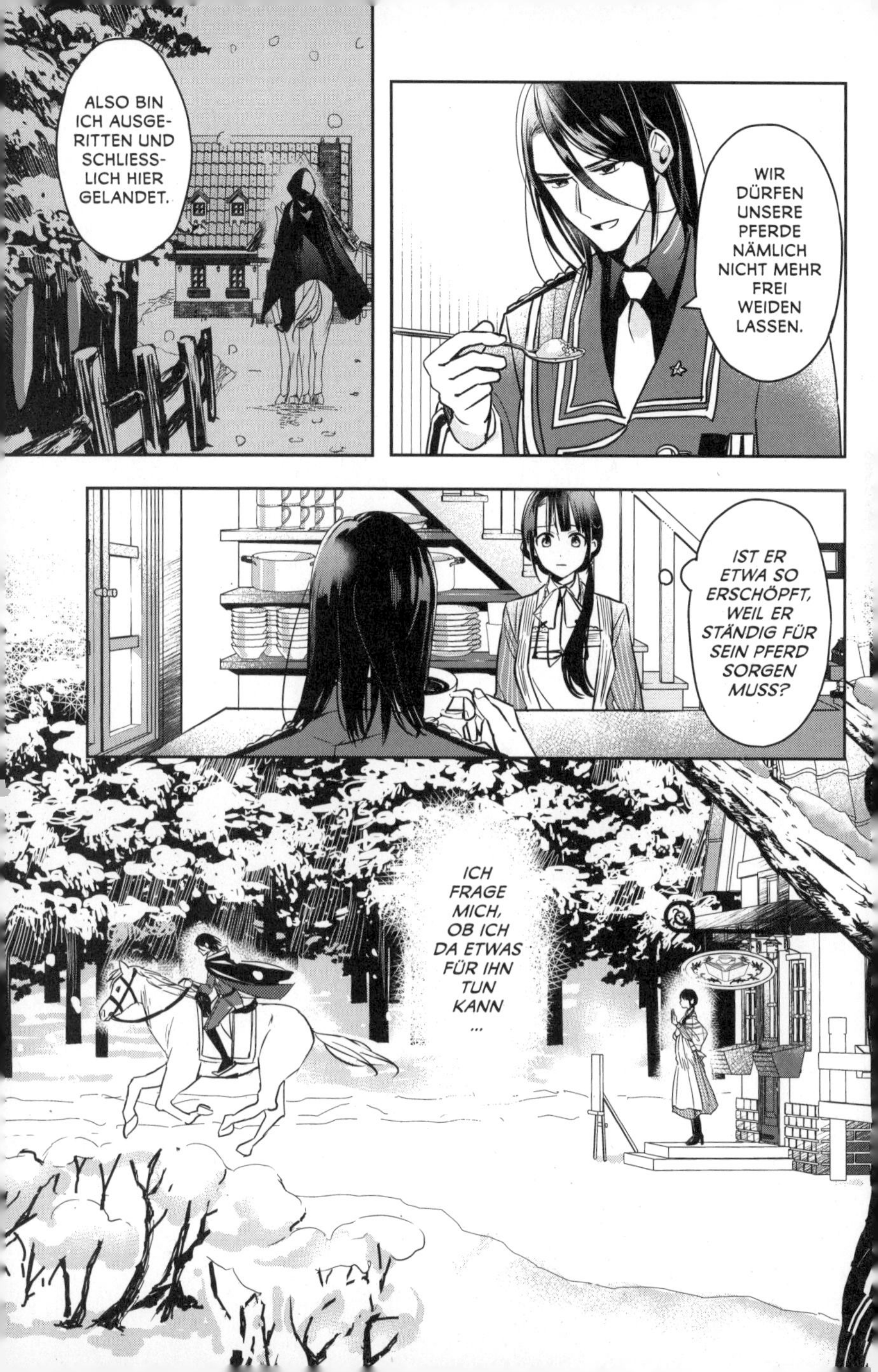
WIR DÜRFEN UNSERE PFERDE NÄMLICH NICHT MEHR FREI WEIDEN LASSEN.
ALSO BIN ICH AUSGE-RITTEN UND SCHLIESS-LICH HIER GELANDET.
IST ER ETWA SO ERSCHÖPFT, WEIL ER STÄNDIG FÜR SEIN PFERD SORGEN MUSS?
ICH FRAGE MICH, OB ICH DA ETWAS FÜR IHN TUN KANN ...

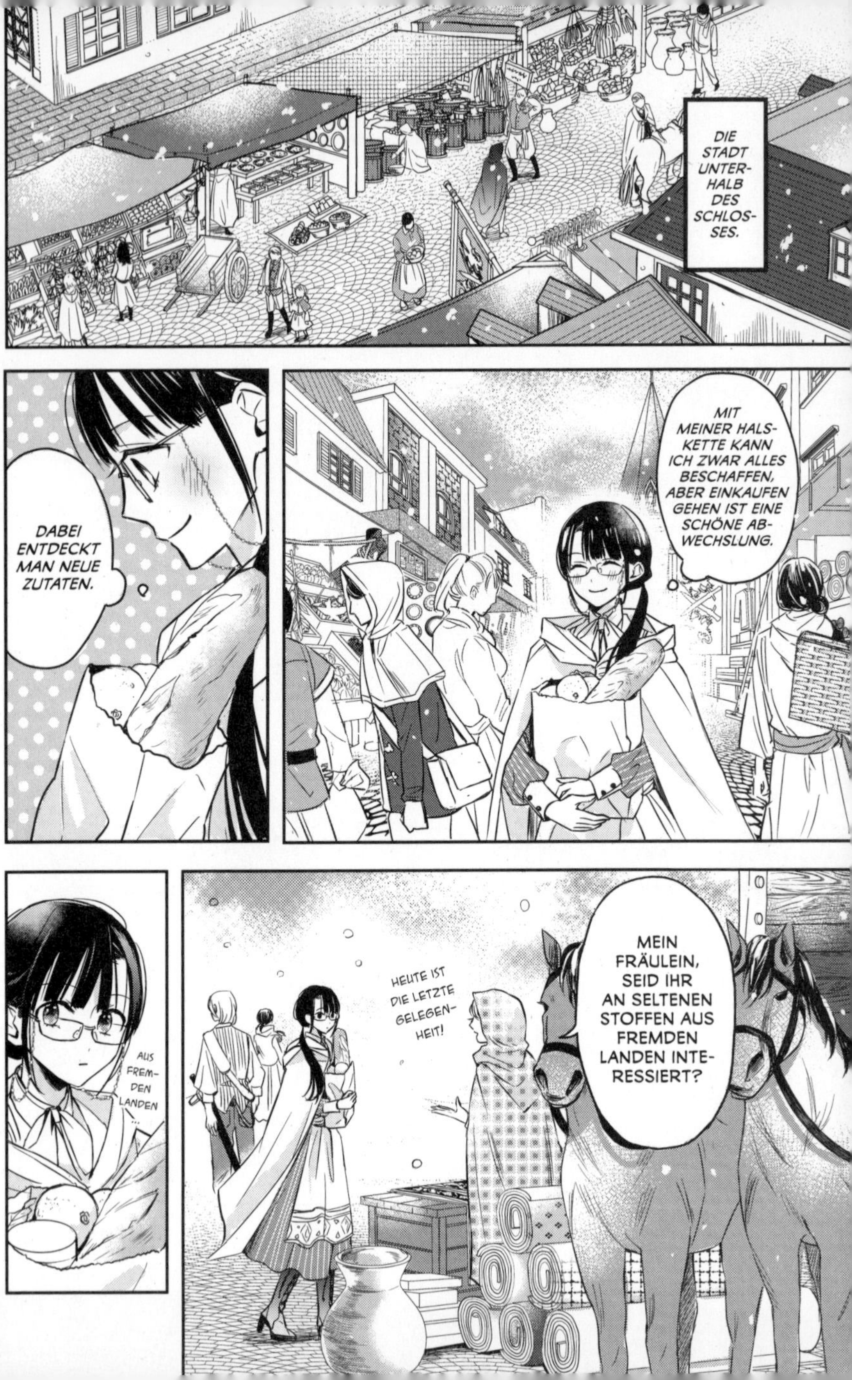
DIE STADT UNTER-HALB DES SCHLOS-SES.
MIT MEINER HALS-KETTE KANN ICH ZWAR ALLES BESCHAFFEN, ABER EINKAUFEN GEHEN IST EINE SCHÖNE AB-WECHSLUNG.
DABEI ENTDECKT MAN NEUE ZUTATEN.
MEIN FRÄULEIN, SEID IHR AN SELTENEN STOFFEN AUS FREMDEN LANDEN INTE-RESSIERT?
HEUTE IST DIE LETZTE GELEGEN-HEIT!
AUS FREM-DEN LANDEN ...

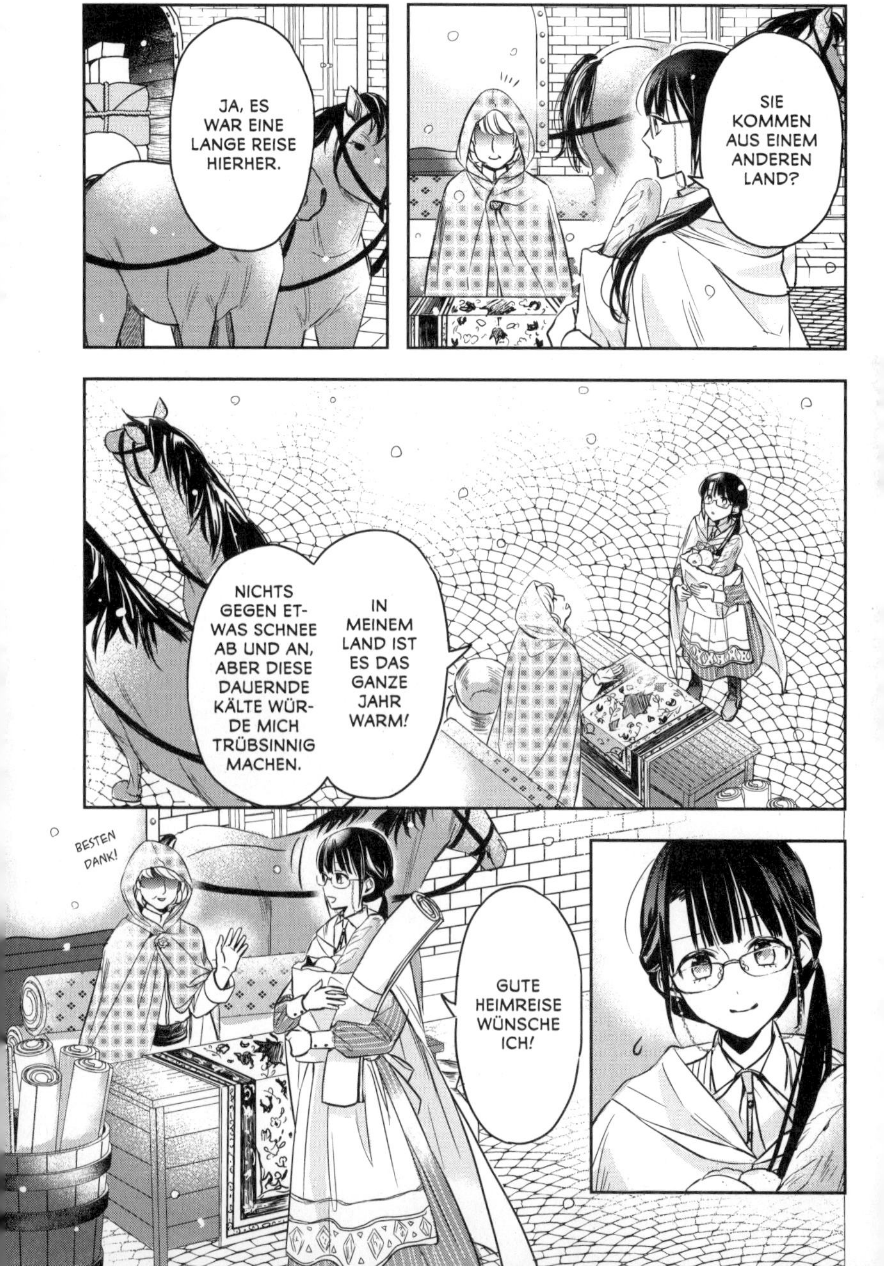
SIE KOMMEN AUS EINEM ANDEREN LAND?
JA, ES WAR EINE LANGE REISE HIERHER.
IN MEINEM LAND IST ES DAS GANZE JAHR WARM!
NICHTS GEGEN ETWAS SCHNEE AB UND AN, ABER DIESE DAUERNDE KÄLTE WÜRDE MICH TRÜBSINNIG MACHEN.
GUTE HEIMREISE WÜNSCHE ICH!
BESTEN DANK!

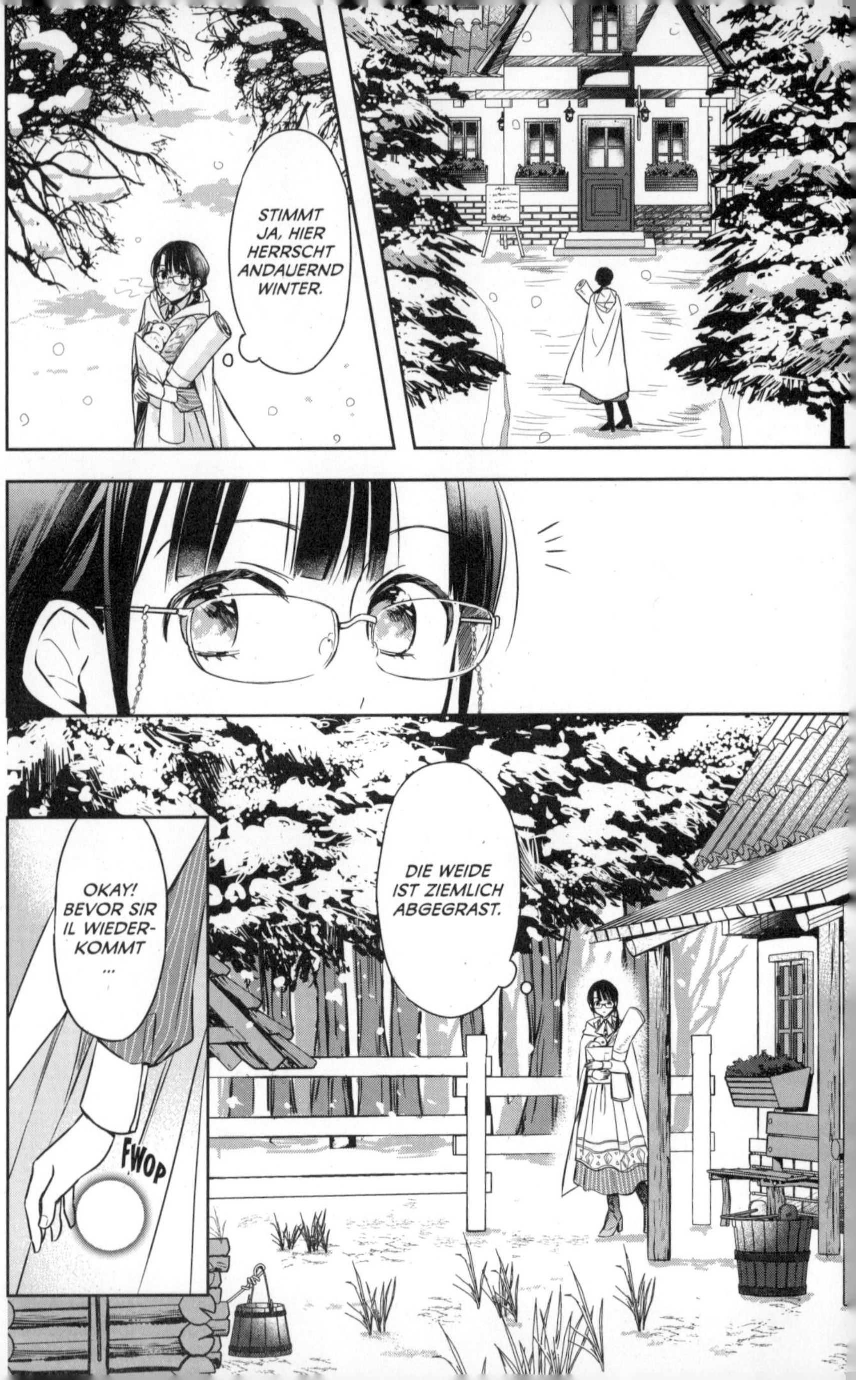
STIMMT JA, HIER HERRSCHT ANDAUERND WINTER.
DIE WEIDE IST ZIEMLICH ABGEGRAST.
OKAY! BEVOR SIR IL WIEDER-KOMMT ...
FWOP

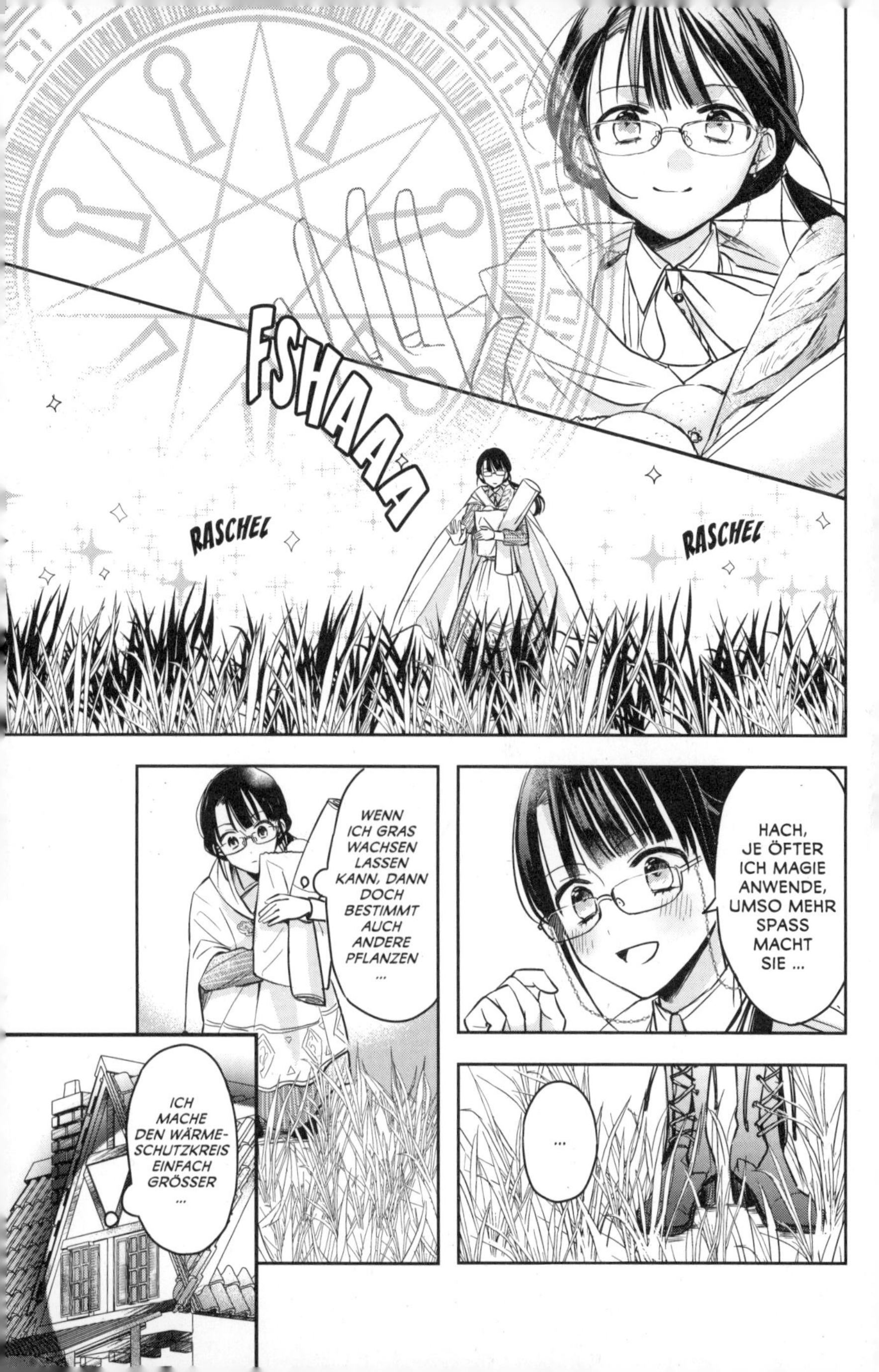
FSHAAAA
RASCHEL
RASCHEL
HACH, JE ÖFTER ICH MAGIE ANWENDE, UMSO MEHR SPASS MACHT SIE ...
WENN ICH GRAS WACHSEN LASSEN KANN, DANN DOCH BESTIMMT AUCH ANDERE PFLANZEN ...
...
ICH MACHE DEN WÄRME-SCHUTZKREIS EINFACH GRÖSSER ...

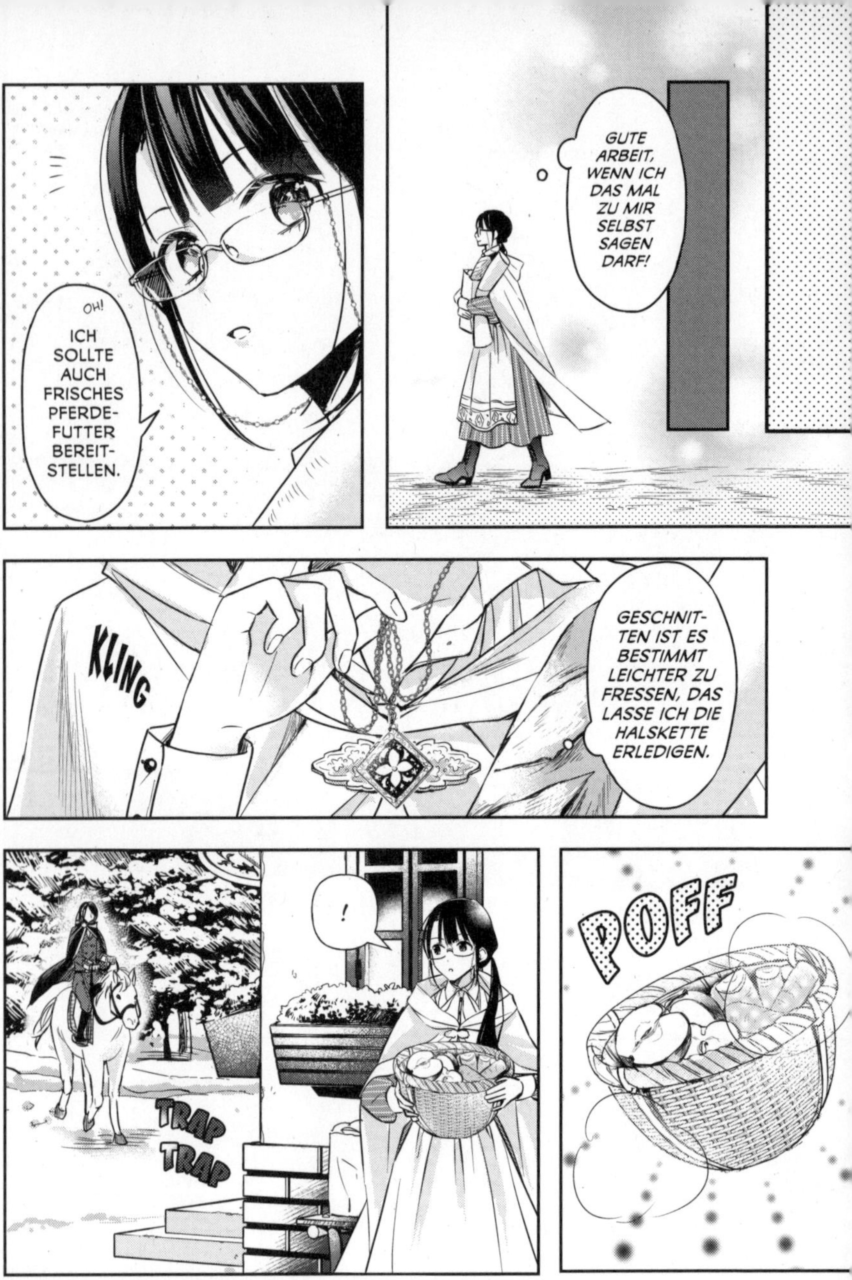

GUTE ARBEIT, WENN ICH DAS MAL ZU MIR SELBST SAGEN DARF!
OH!
ICH SOLLTE AUCH FRISCHES PFERDE-FUTTER BEREIT-STELLEN.
GESCHNIT-TEN IST ES BESTIMMT LEICHTER ZU FRESSEN, DAS LASSE ICH DIE HALSKETTE ERLEDIGEN.
KLING
POFF
!
TRAP
TRAP

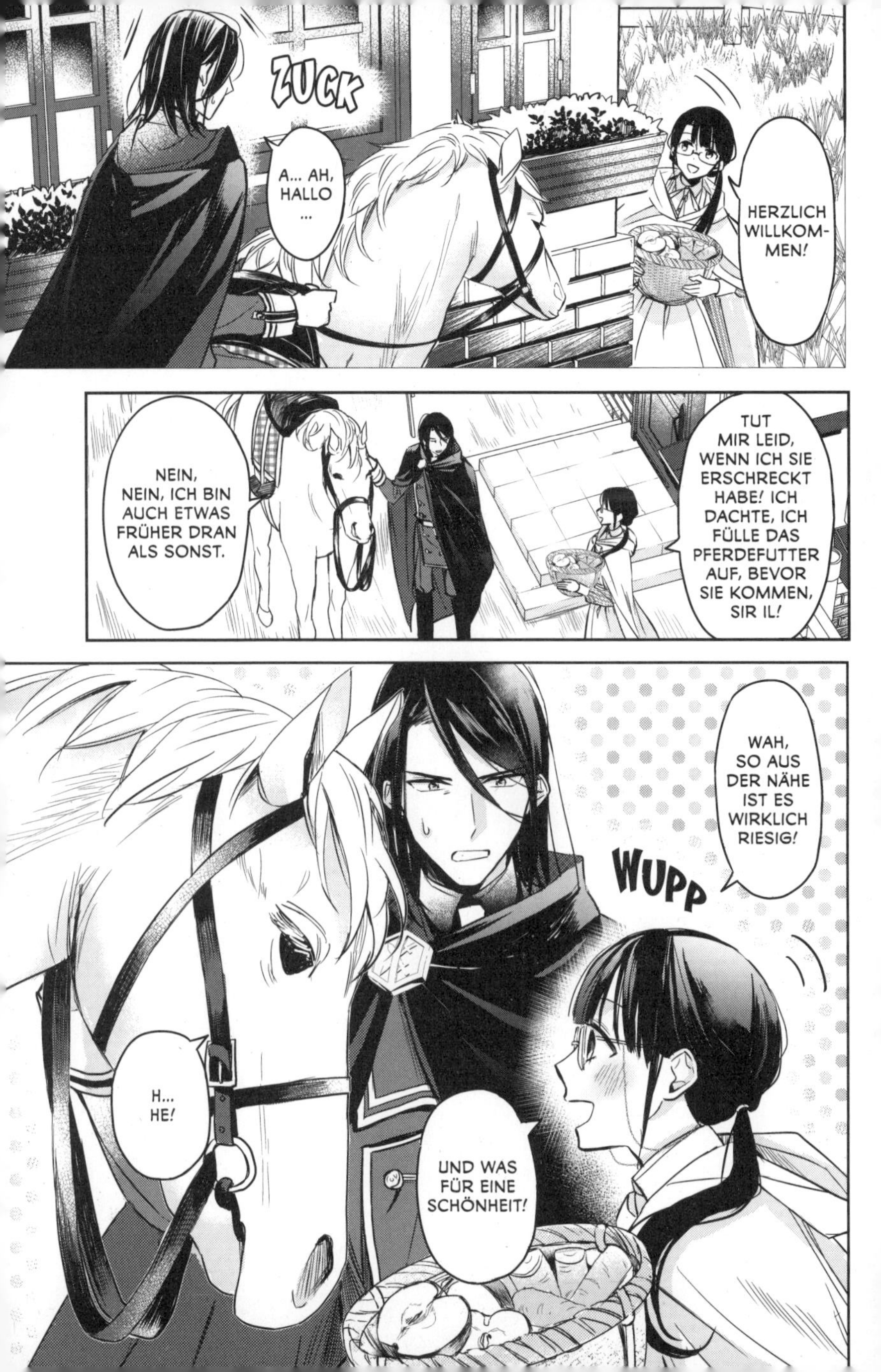
HERZLICH WILLKOMMEN!
ZUCK
A... AH, HALLO ...
TUT MIR LEID, WENN ICH SIE ERSCHRECKT HABE! ICH DACHTE, ICH FÜLLE DAS PFERDEFUTTER AUF, BEVOR SIE KOMMEN, SIR IL!
NEIN, NEIN, ICH BIN AUCH ETWAS FRÜHER DRAN ALS SONST.
WAH, SO AUS DER NÄHE IST ES WIRKLICH RIESIG!
WUPP
UND WAS FÜR EINE SCHÖNHEIT!
H... HE!

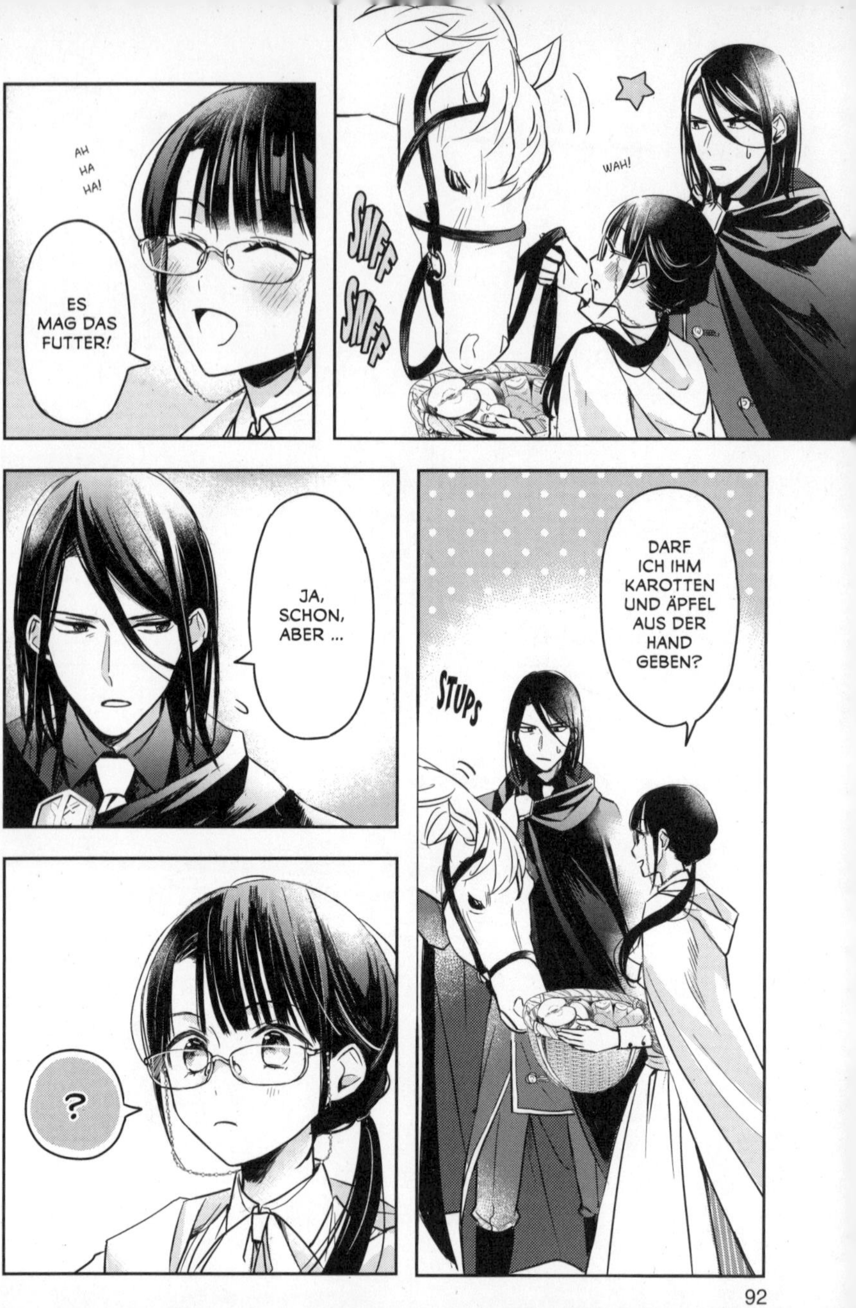
SNFF
SNFF
WAH!
AH HA HA!
ES MAG DAS FUTTER!
DARF ICH IHM KAROTTEN UND ÄPFEL AUS DER HAND GEBEN?
STUPS
JA, SCHON, ABER ...
?

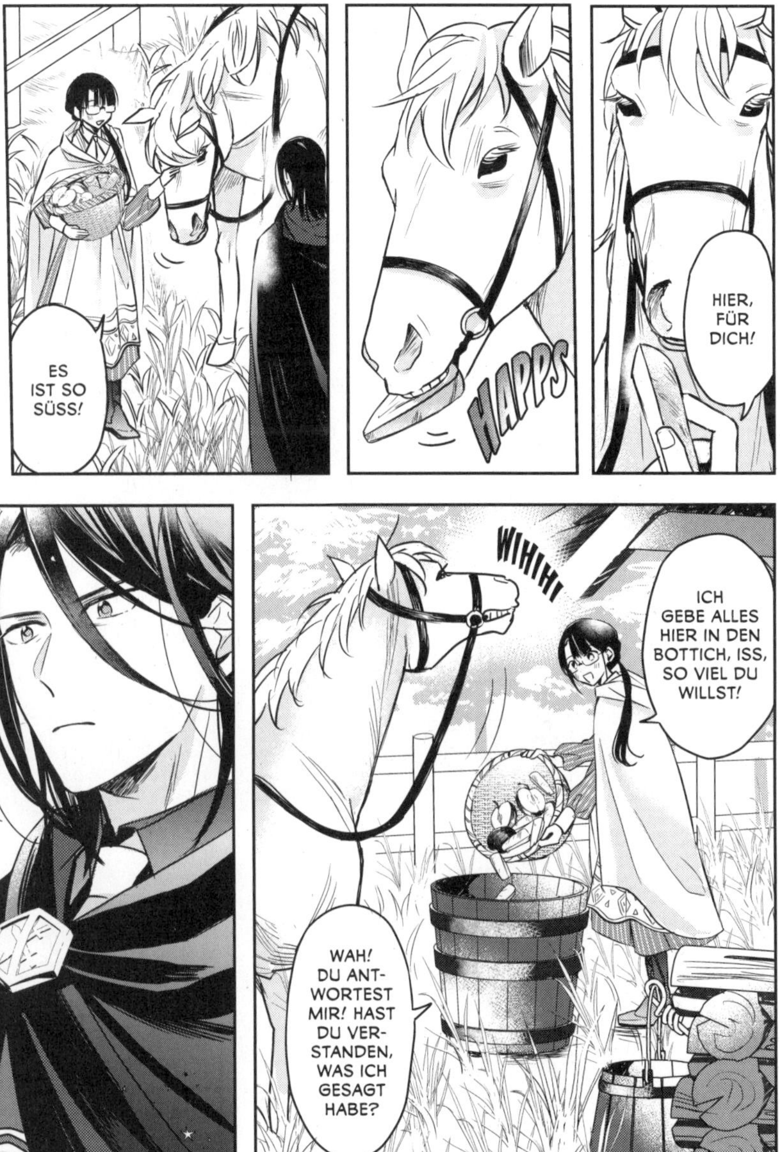
HIER, FÜR DICH!
HAPPS
ES IST SO SÜSS!
ICH GEBE ALLES HIER IN DEN BOTTICH, ISS, SO VIEL DU WILLST!
WIHIHI
WAH! DU ANT-WORTEST MIR! HAST DU VER-STANDEN, WAS ICH GESAGT HABE?

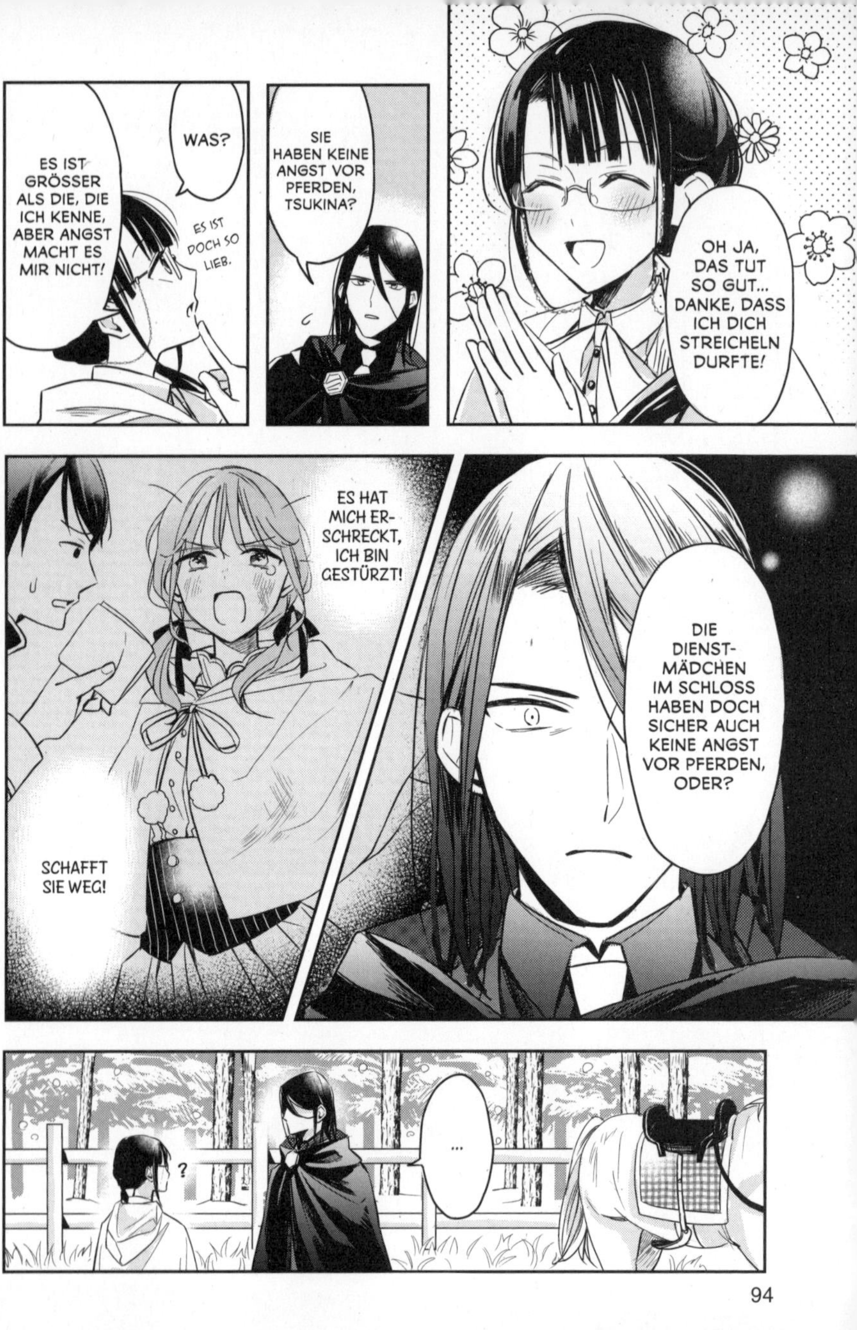
OH JA, DAS TUT SO GUT... DANKE, DASS ICH DICH STREICHELN DURFTE!
SIE HABEN KEINE ANGST VOR PFERDEN, TSUKINA?
WAS?
ES IST DOCH SO LIEB.
ES IST GRÖSSER ALS DIE, DIE ICH KENNE, ABER ANGST MACHT ES MIR NICHT!
DIE DIENST-MÄDCHEN IM SCHLOSS HABEN DOCH SICHER AUCH KEINE ANGST VOR PFERDEN, ODER?
ES HAT MICH ER-SCHRECKT, ICH BIN GESTÜRZT!
SCHAFFT SIE WEG!
...
?

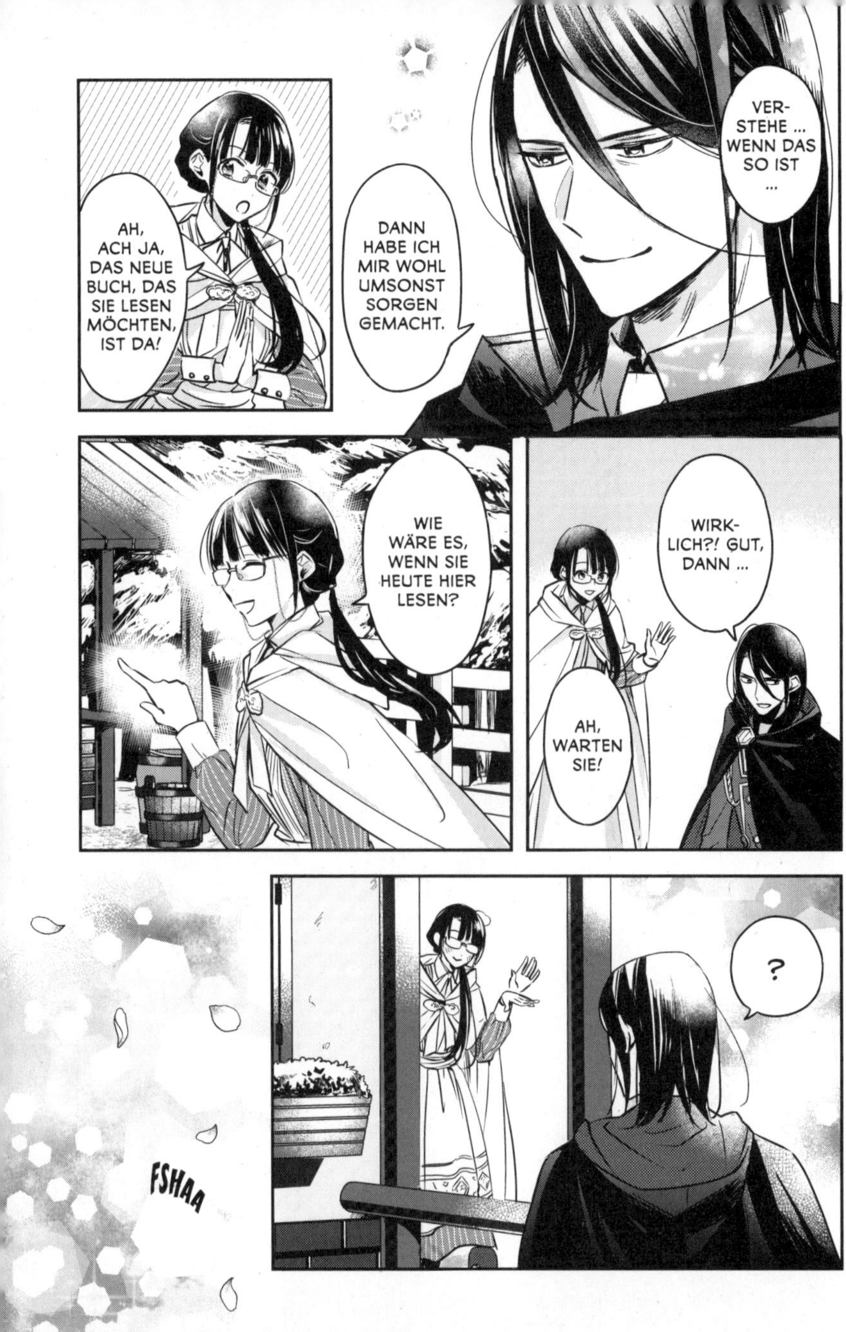
VER-STEHE ... WENN DAS SO IST ...
DANN HABE ICH MIR WOHL UMSONST SORGEN GEMACHT.
AH, ACH JA, DAS NEUE BUCH, DAS SIE LESEN MÖCHTEN, IST DA!
WIRK-LICH?! GUT, DANN ...
AH, WARTEN SIE!
WIE WÄRE ES, WENN SIE HEUTE HIER LESEN?
?
FSHAA

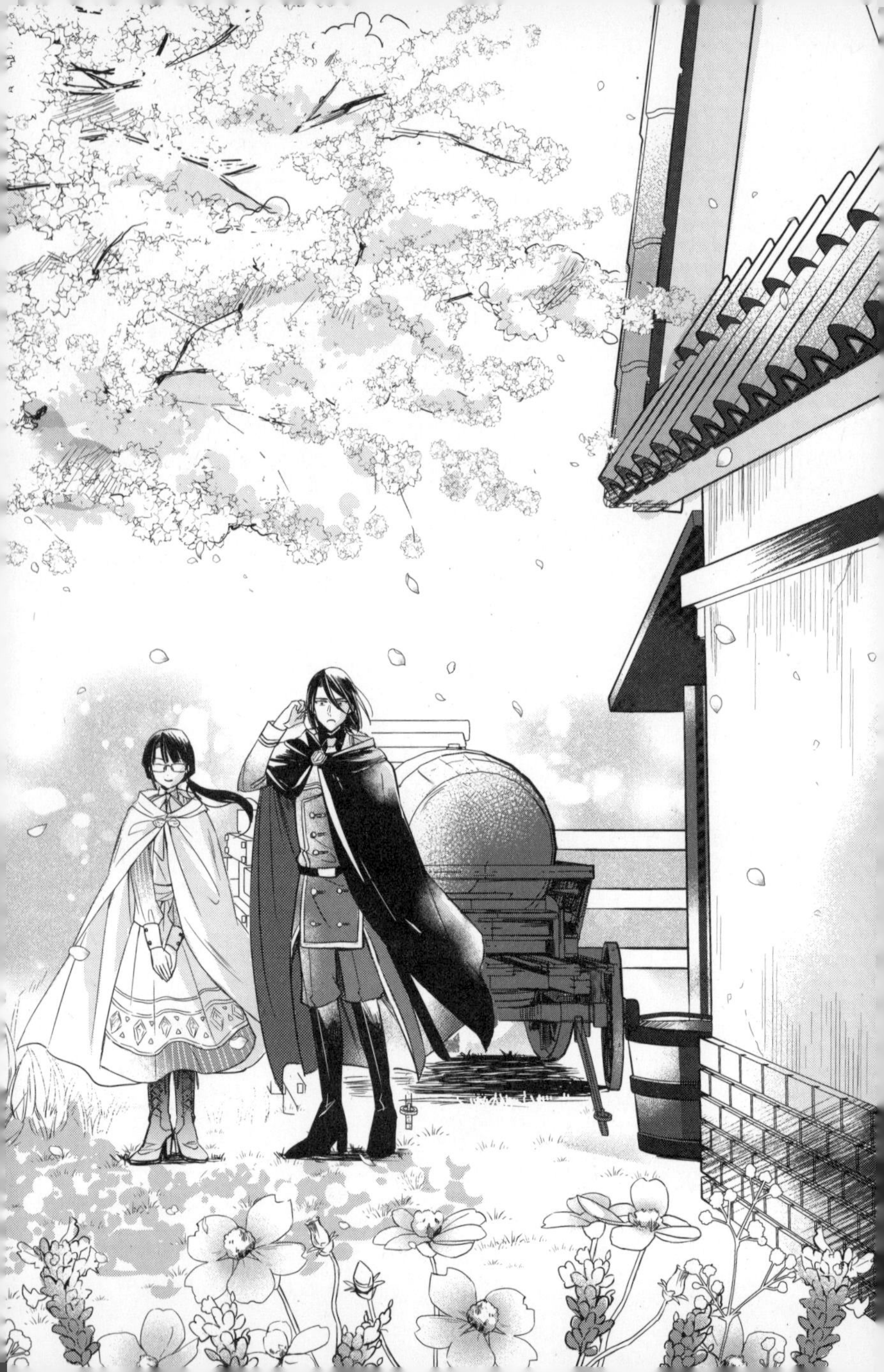

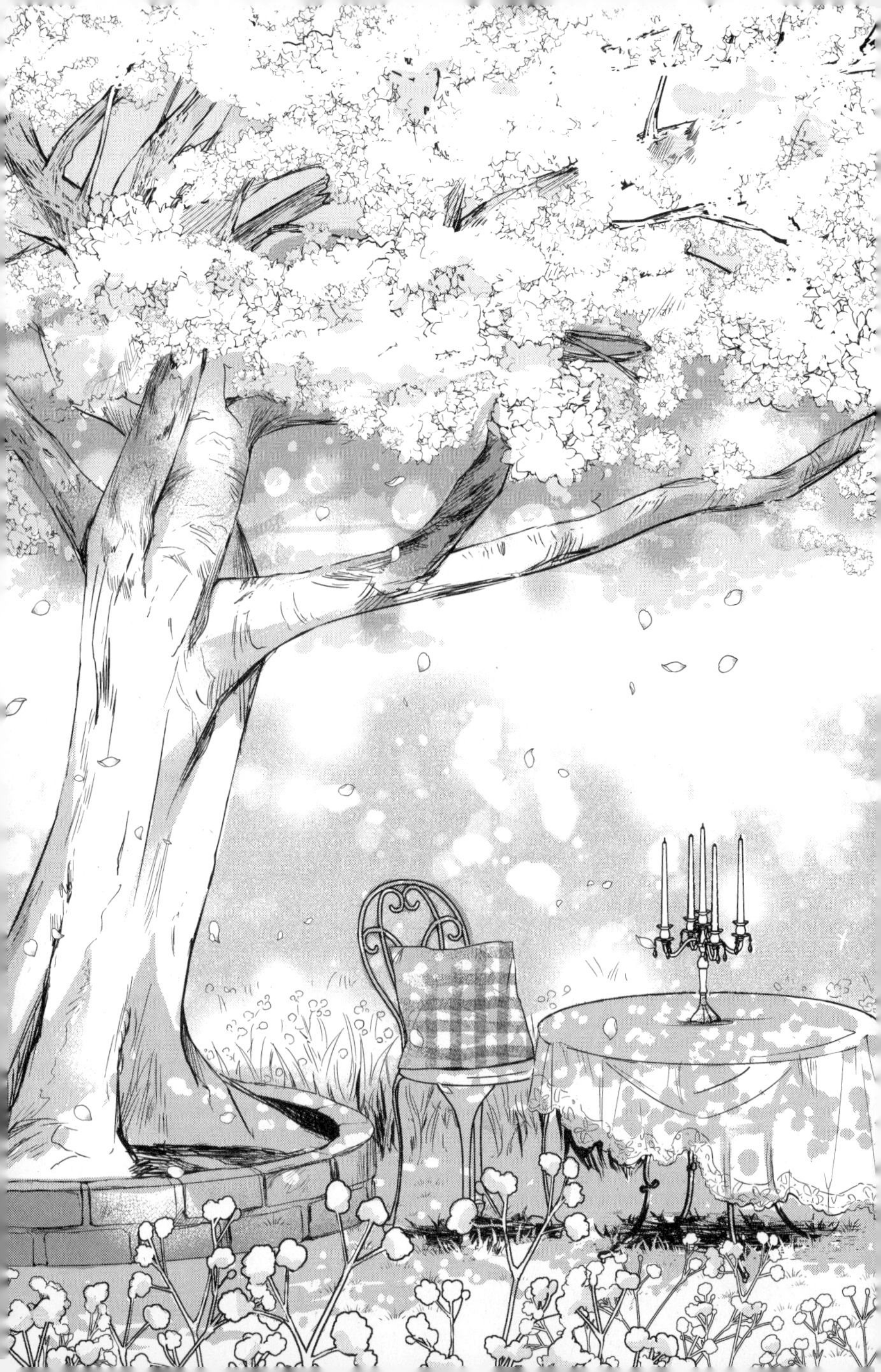

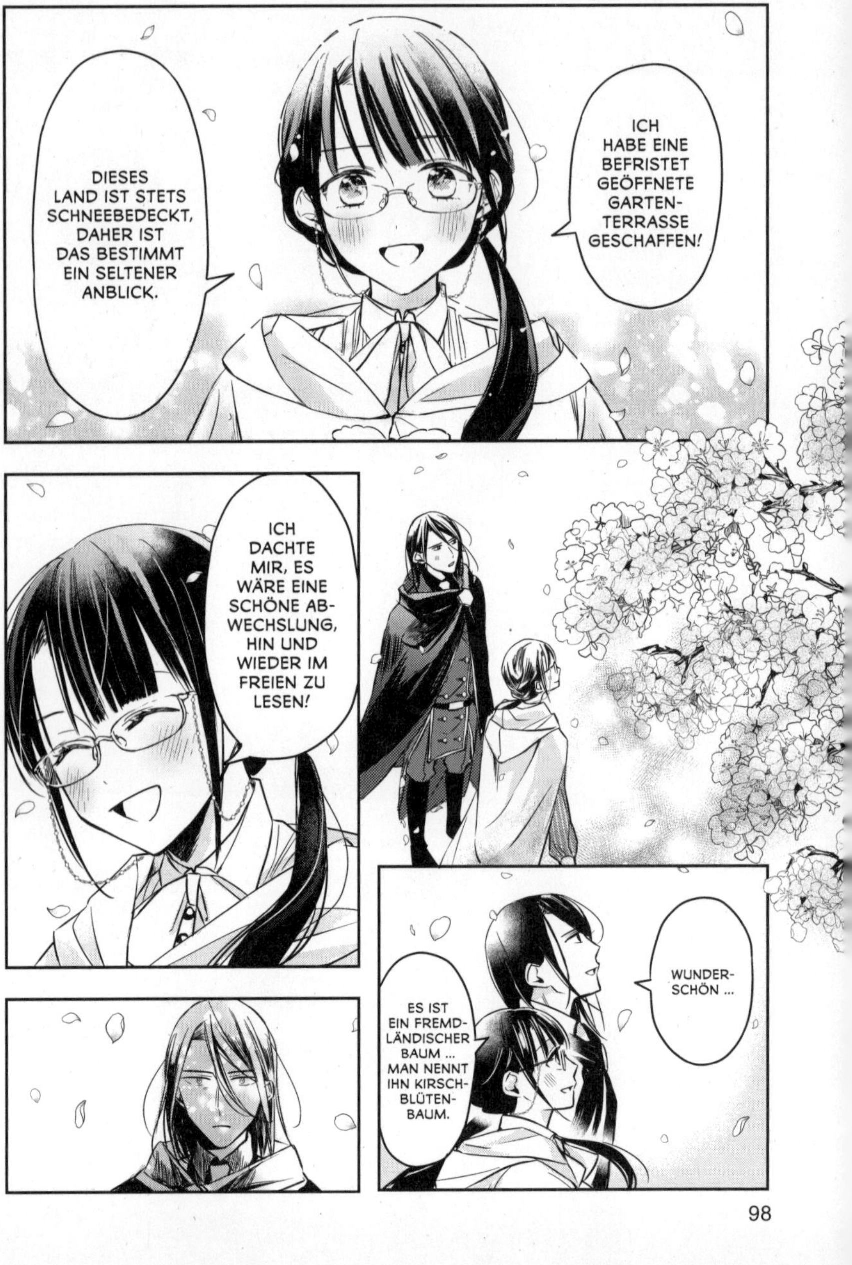
ICH HABE EINE BEFRISTET GEÖFFNETE GARTEN-TERRASSE GESCHAFFEN!
DIESES LAND IST STETS SCHNEEBEDECKT, DAHER IST DAS BESTIMMT EIN SELTENER ANBLICK.
ICH DACHTE MIR, ES WÄRE EINE SCHÖNE AB-WECHSLUNG, HIN UND WIEDER IM FREIEN ZU LESEN!
WUNDER-SCHÖN ...
ES IST EIN FREMD-LÄNDISCHER BAUM ... MAN NENNT IHN KIRSCH-BLÜTEN-BAUM.

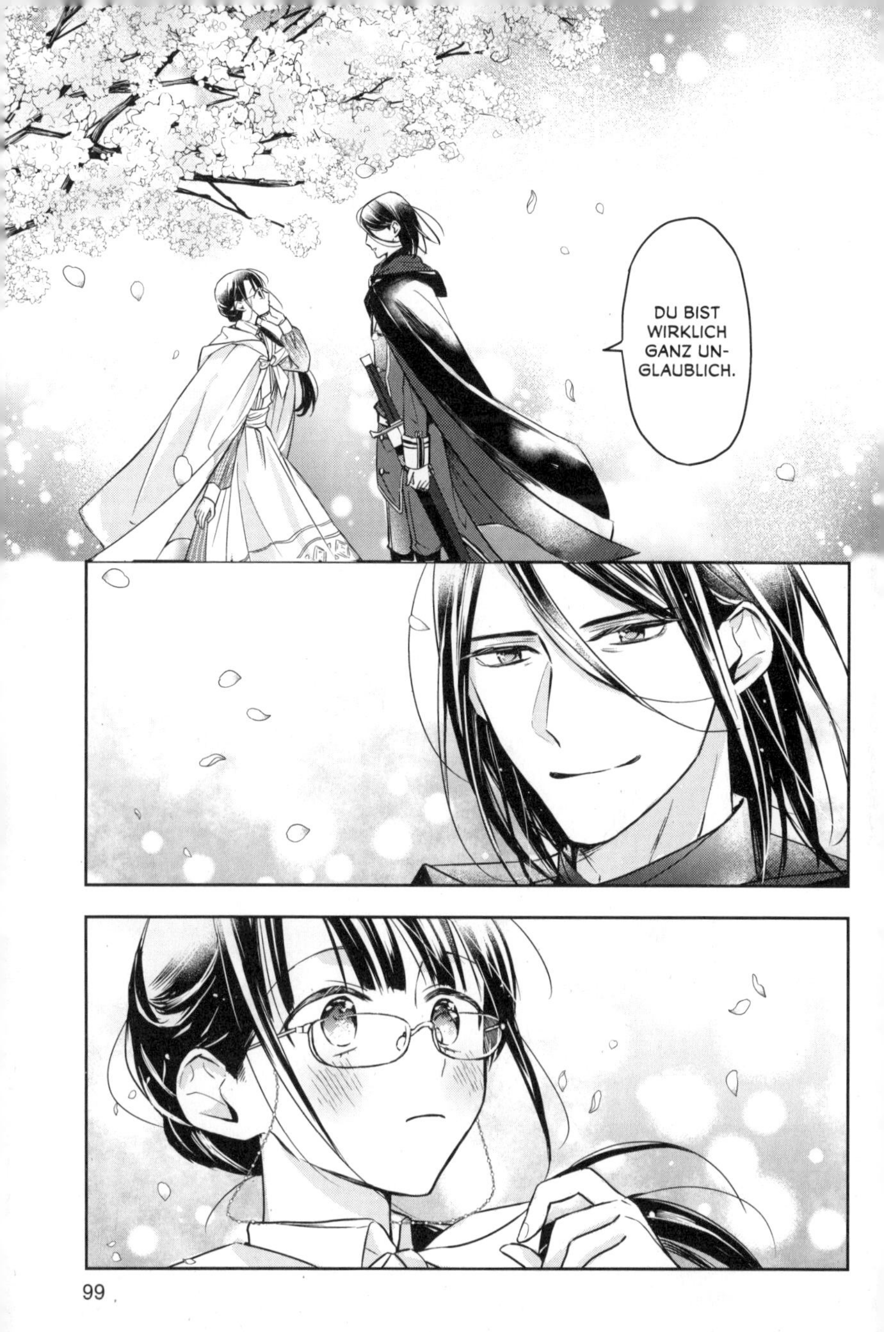
DU BIST WIRKLICH GANZ UN-GLAUBLICH.

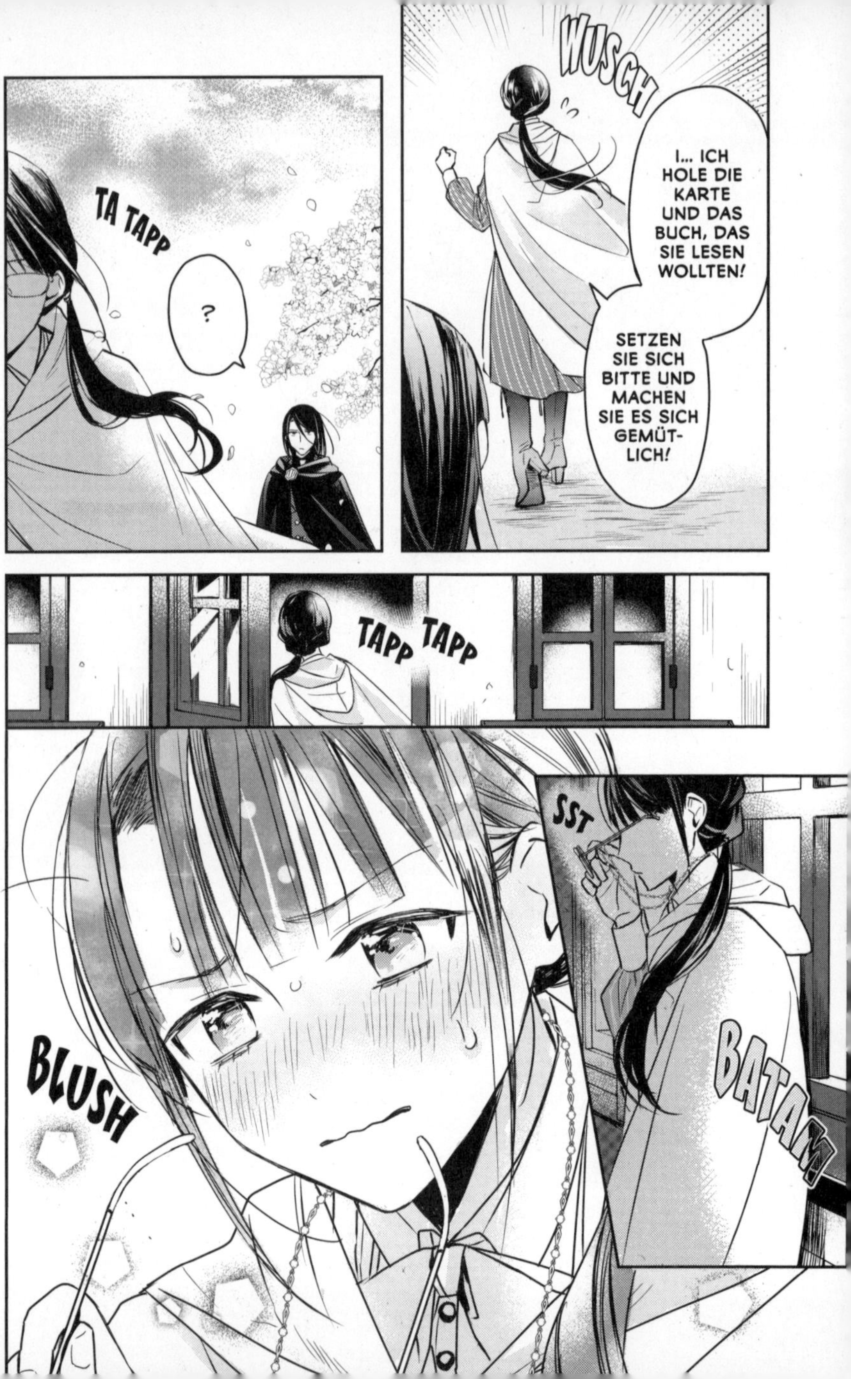
WUSCH
I... ICH HOLE DIE KARTE UND DAS BUCH, DAS SIE LESEN WOLLTEN!
SETZEN SIE SICH BITTE UND MACHEN SIE ES SICH GEMÜTLICH!
TA TAPP
?
TAPP TAPP
SST
BATAM
BLUSH

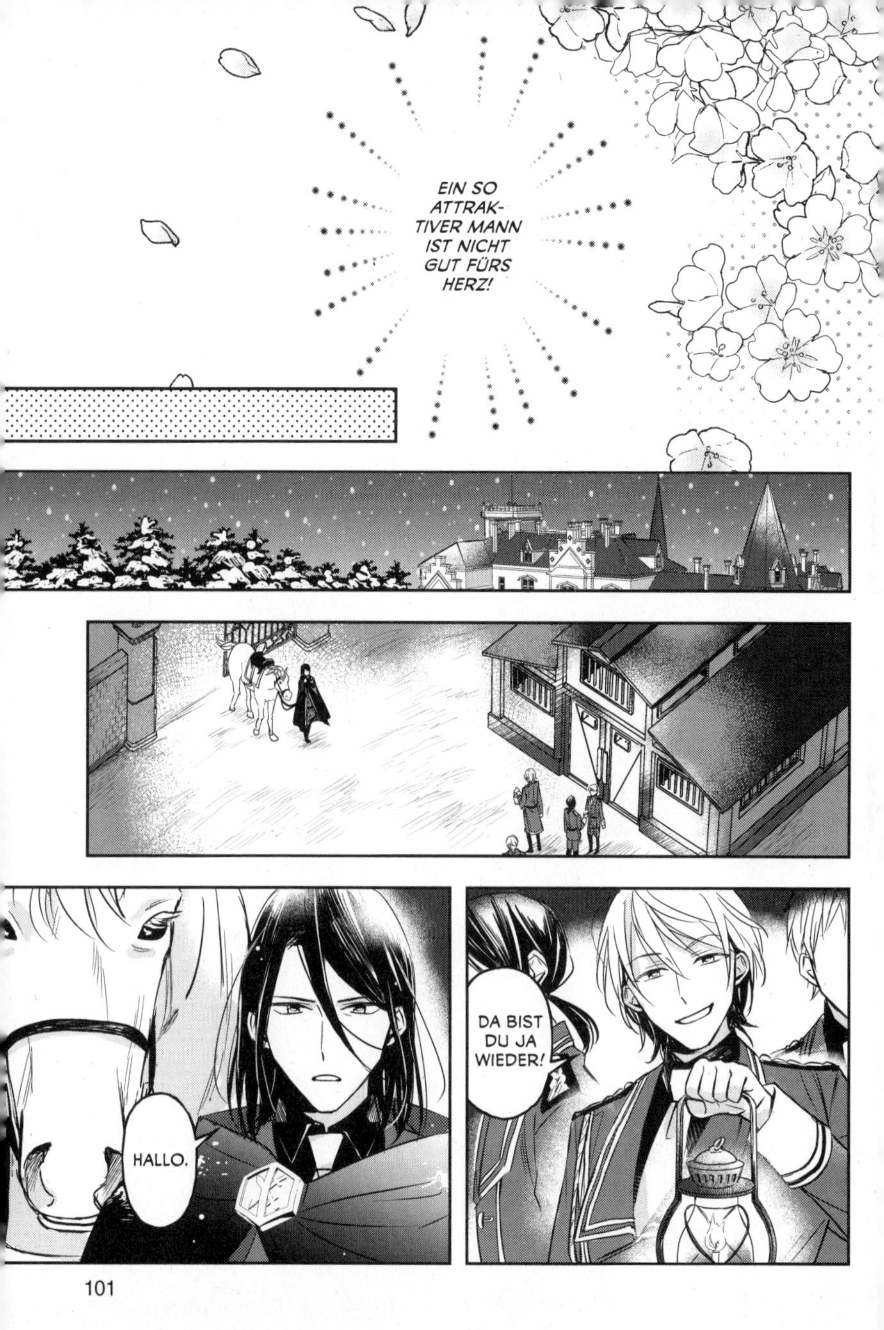
EIN SO ATTRAK-TIVER MANN IST NICHT GUT FÜRS HERZ!
DA BIST DU JA WIEDER!
HALLO.

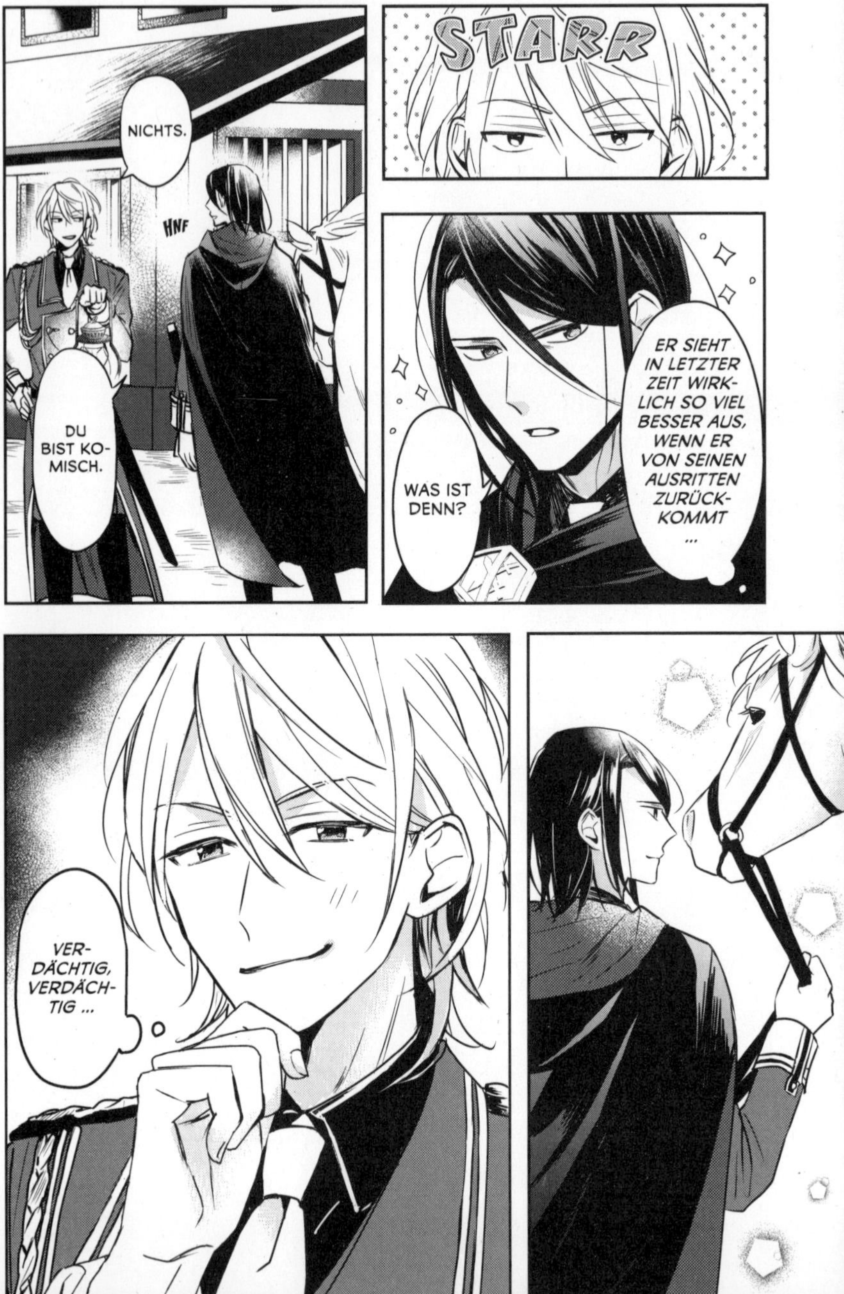
STARR
ER SIEHT IN LETZTER ZEIT WIRKLICH SO VIEL BESSER AUS, WENN ER VON SEINEN AUSRITTEN ZURÜCKKOMMT ...
WAS IST DENN?
NICHTS.
HNF
DU BIST KOMISCH.
VERDÄCHTIG, VERDÄCHTIG ...

Kapitel 5

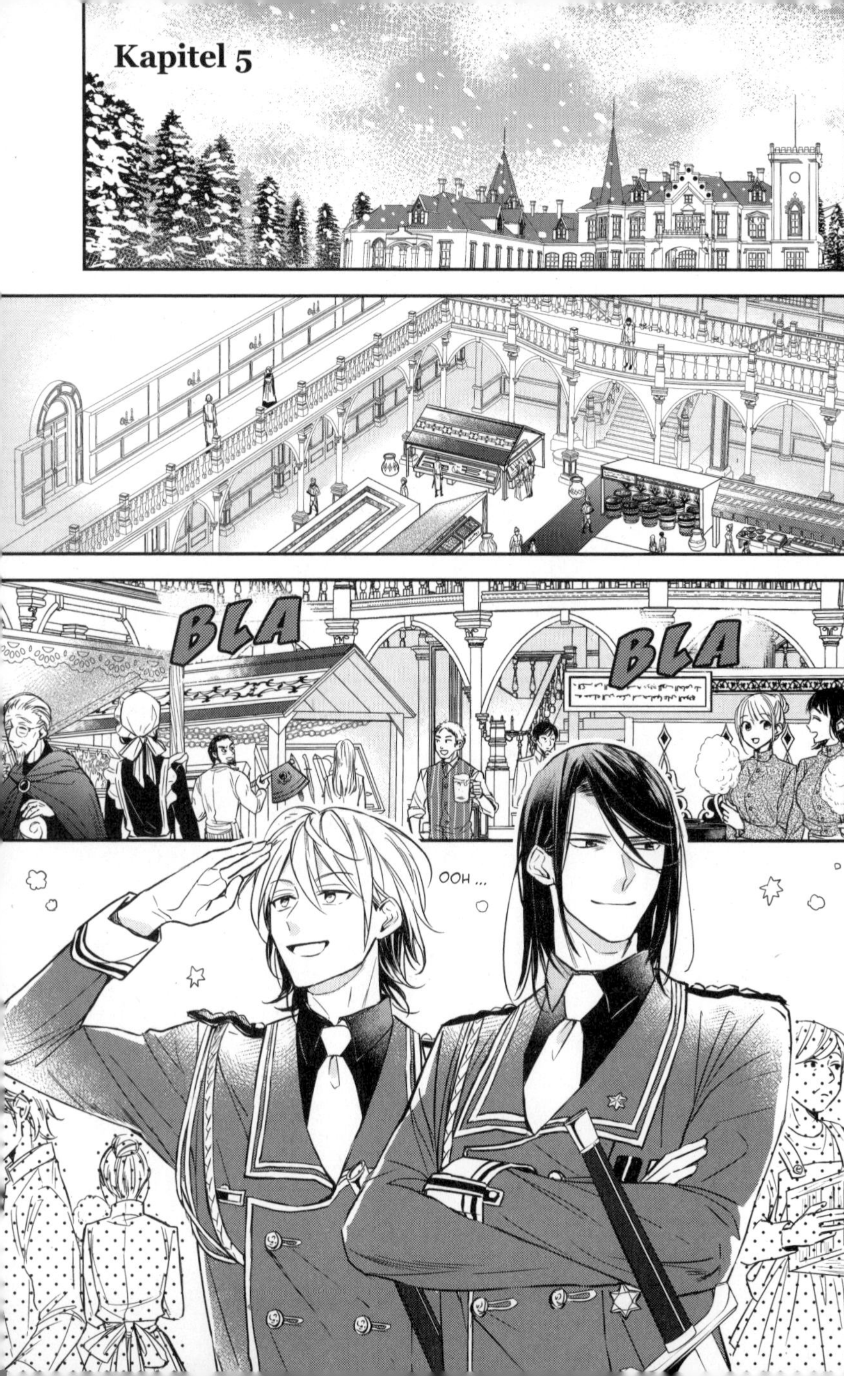

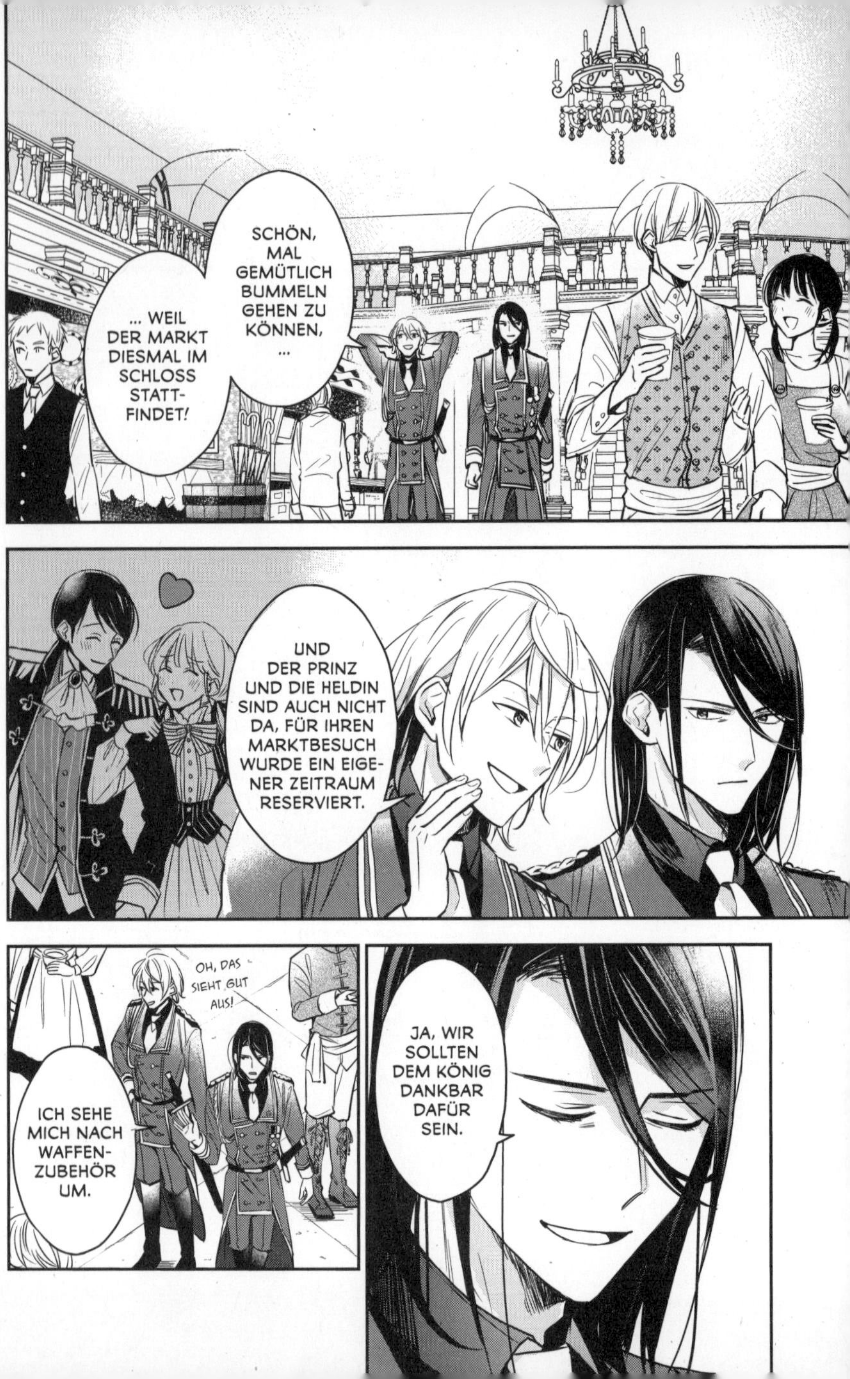
SCHÖN, MAL GEMÜTLICH BUMMELN GEHEN ZU KÖNNEN, ...
... WEIL DER MARKT DIESMAL IM SCHLOSS STATT-FINDET!
UND DER PRINZ UND DIE HELDIN SIND AUCH NICHT DA, FÜR IHREN MARKTBESUCH WURDE EIN EIGE-NER ZEITRAUM RESERVIERT.
JA, WIR SOLLTEN DEM KÖNIG DANKBAR DAFÜR SEIN.
OH, DAS SIEHT GUT AUS!
ICH SEHE MICH NACH WAFFEN-ZUBEHÖR UM.

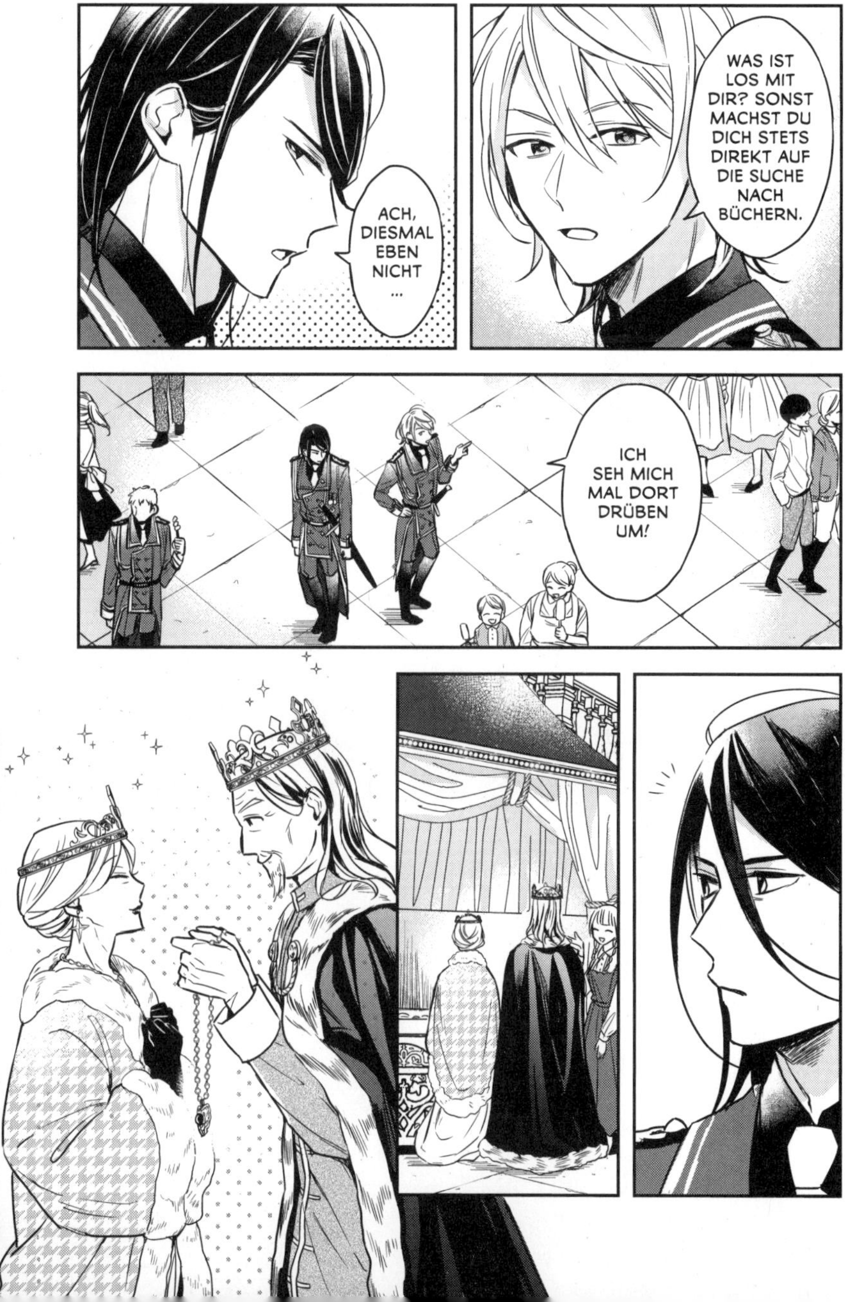
WAS IST LOS MIT DIR? SONST MACHST DU DICH STETS DIREKT AUF DIE SUCHE NACH BÜCHERN.
ACH, DIESMAL EBEN NICHT ...
ICH SEH MICH MAL DORT DRÜBEN UM!

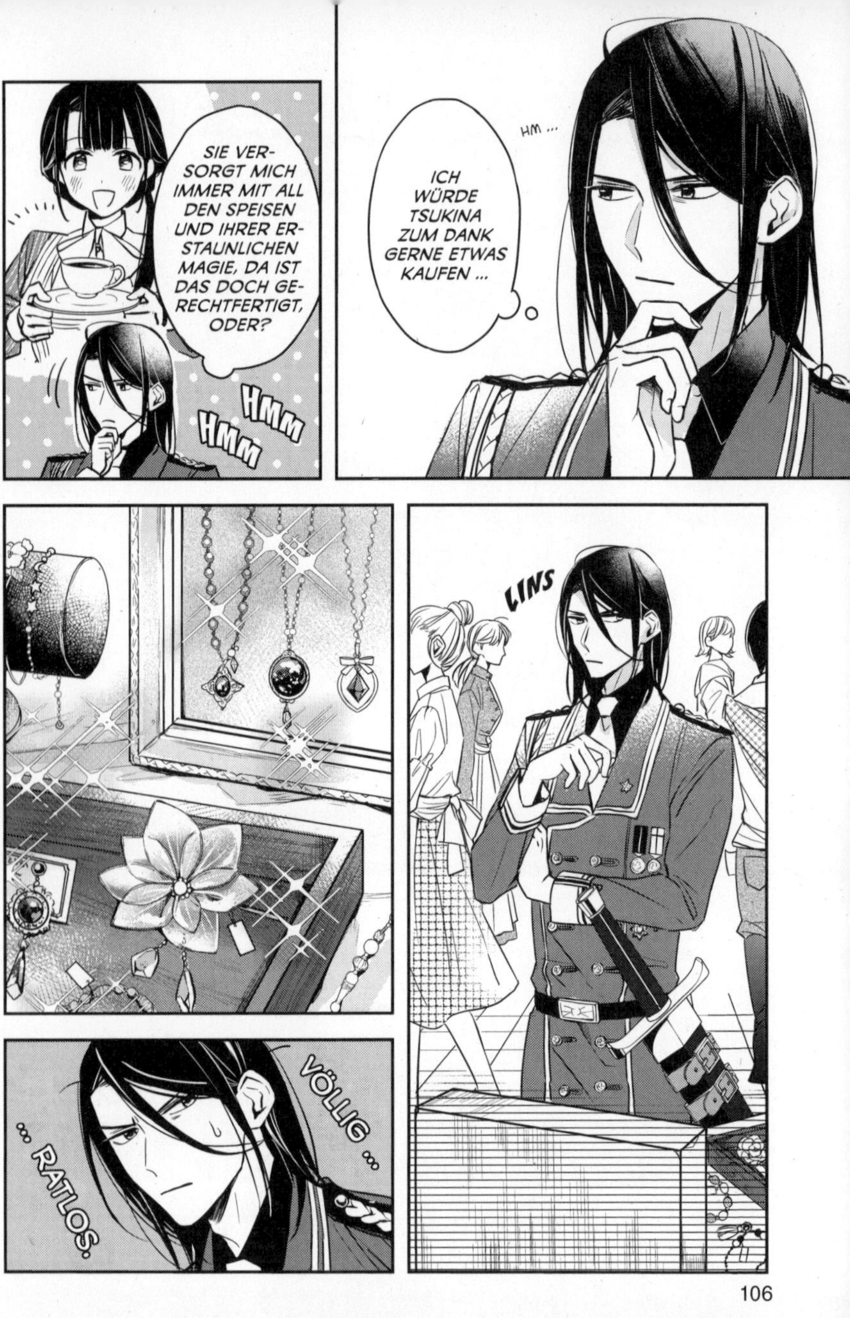
HM ...
ICH WÜRDE TSUKINA ZUM DANK GERNE ETWAS KAUFEN ...
SIE VERSORGT MICH IMMER MIT ALL DEN SPEISEN UND IHRER ERSTAUNLICHEN MAGIE, DA IST DAS DOCH GERECHTFERTIGT, ODER?
HMM
HMM
LINS
VÖLLIG ...
... RATLOS.

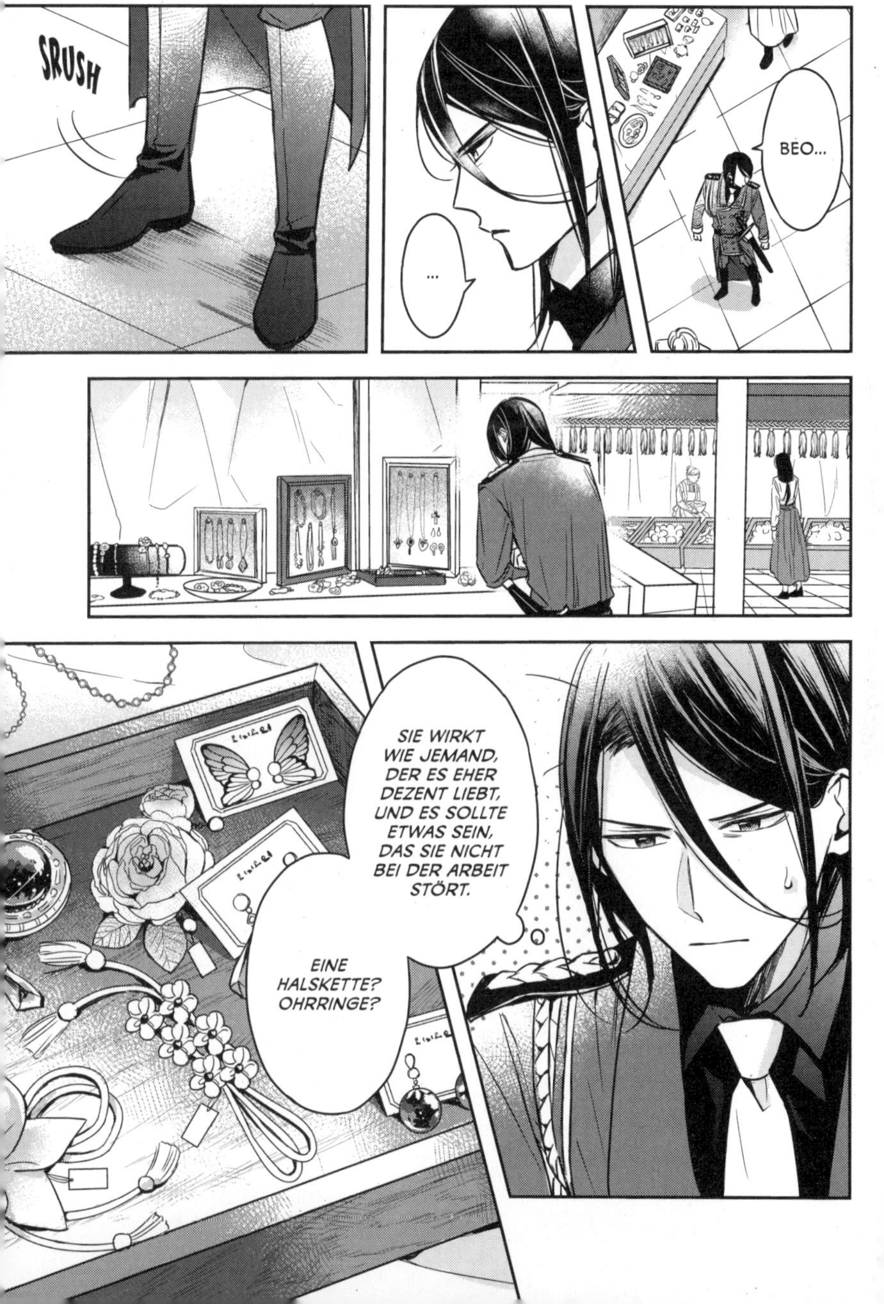
BEO...
...
SRUSH
SIE WIRKT WIE JEMAND, DER ES EHER DEZENT LIEBT, UND ES SOLLTE ETWAS SEIN, DAS SIE NICHT BEI DER ARBEIT STÖRT.
EINE HALSKETTE? OHRRINGE?

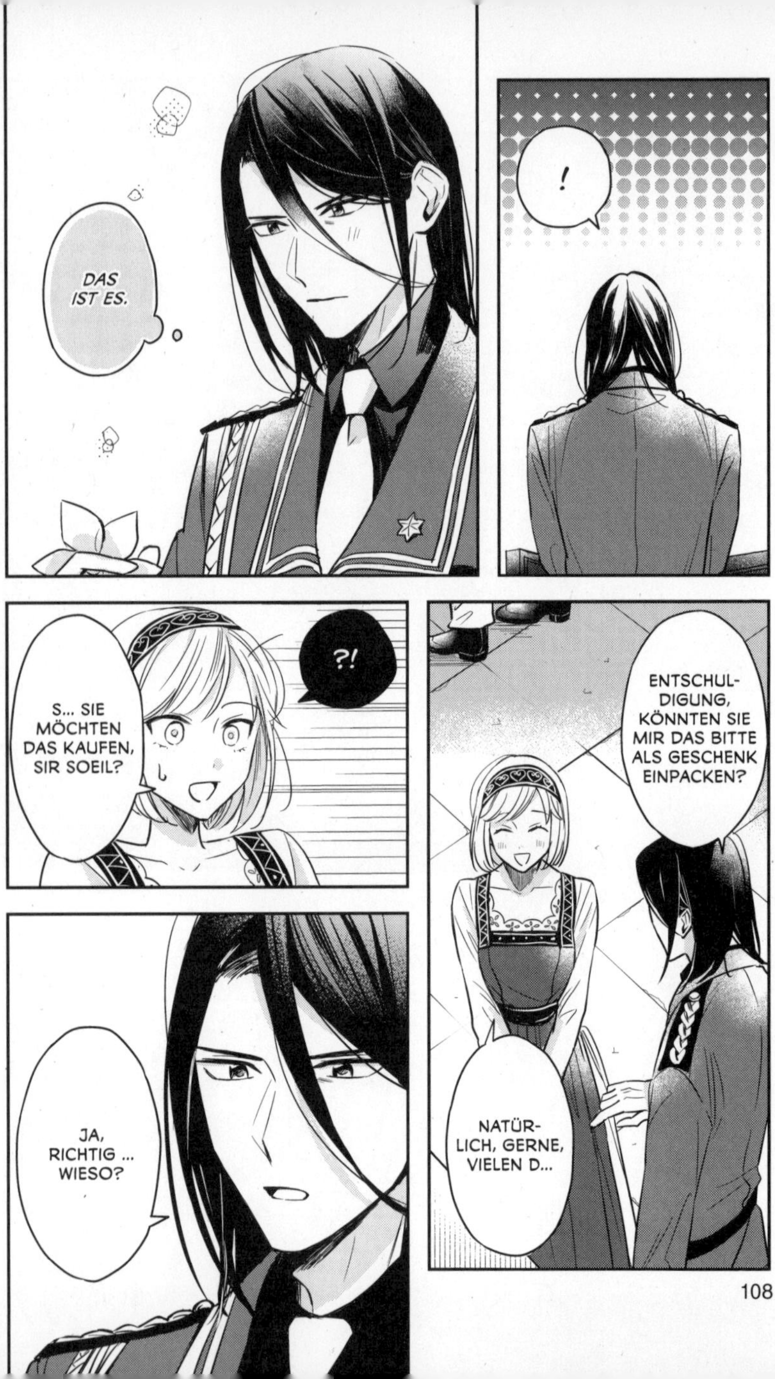
!
DAS IST ES.
ENTSCHULDIGUNG, KÖNNTEN SIE MIR DAS BITTE ALS GESCHENK EINPACKEN?
NATÜRLICH, GERNE, VIELEN D...
?!
S... SIE MÖCHTEN DAS KAUFEN, SIR SOEIL?
JA, RICHTIG ... WIESO?

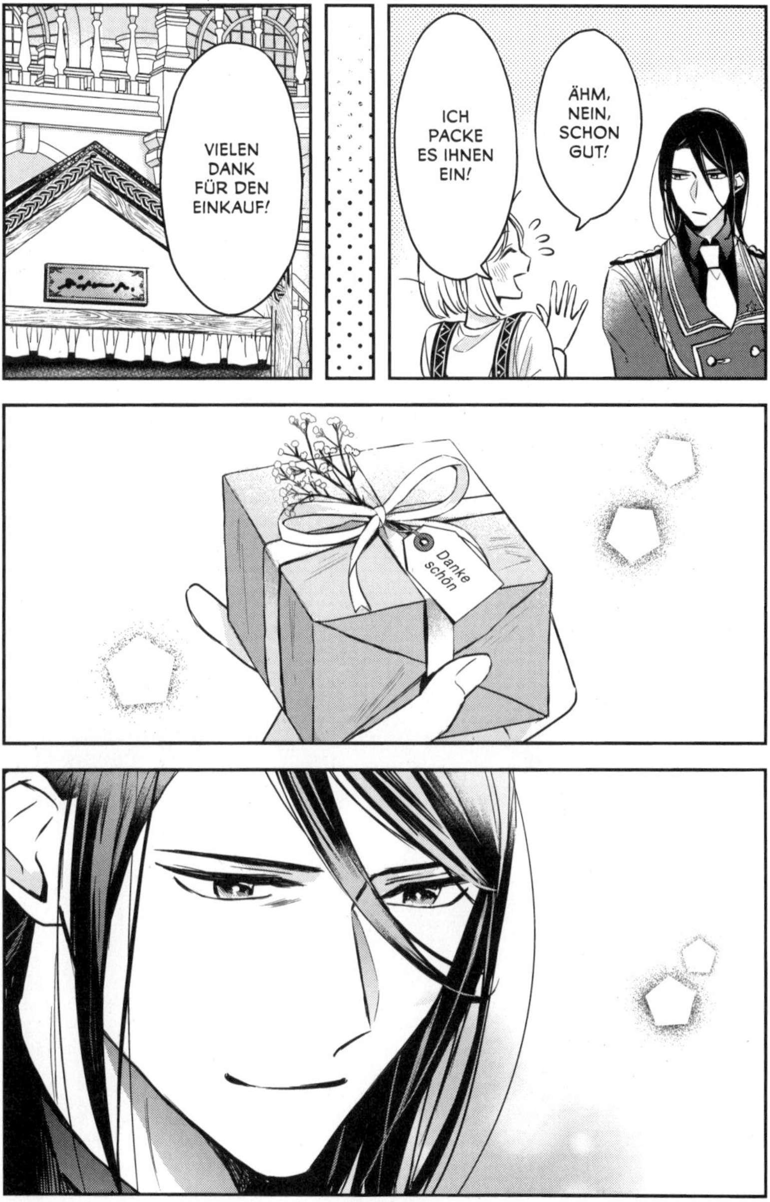
ÄHM, NEIN, SCHON GUT!
ICH PACKE ES IHNEN EIN!
VIELEN DANK FÜR DEN EINKAUF!
Danke schön

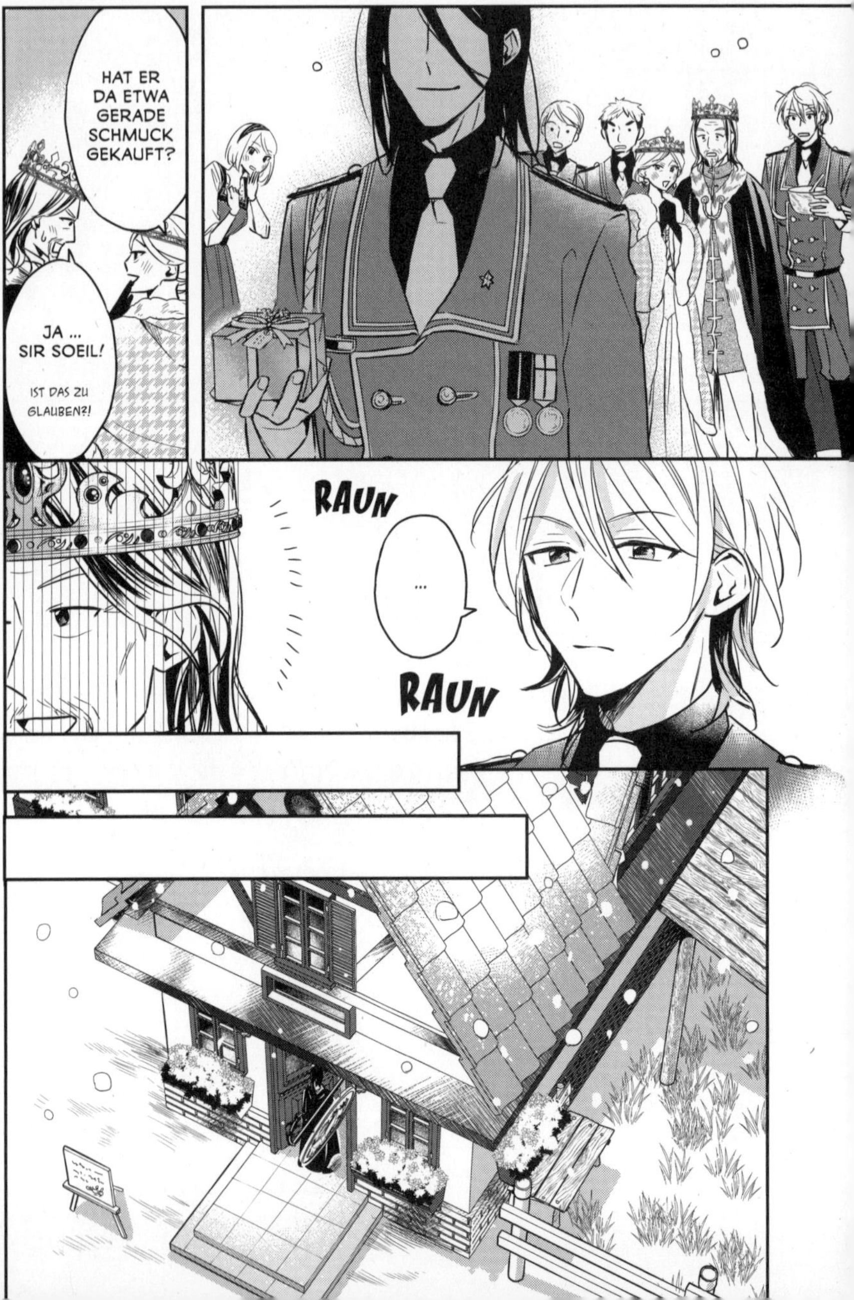

HAT ER DA ETWA GERADE SCHMUCK GEKAUFT?
JA ... SIR SOEIL!
IST DAS ZU GLAUBEN?!
RAUN
...
RAUN

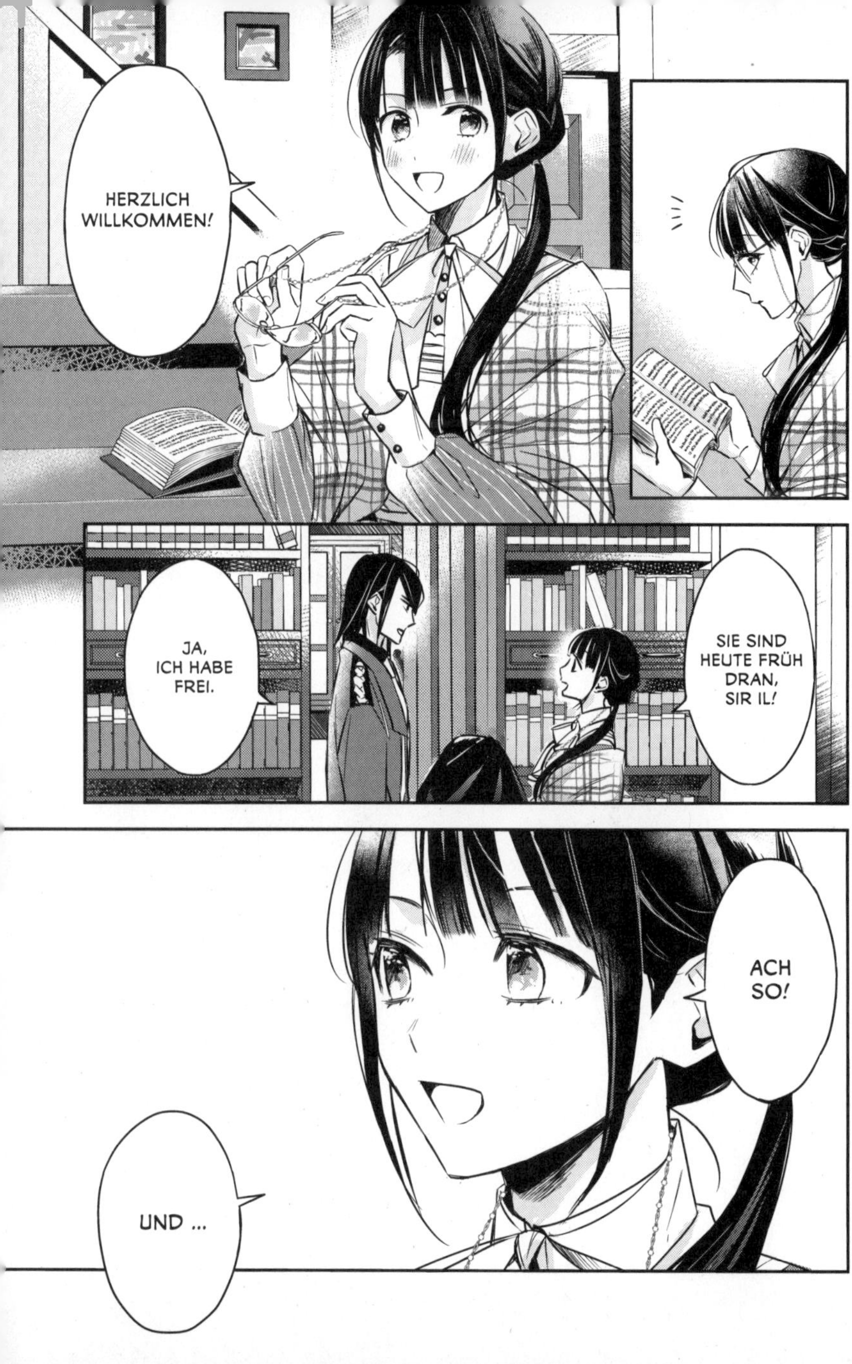
HERZLICH WILLKOMMEN!
SIE SIND HEUTE FRÜH DRAN, SIR IL!
JA, ICH HABE FREI.
ACH SO!
UND ...

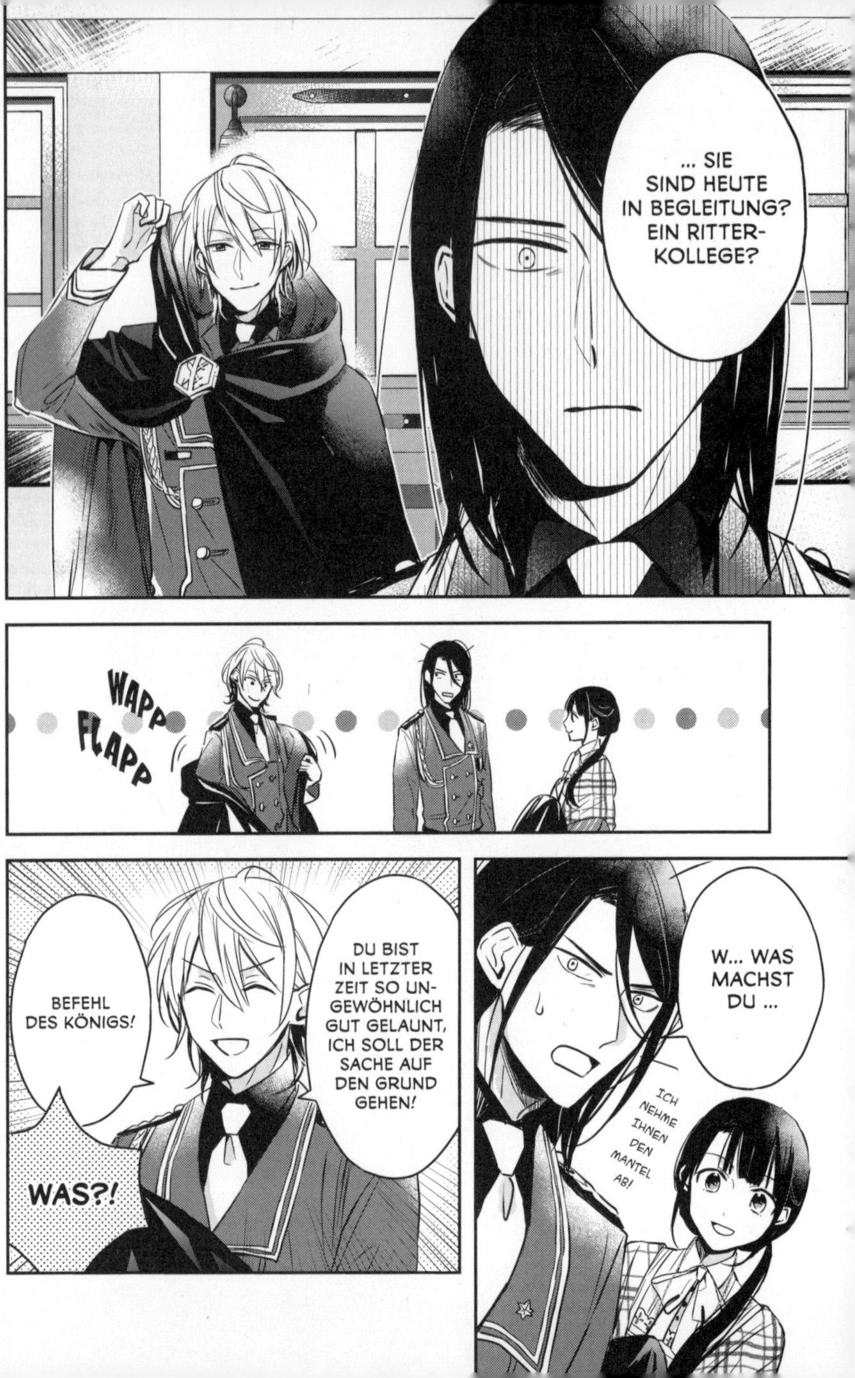
... SIE SIND HEUTE IN BEGLEITUNG? EIN RITTER-KOLLEGE?
WAPP
FLAPP
W... WAS MACHST DU ...
ICH NEHME IHNEN DEN MANTEL AB!
DU BIST IN LETZTER ZEIT SO UN-GEWÖHNLICH GUT GELAUNT, ICH SOLL DER SACHE AUF DEN GRUND GEHEN!
BEFEHL DES KÖNIGS!
WAS?!

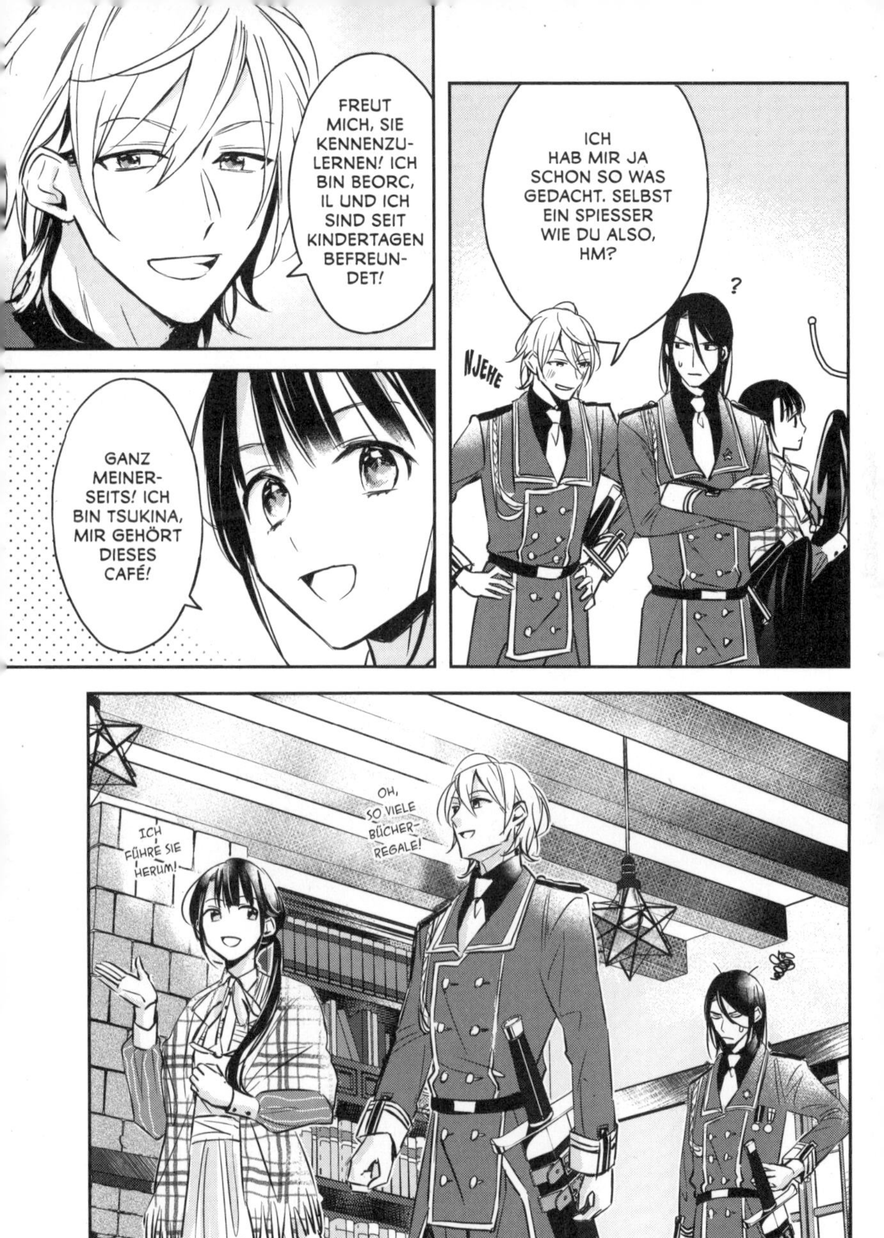
FREUT MICH, SIE KENNENZU-LERNEN! ICH BIN BEORC, IL UND ICH SIND SEIT KINDERTAGEN BEFREUN-DET!
GANZ MEINER-SEITS! ICH BIN TSUKINA, MIR GEHÖRT DIESES CAFÉ!
ICH HAB MIR JA SCHON SO WAS GEDACHT. SELBST EIN SPIESSER WIE DU ALSO, HM?
NJEHE
?
ICH FÜHRE SIE HERUM!
OH, SO VIELE BÜCHER-REGALE!

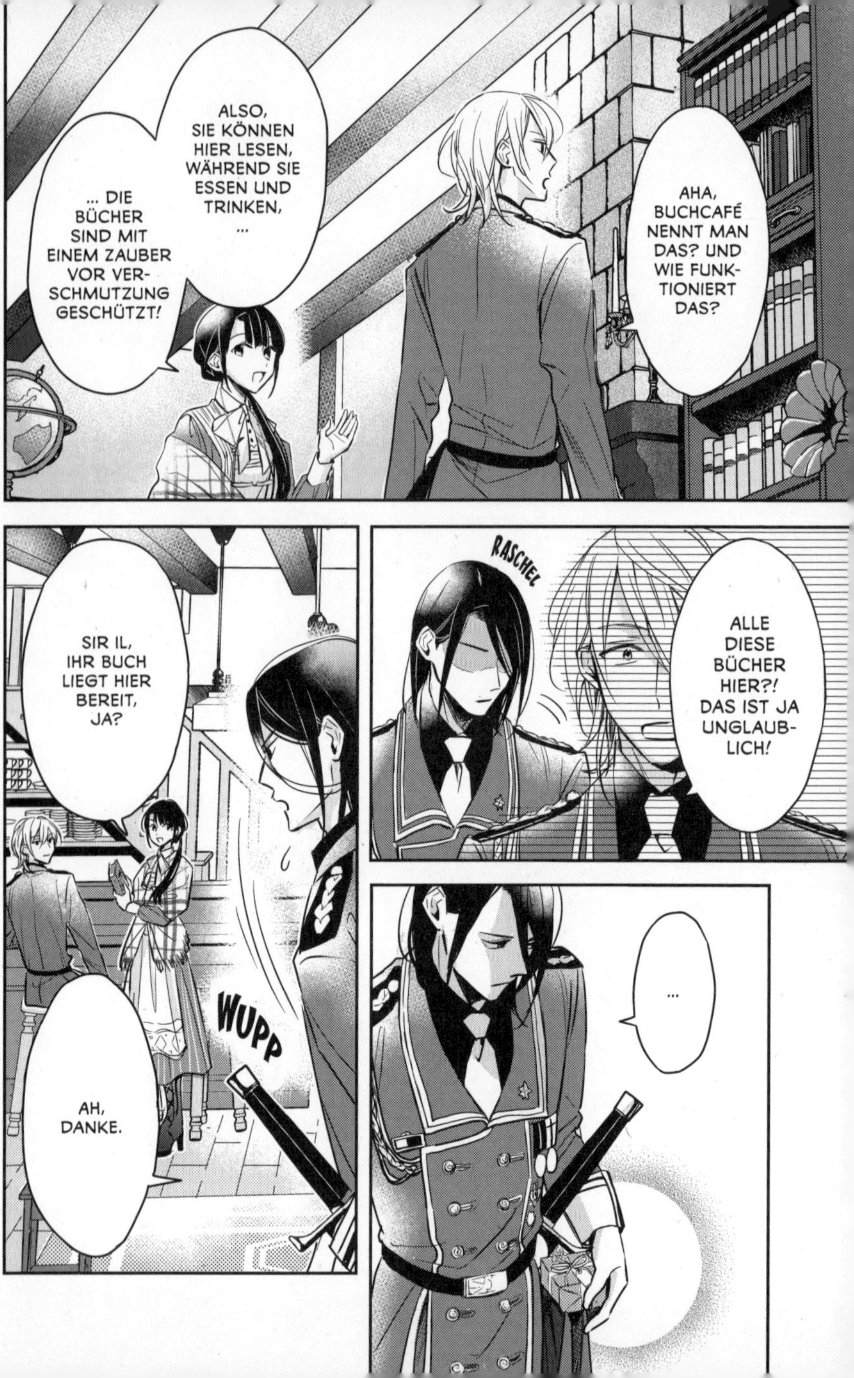
AHA, BUCHCAFÉ NENNT MAN DAS? UND WIE FUNK-TIONIERT DAS?
ALSO, SIE KÖNNEN HIER LESEN, WÄHREND SIE ESSEN UND TRINKEN, ...
... DIE BÜCHER SIND MIT EINEM ZAUBER VOR VER-SCHMUTZUNG GESCHÜTZT!
RASCHEL
ALLE DIESE BÜCHER HIER?! DAS IST JA UNGLAUB-LICH!
SIR IL, IHR BUCH LIEGT HIER BEREIT, JA?
WUPP
AH, DANKE.
...

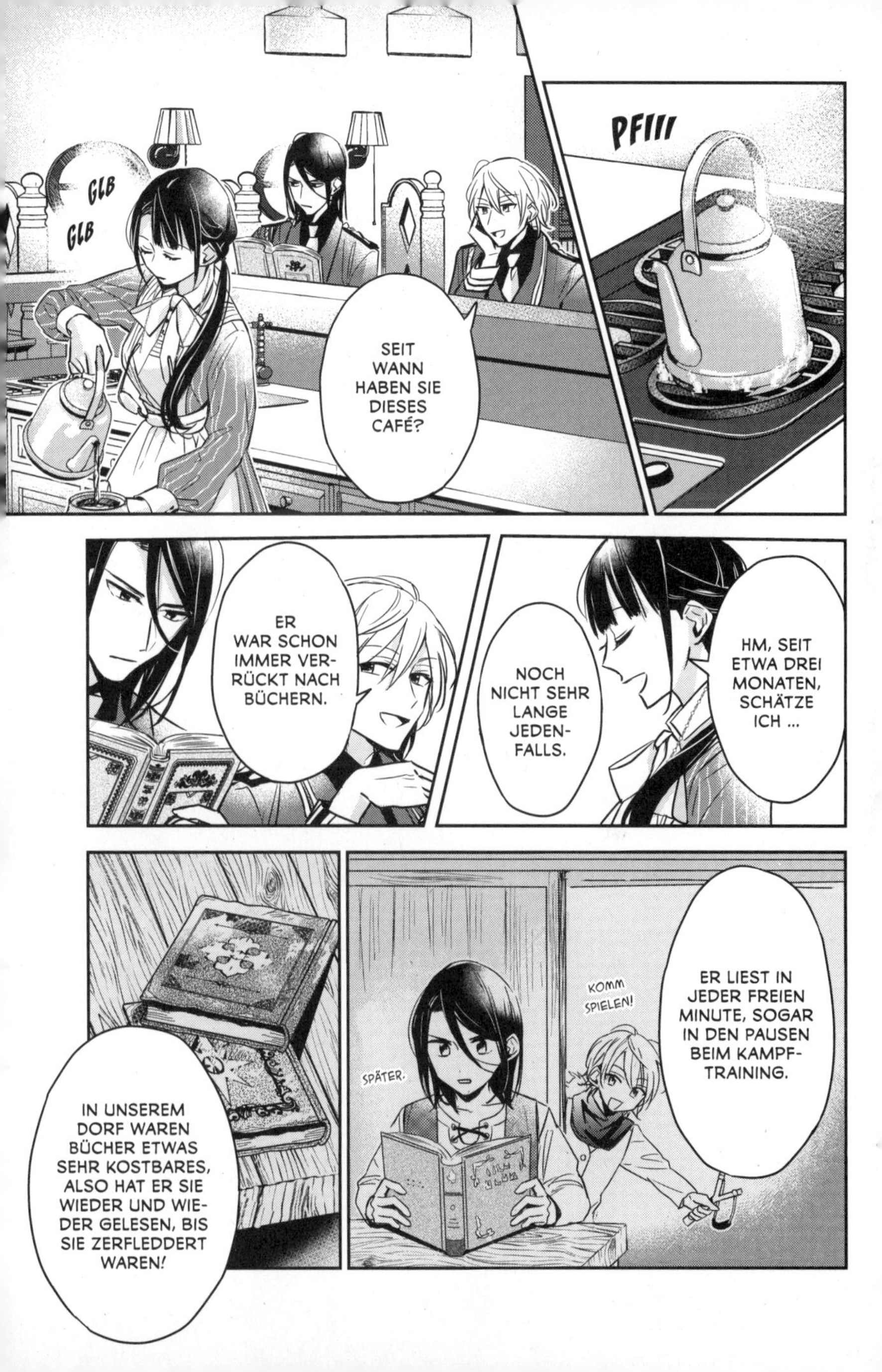
GLB
GLB
PFIII
SEIT WANN HABEN SIE DIESES CAFÉ?
HM, SEIT ETWA DREI MONATEN, SCHÄTZE ICH ...
NOCH NICHT SEHR LANGE JEDENFALLS.
ER WAR SCHON IMMER VERRÜCKT NACH BÜCHERN.
ER LIEST IN JEDER FREIEN MINUTE, SOGAR IN DEN PAUSEN BEIM KAMPFTRAINING.
KOMM SPIELEN!
SPÄTER.
IN UNSEREM DORF WAREN BÜCHER ETWAS SEHR KOSTBARES, ALSO HAT ER SIE WIEDER UND WIEDER GELESEN, BIS SIE ZERFLEDDERT WAREN!

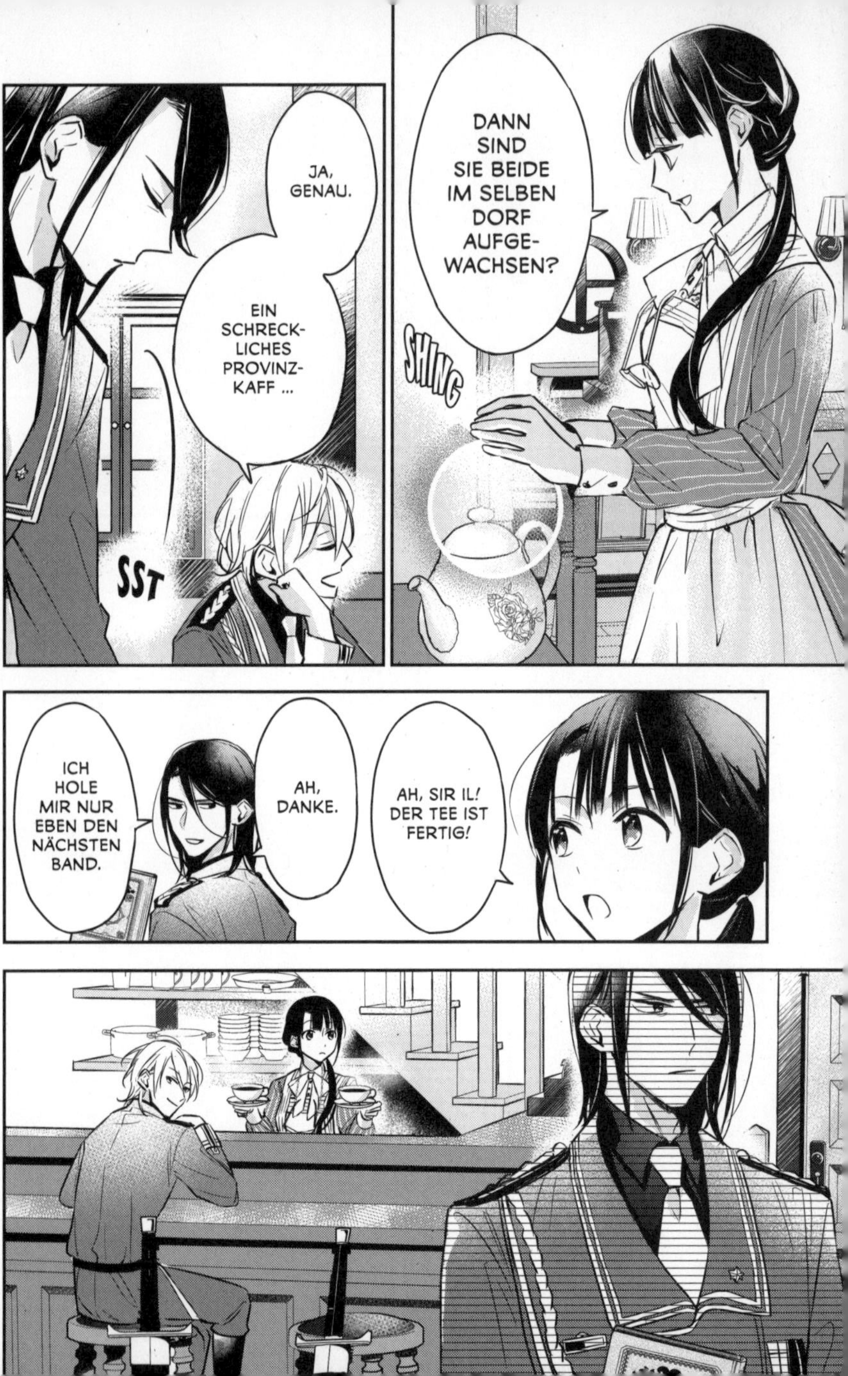
DANN SIND SIE BEIDE IM SELBEN DORF AUFGE-WACHSEN?
SHING
JA, GENAU.
EIN SCHRECK-LICHES PROVINZ-KAFF ...
SST
AH, SIR IL! DER TEE IST FERTIG!
AH, DANKE.
ICH HOLE MIR NUR EBEN DEN NÄCHSTEN BAND.

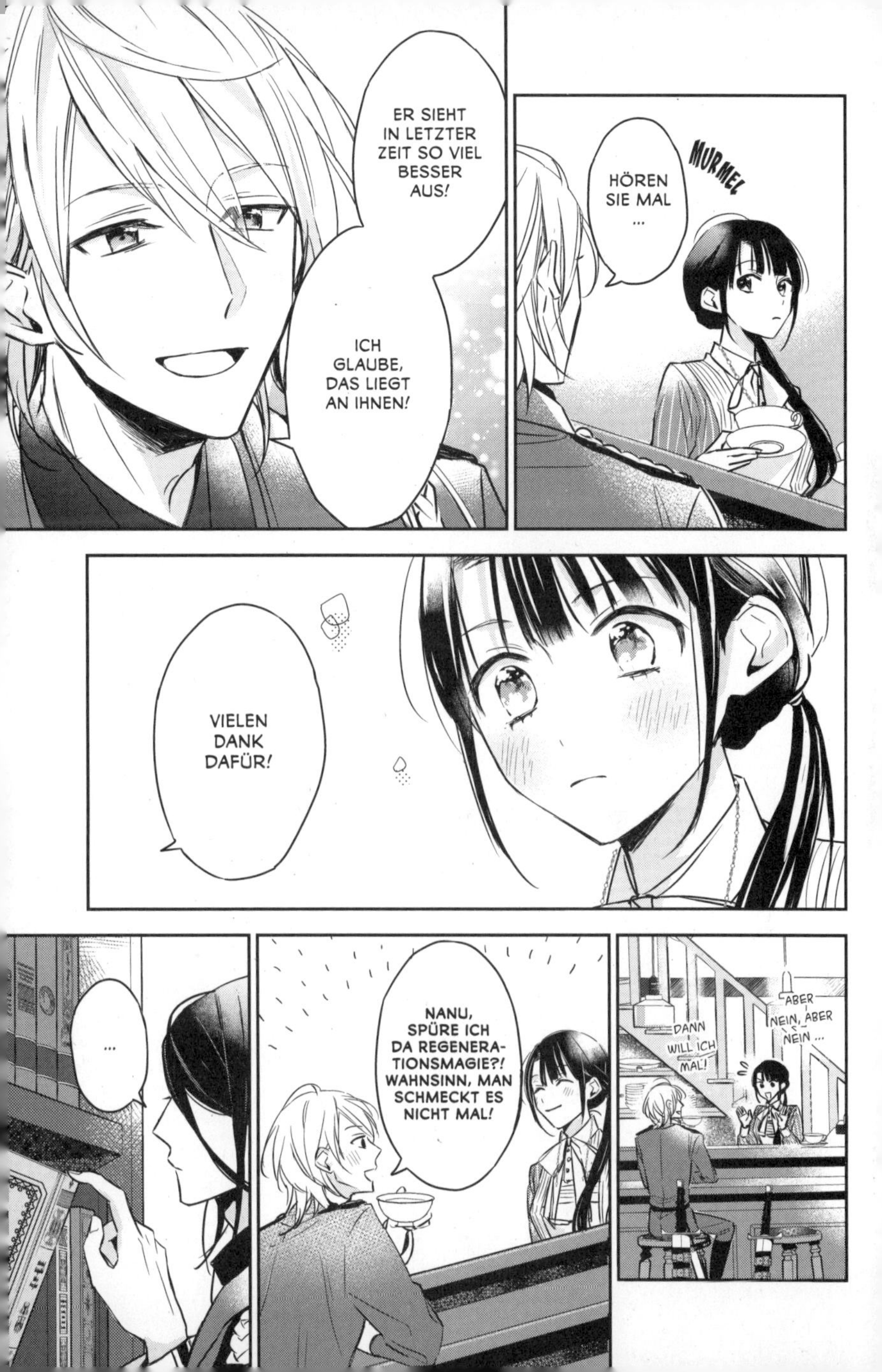
ER SIEHT IN LETZTER ZEIT SO VIEL BESSER AUS!
ICH GLAUBE, DAS LIEGT AN IHNEN!
HÖREN SIE MAL ...
MURMEL
VIELEN DANK DAFÜR!
...
NANU, SPÜRE ICH DA REGENERATIONSMAGIE?! WAHNSINN, MAN SCHMECKT ES NICHT MAL!
DANN WILL ICH MAL!
ABER NEIN, ABER NEIN ...

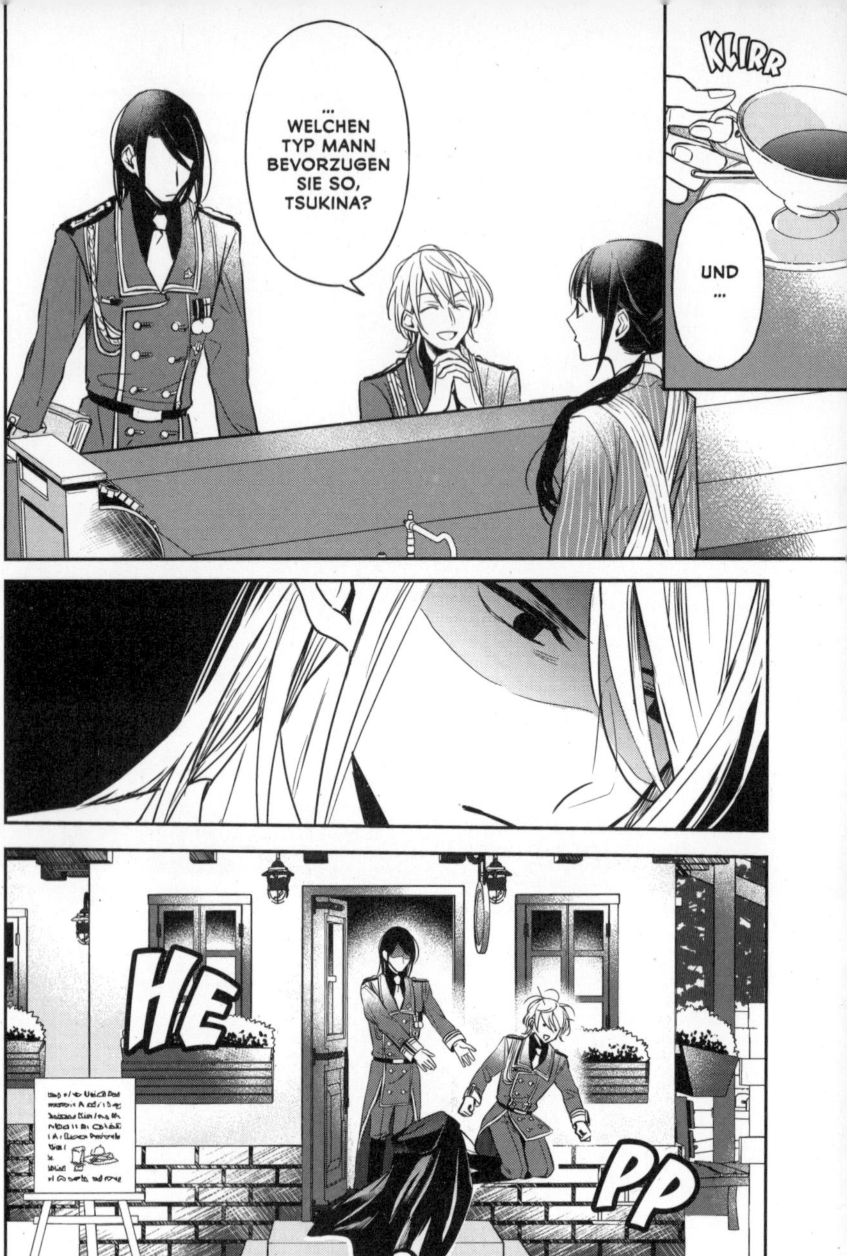
KLIRR
UND ...
... WELCHEN TYP MANN BEVORZUGEN SIE SO, TSUKINA?
HE
PP

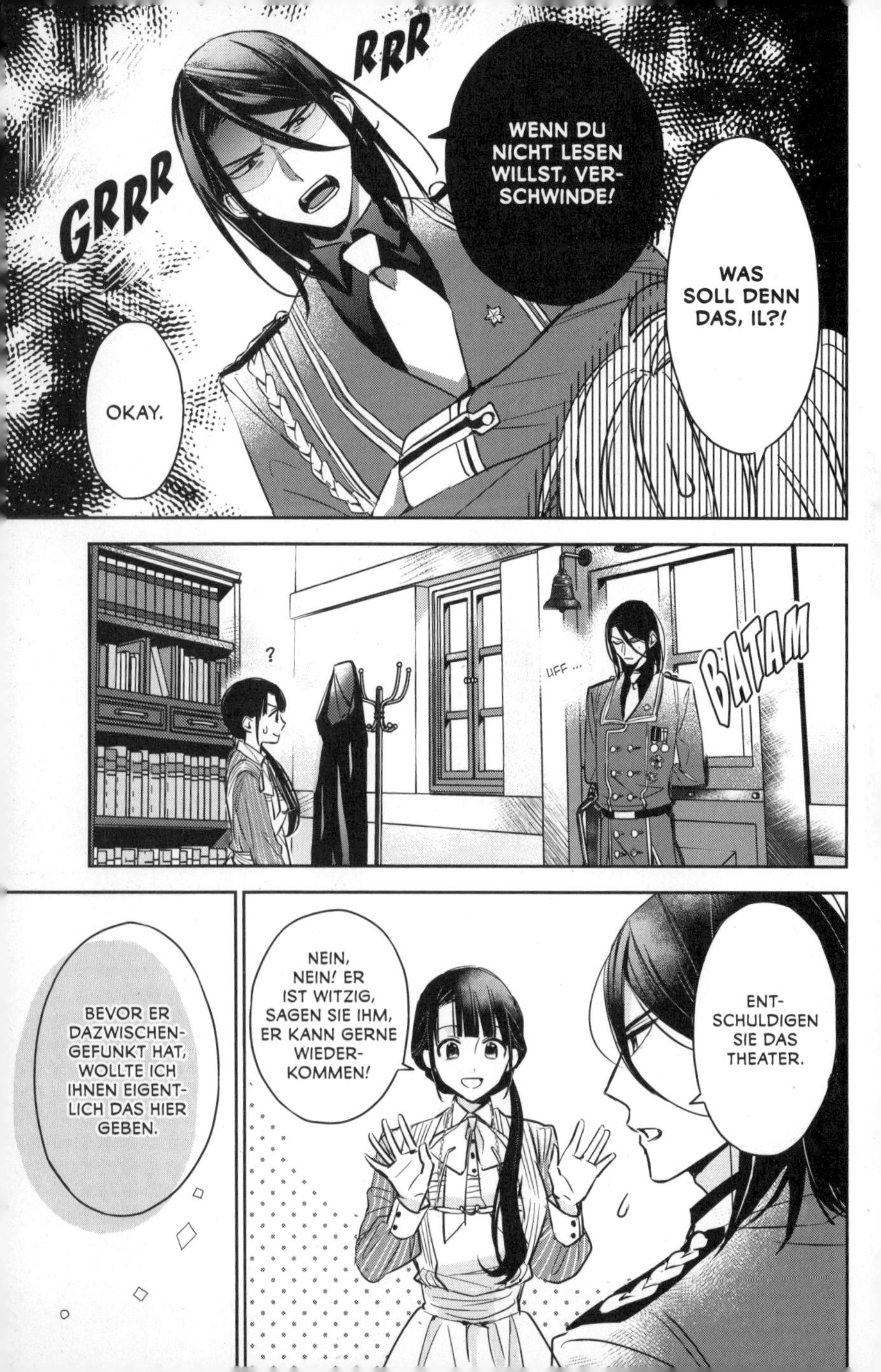
RRR
GRRR
WENN DU NICHT LESEN WILLST, VERSCHWINDE!
WAS SOLL DENN DAS, IL?!
OKAY.
BATAM
UFF ...
?
ENTSCHULDIGEN SIE DAS THEATER.
NEIN, NEIN! ER IST WITZIG, SAGEN SIE IHM, ER KANN GERNE WIEDERKOMMEN!
BEVOR ER DAZWISCHENGEFUNKT HAT, WOLLTE ICH IHNEN EIGENTLICH DAS HIER GEBEN.

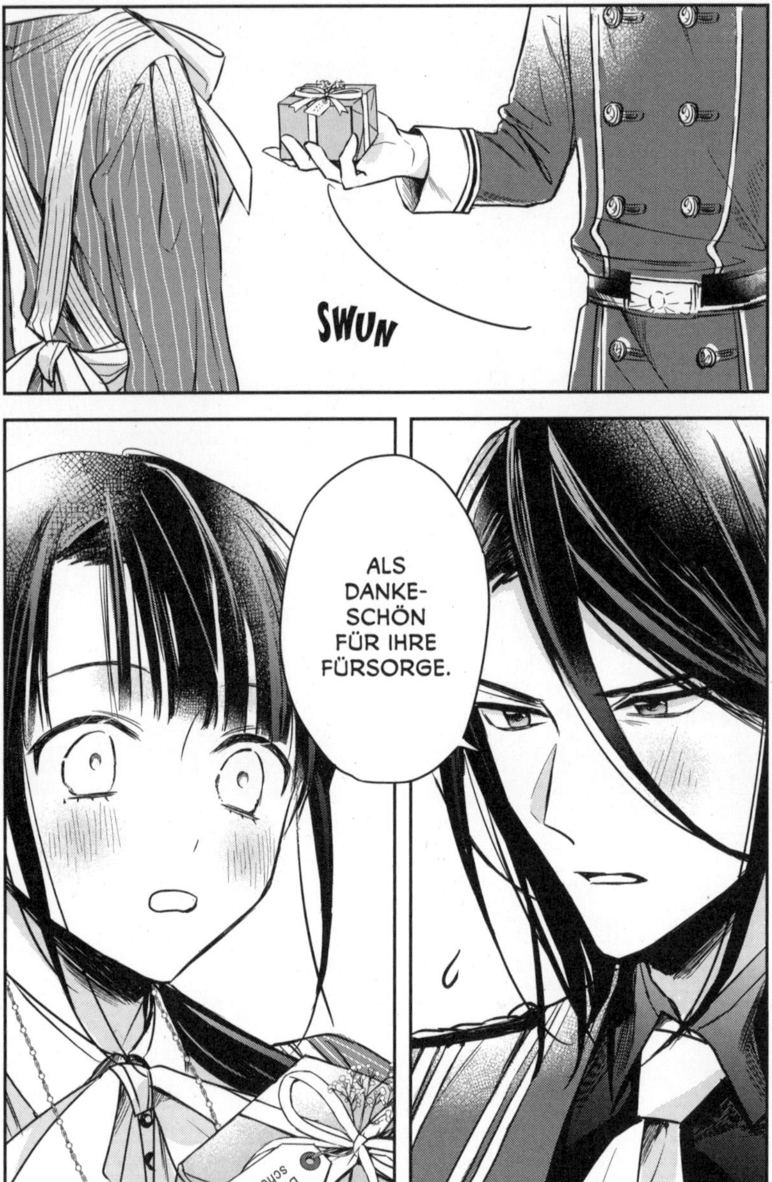
SWUN
ALS DANKE-SCHÖN FÜR IHRE FÜRSORGE.

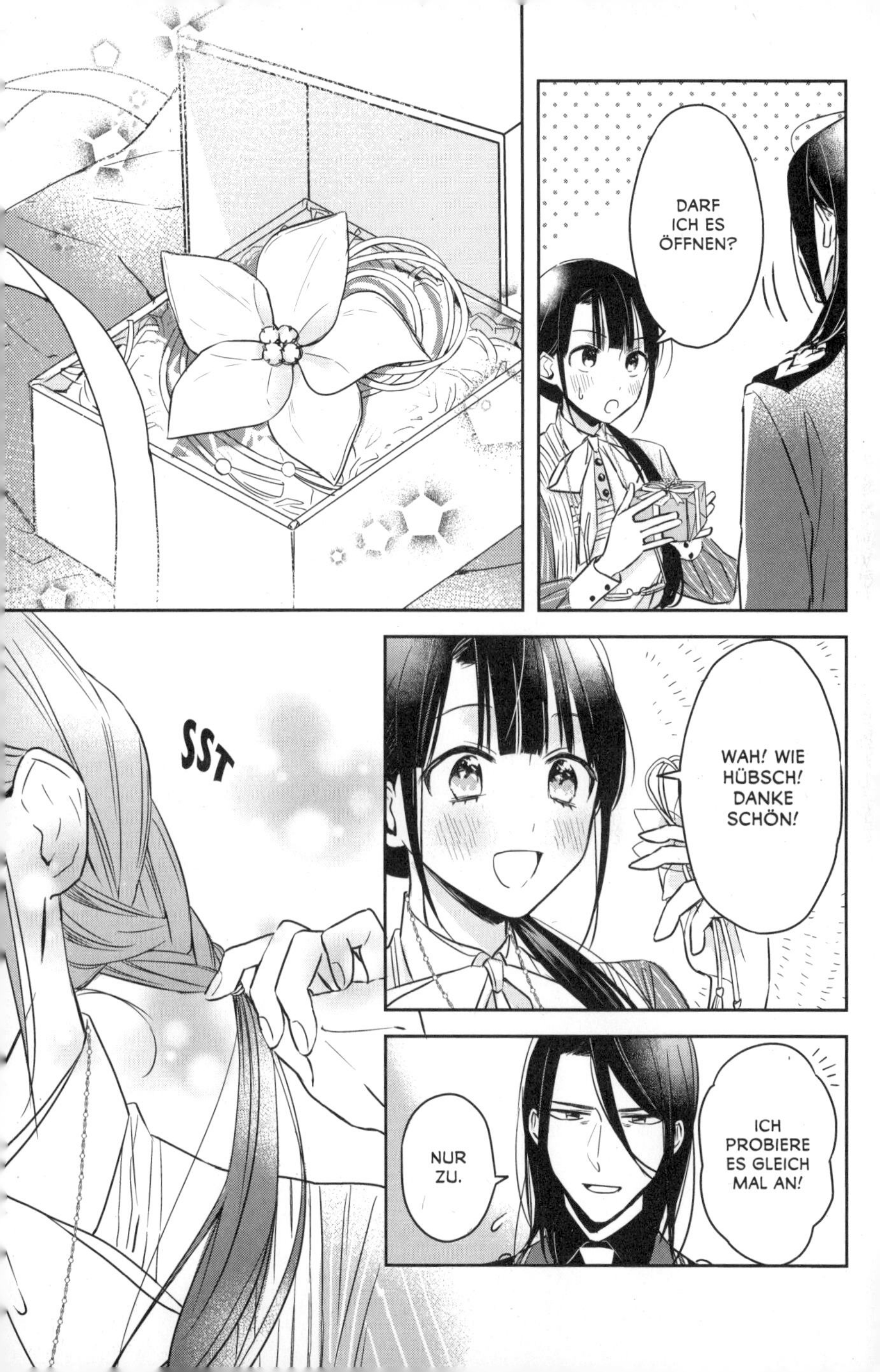
DARF ICH ES ÖFFNEN?
WAH! WIE HÜBSCH! DANKE SCHÖN!
ICH PROBIERE ES GLEICH MAL AN!
NUR ZU.
SST

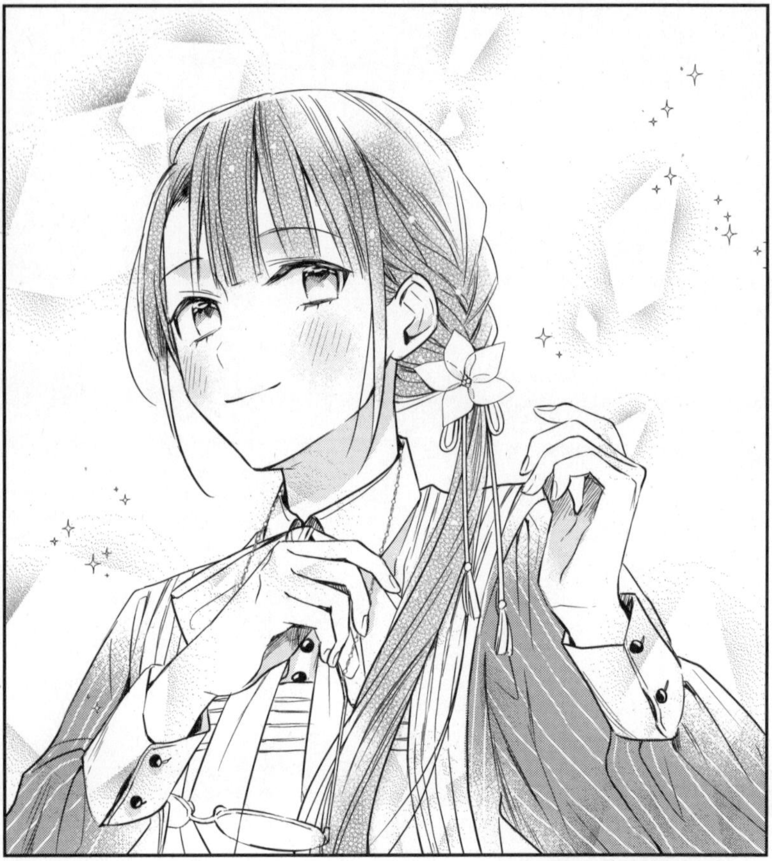
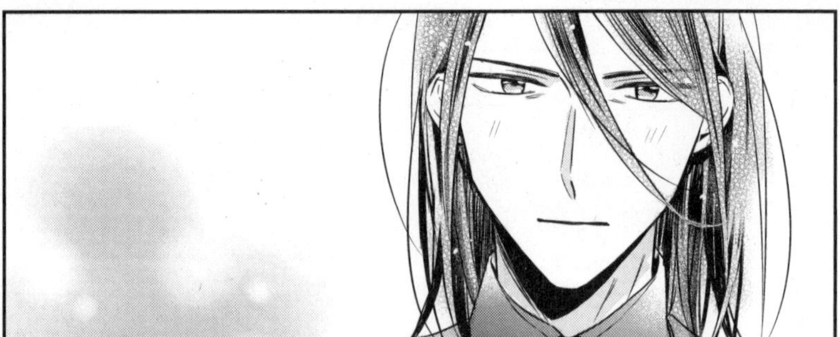

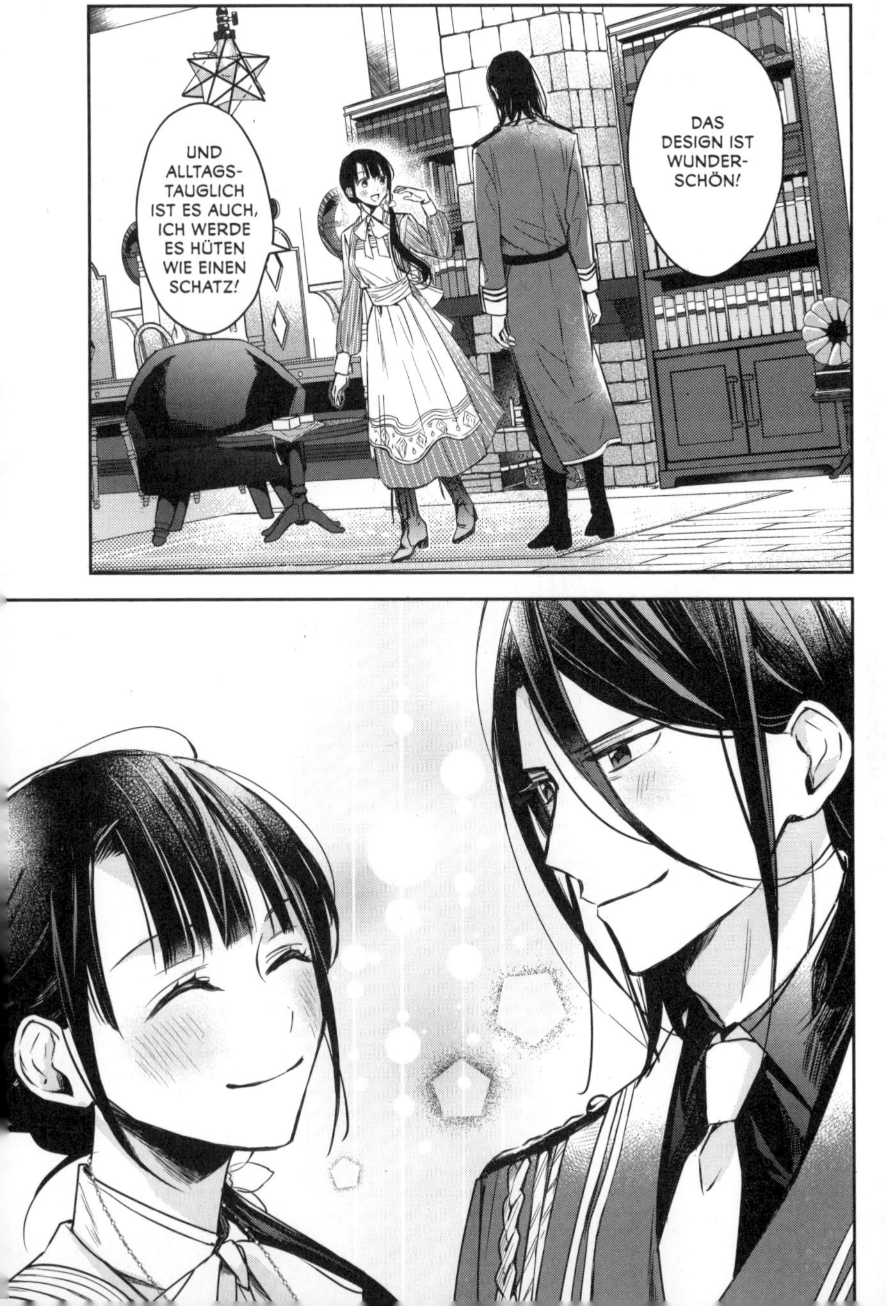
DAS DESIGN IST WUNDER-SCHÖN!
UND ALLTAGS-TAUGLICH IST ES AUCH, ICH WERDE ES HÜTEN WIE EINEN SCHATZ!

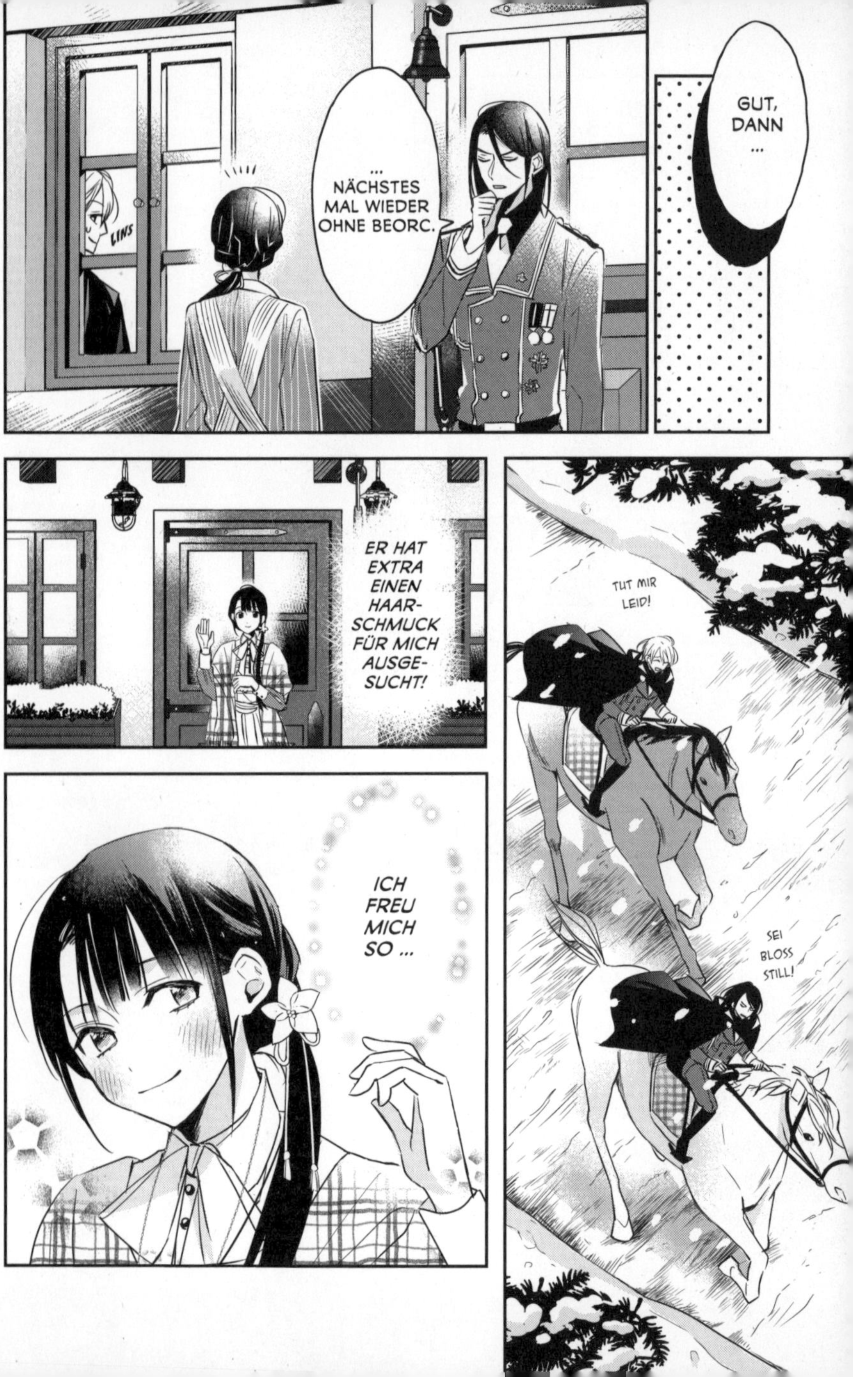
GUT, DANN ...
... NÄCHSTES MAL WIEDER OHNE BEORC.
LINS
TUT MIR LEID!
SEI BLOSS STILL!
ER HAT EXTRA EINEN HAAR-SCHMUCK FÜR MICH AUSGE-SUCHT!
ICH FREU MICH SO ...

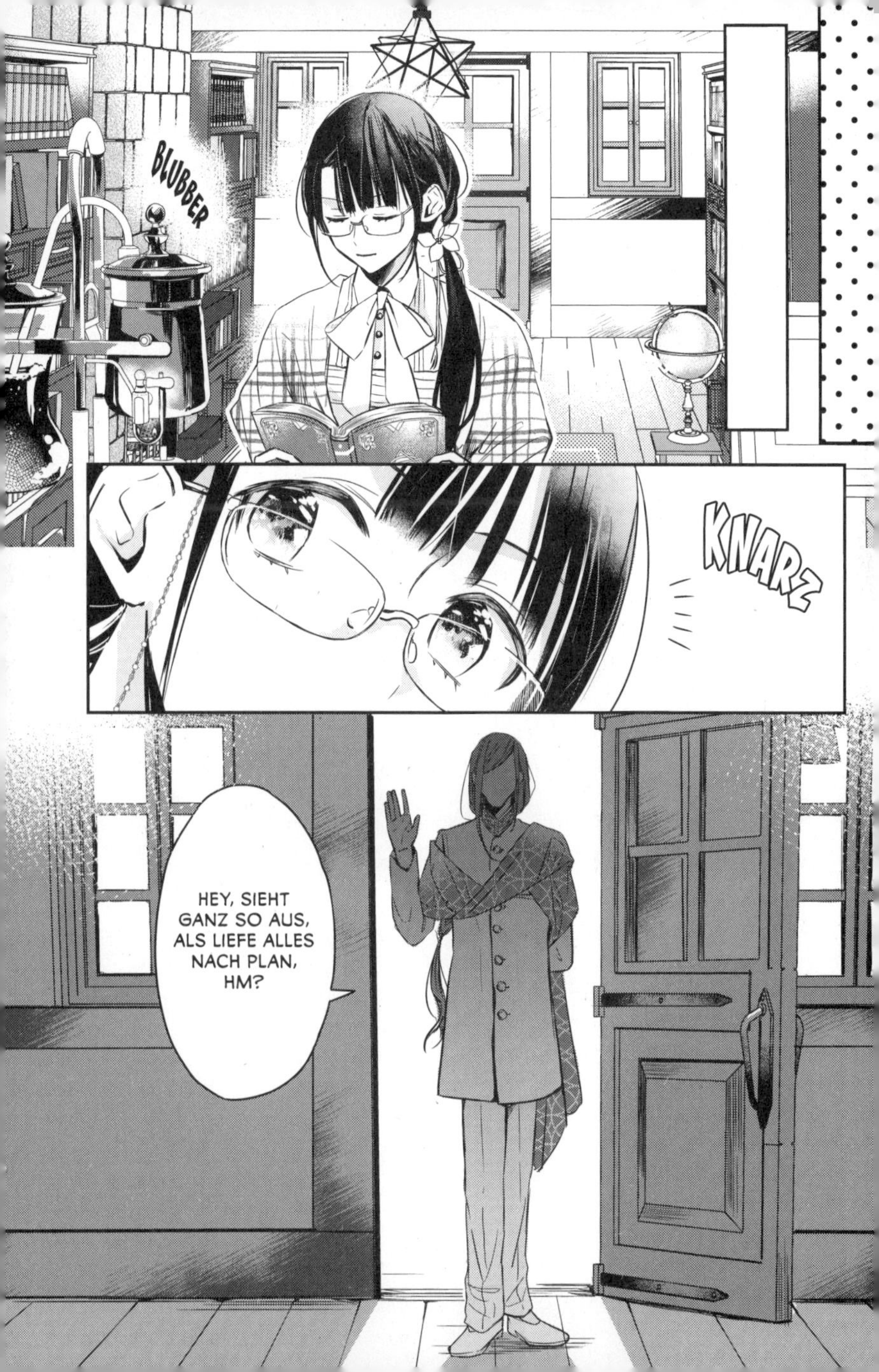
BLUBBER
KNARZ
HEY, SIEHT GANZ SO AUS, ALS LIEFE ALLES NACH PLAN, HM?

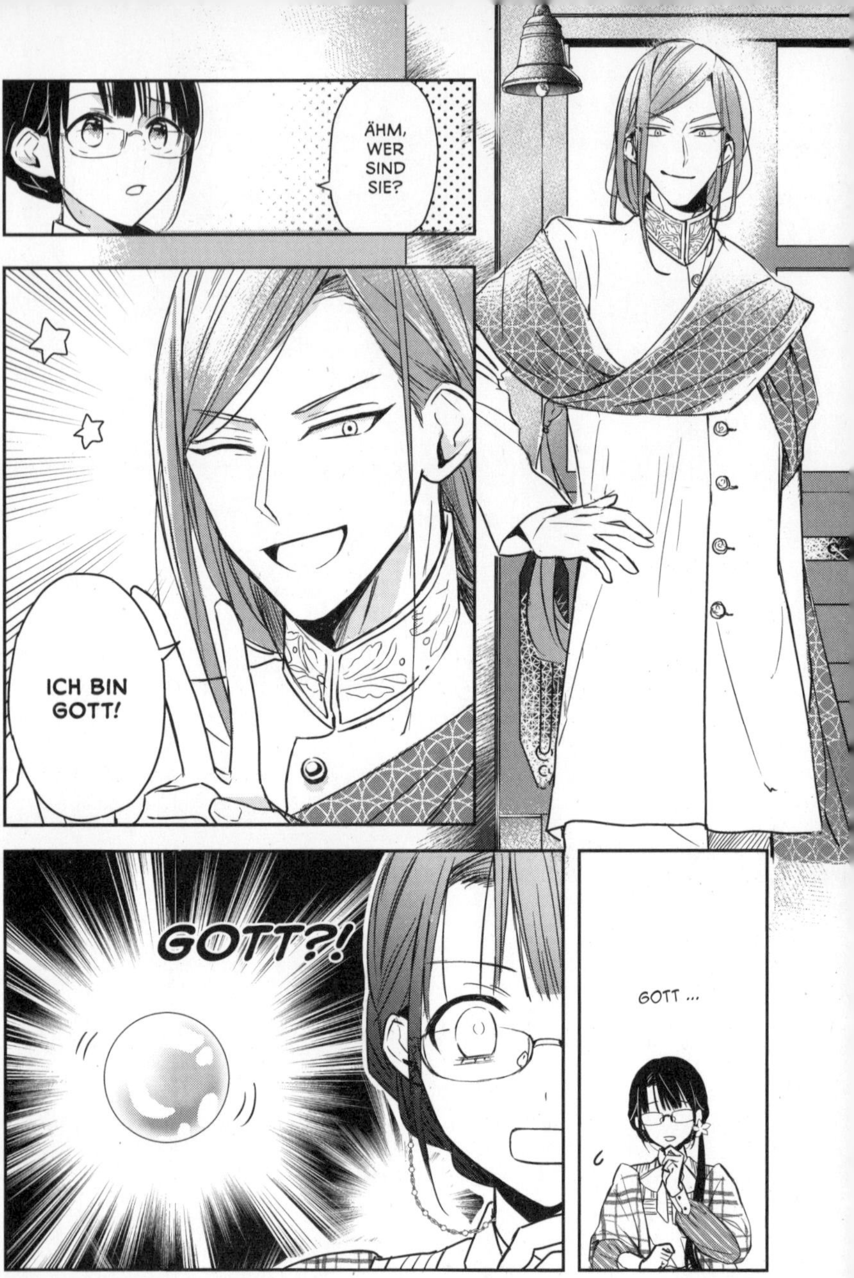
ÄHM, WER SIND SIE?
ICH BIN GOTT!
GOTT …
GOTT?!

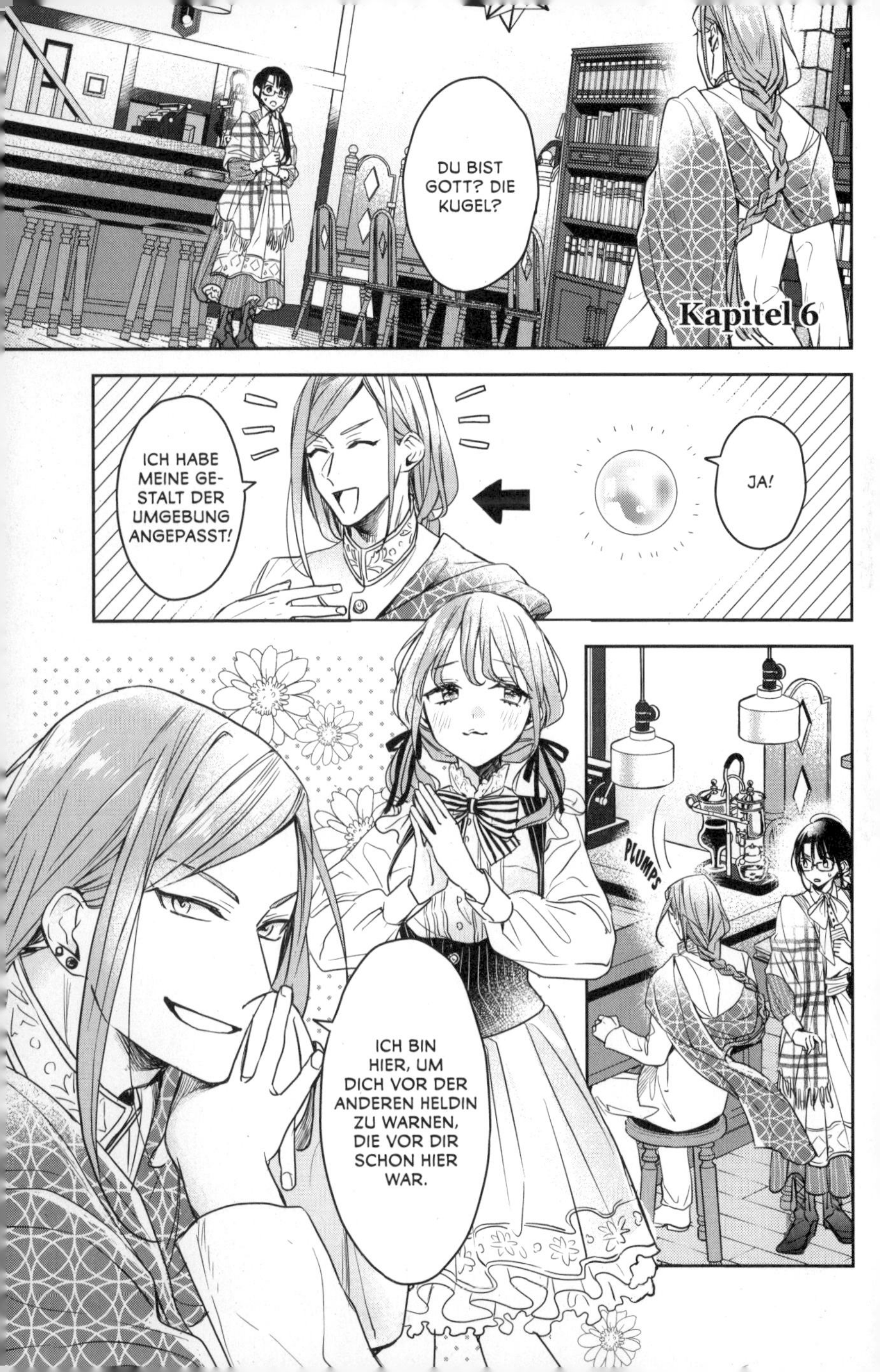
Kapitel 6
DU BIST GOTT? DIE KUGEL?
JA!
ICH HABE MEINE GE-STALT DER UMGEBUNG ANGEPASST!
PLUMPS
ICH BIN HIER, UM DICH VOR DER ANDEREN HELDIN ZU WARNEN, DIE VOR DIR SCHON HIER WAR.

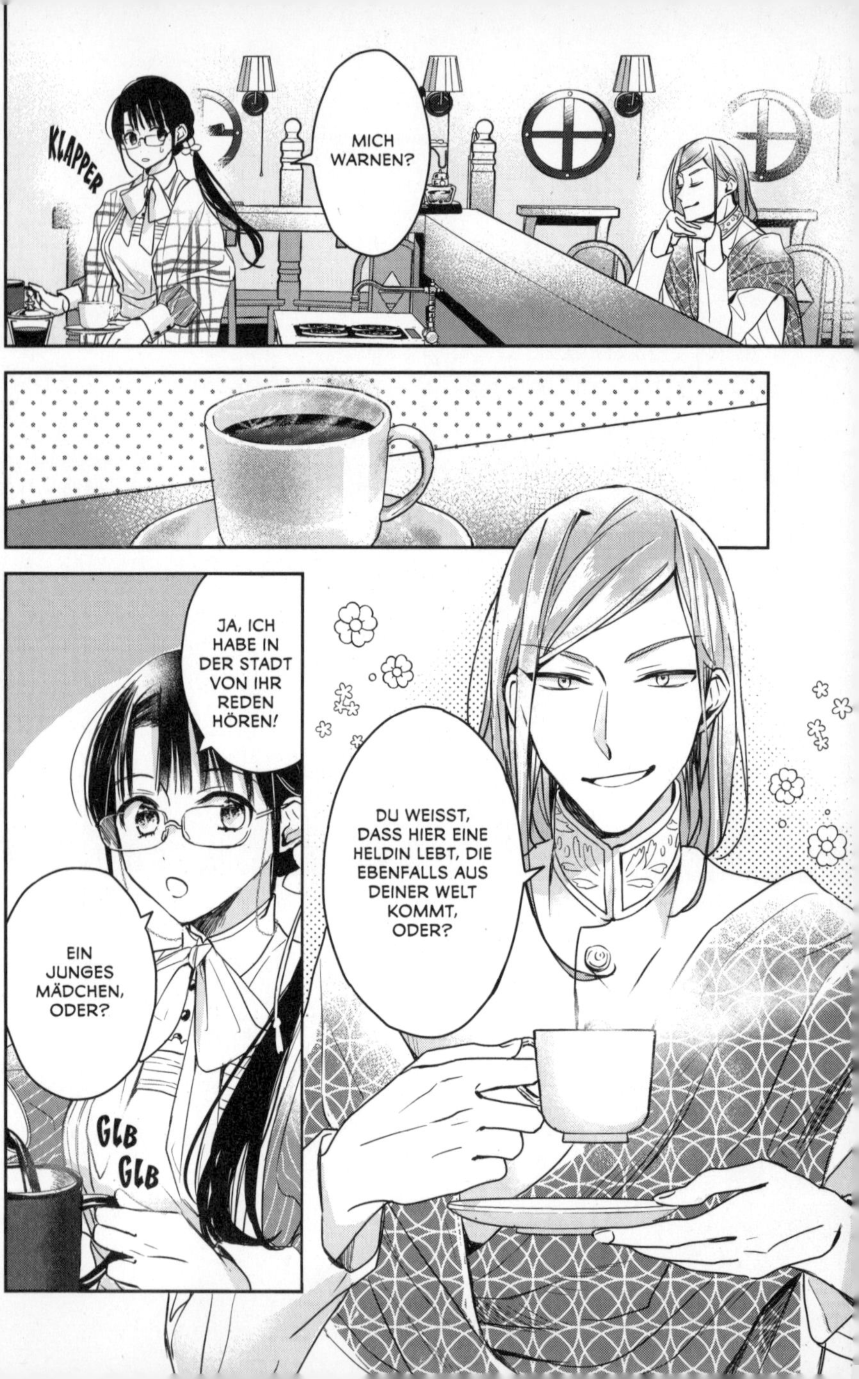
MICH WARNEN?
KLAPPER
DU WEISST, DASS HIER EINE HELDIN LEBT, DIE EBENFALLS AUS DEINER WELT KOMMT, ODER?
JA, ICH HABE IN DER STADT VON IHR REDEN HÖREN!
EIN JUNGES MÄDCHEN, ODER?
GLB GLB

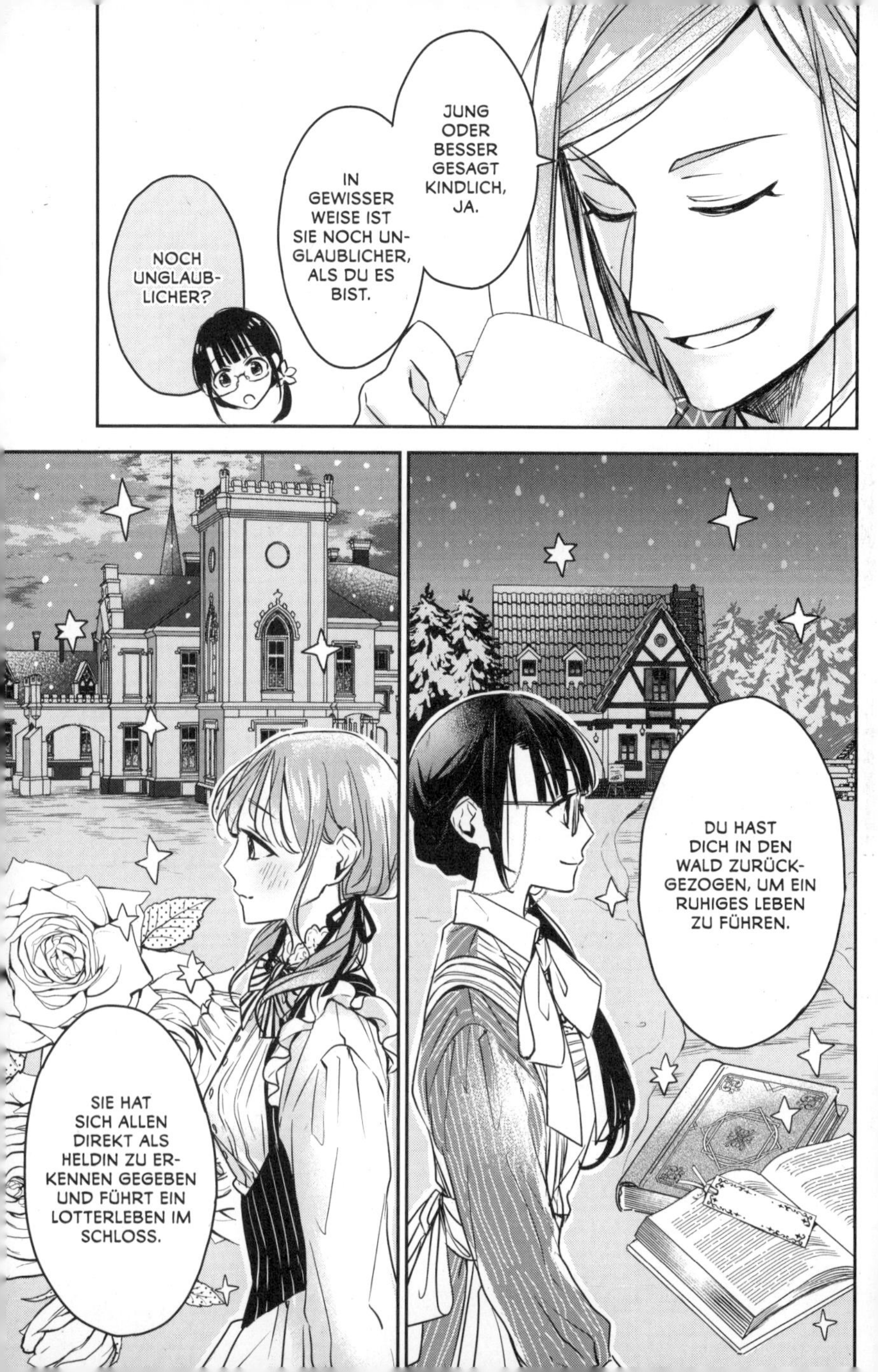

JUNG ODER BESSER GESAGT KINDLICH, JA.
IN GEWISSER WEISE IST SIE NOCH UNGLAUBLICHER, ALS DU ES BIST.
NOCH UNGLAUBLICHER?
DU HAST DICH IN DEN WALD ZURÜCKGEZOGEN, UM EIN RUHIGES LEBEN ZU FÜHREN.
SIE HAT SICH ALLEN DIREKT ALS HELDIN ZU ERKENNEN GEGEBEN UND FÜHRT EIN LOTTERLEBEN IM SCHLOSS.

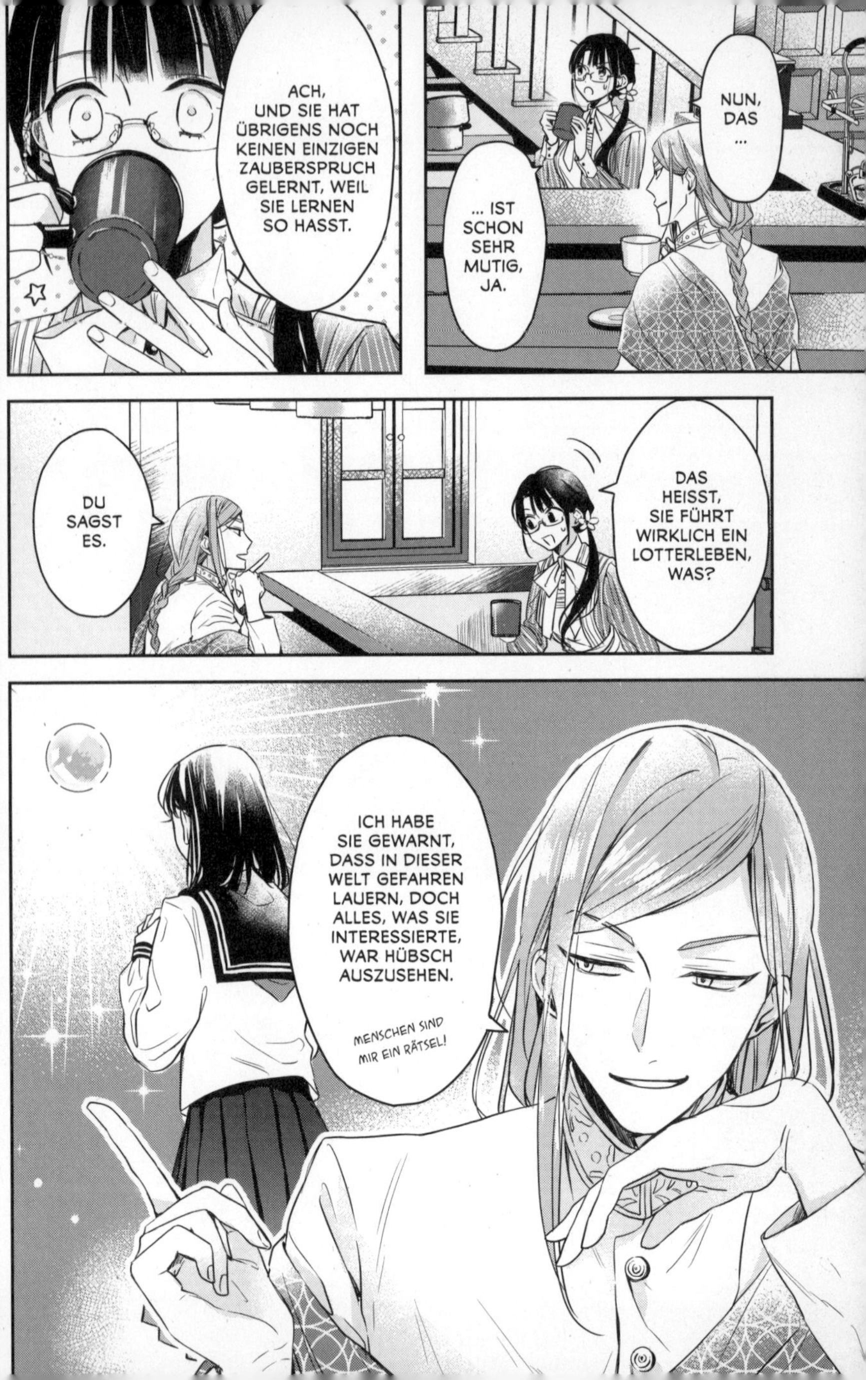
NUN, DAS ...
... IST SCHON SEHR MUTIG, JA.
ACH, UND SIE HAT ÜBRIGENS NOCH KEINEN EINZIGEN ZAUBERSPRUCH GELERNT, WEIL SIE LERNEN SO HASST.
DAS HEISST, SIE FÜHRT WIRKLICH EIN LOTTERLEBEN, WAS?
DU SAGST ES.
ICH HABE SIE GEWARNT, DASS IN DIESER WELT GEFAHREN LAUERN, DOCH ALLES, WAS SIE INTERESSIERTE, WAR HÜBSCH AUSZUSEHEN.
MENSCHEN SIND MIR EIN RÄTSEL!

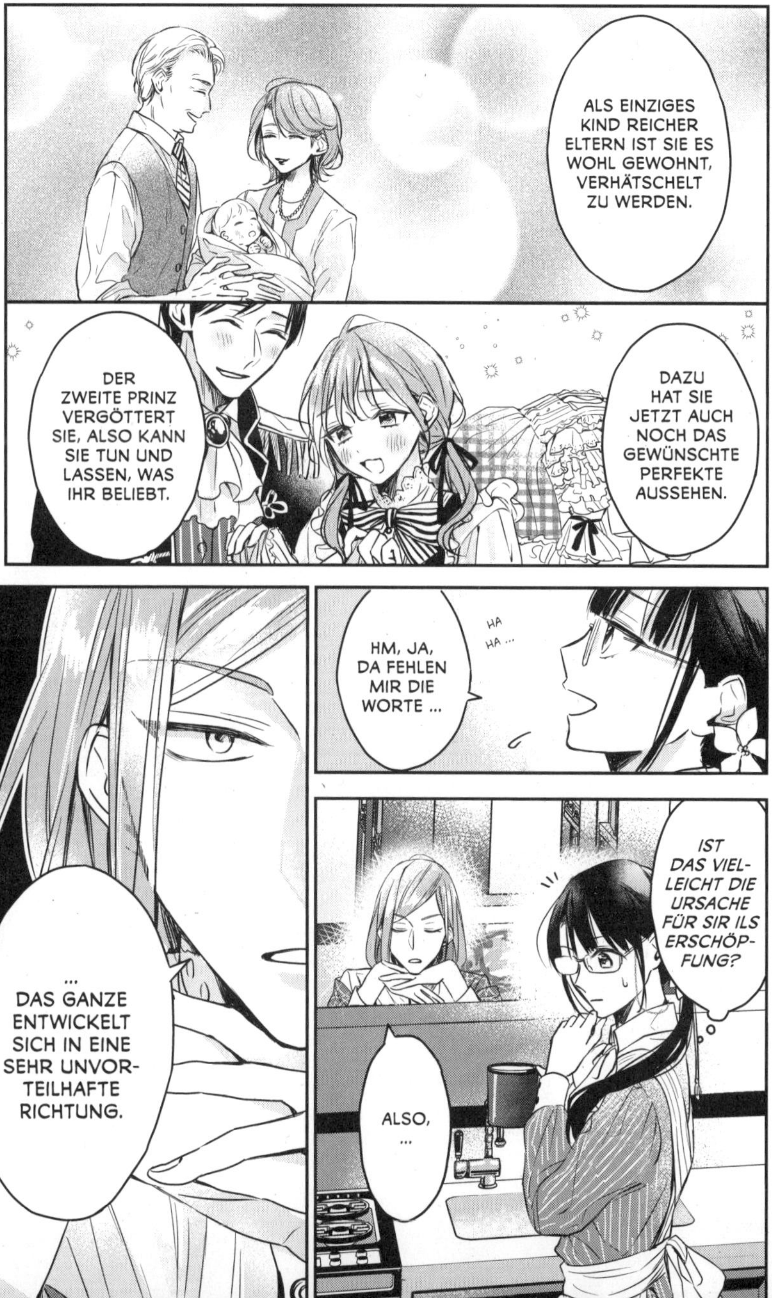
ALS EINZIGES KIND REICHER ELTERN IST SIE ES WOHL GEWOHNT, VERHÄTSCHELT ZU WERDEN.
DAZU HAT SIE JETZT AUCH NOCH DAS GEWÜNSCHTE PERFEKTE AUSSEHEN.
DER ZWEITE PRINZ VERGÖTTERT SIE, ALSO KANN SIE TUN UND LASSEN, WAS IHR BELIEBT.
HA HA ...
HM, JA, DA FEHLEN MIR DIE WORTE ...
IST DAS VIEL-LEICHT DIE URSACHE FÜR SIR ILS ERSCHÖP-FUNG?
ALSO, ...
... DAS GANZE ENTWICKELT SICH IN EINE SEHR UNVOR-TEILHAFTE RICHTUNG.

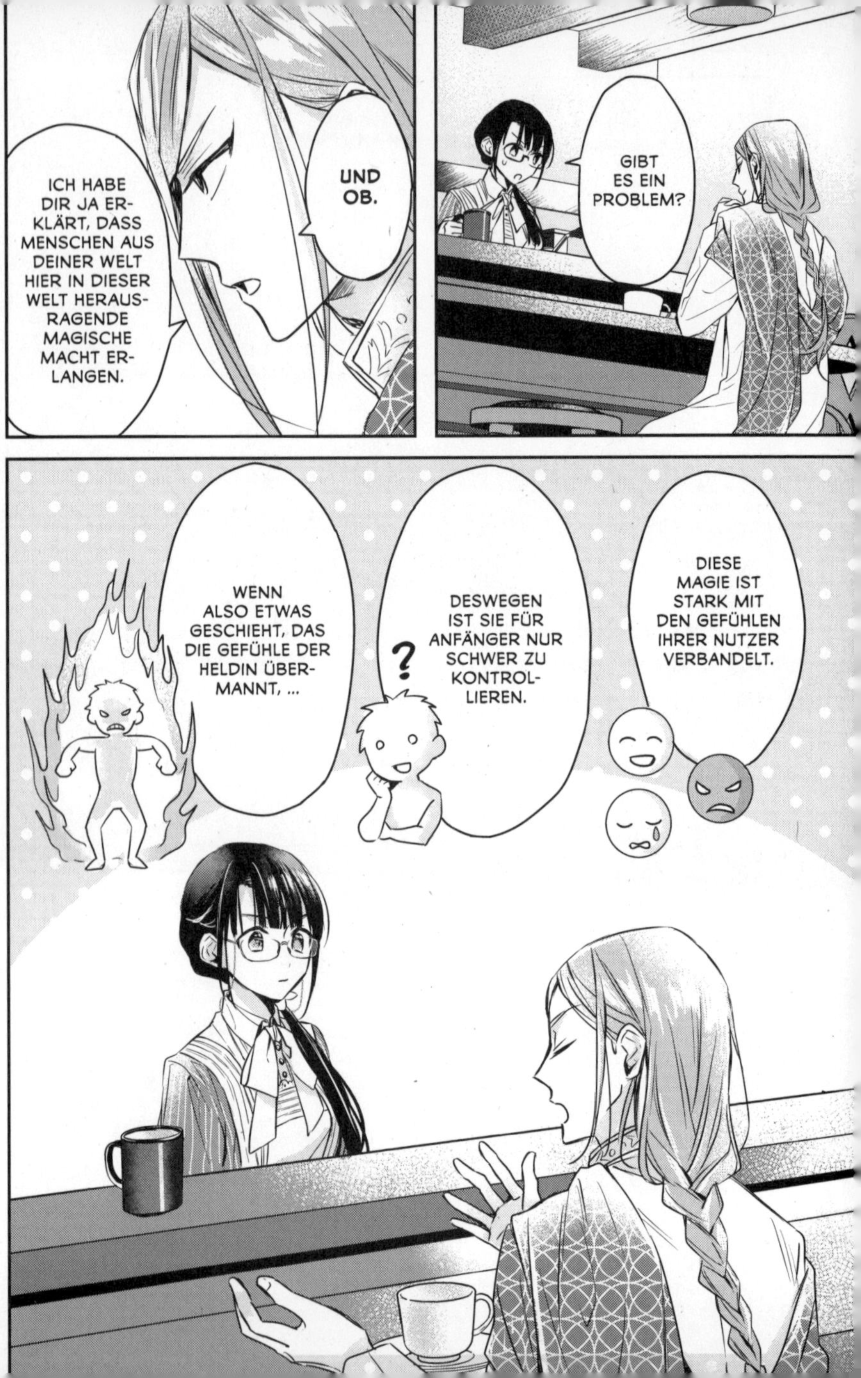
GIBT ES EIN PROBLEM?
UND OB.
ICH HABE DIR JA ERKLÄRT, DASS MENSCHEN AUS DEINER WELT HIER IN DIESER WELT HERAUSRAGENDE MAGISCHE MACHT ERLANGEN.
DIESE MAGIE IST STARK MIT DEN GEFÜHLEN IHRER NUTZER VERBANDELT.
DESWEGEN IST SIE FÜR ANFÄNGER NUR SCHWER ZU KONTROLLIEREN.
?
WENN ALSO ETWAS GESCHIEHT, DAS DIE GEFÜHLE DER HELDIN ÜBERMANNT, ...

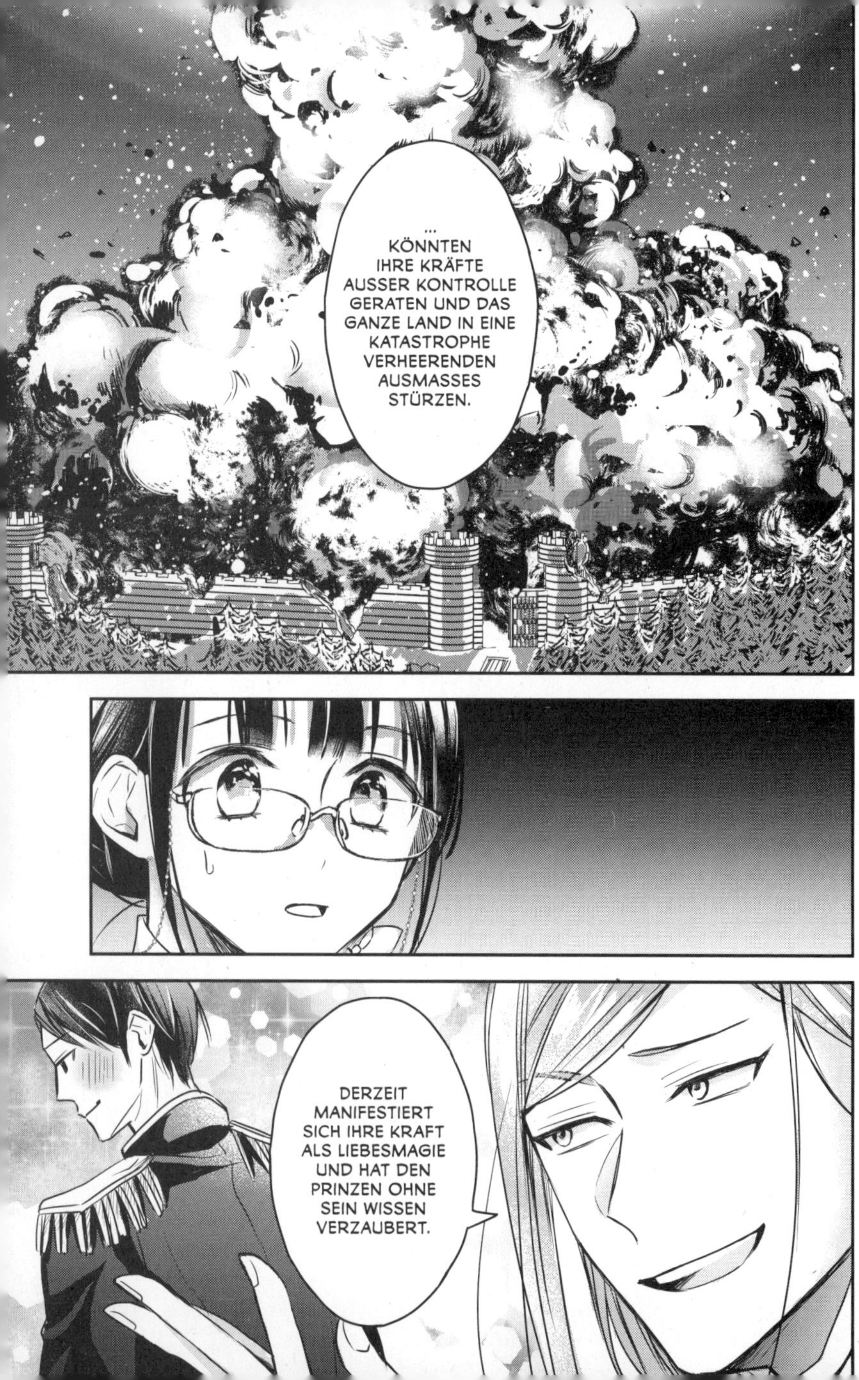
... KÖNNTEN IHRE KRÄFTE AUSSER KONTROLLE GERATEN UND DAS GANZE LAND IN EINE KATASTROPHE VERHEERENDEN AUSMASSES STÜRZEN.
DERZEIT MANIFESTIERT SICH IHRE KRAFT ALS LIEBESMAGIE UND HAT DEN PRINZEN OHNE SEIN WISSEN VERZAUBERT.

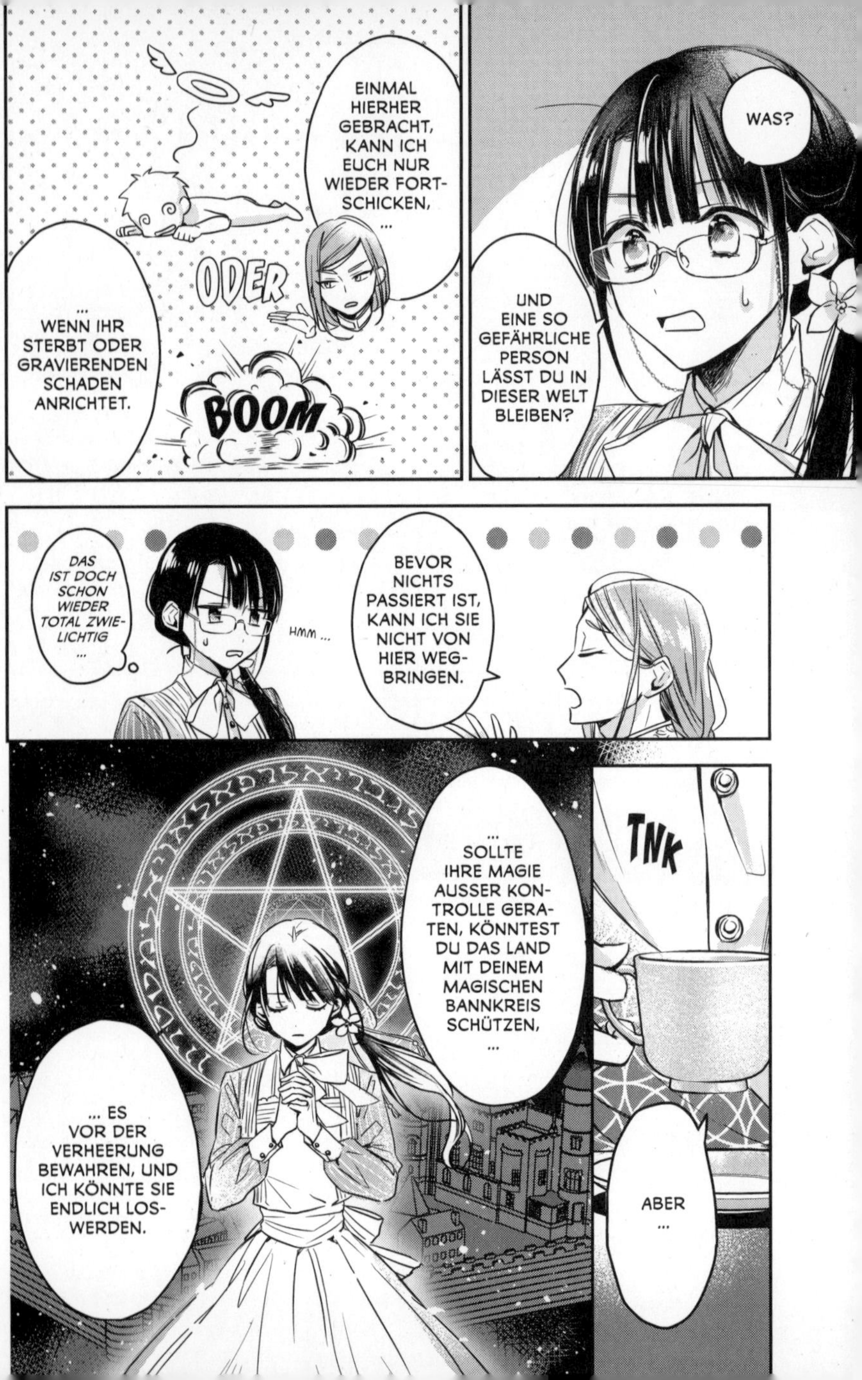
WAS?
UND EINE SO GEFÄHRLICHE PERSON LÄSST DU IN DIESER WELT BLEIBEN?
EINMAL HIERHER GEBRACHT, KANN ICH EUCH NUR WIEDER FORT-SCHICKEN, ...
ODER
BOOM
... WENN IHR STERBT ODER GRAVIERENDEN SCHADEN ANRICHTET.
BEVOR NICHTS PASSIERT IST, KANN ICH SIE NICHT VON HIER WEG-BRINGEN.
HMM ...
DAS IST DOCH SCHON WIEDER TOTAL ZWIE-LICHTIG ...
TNK
ABER ...
... SOLLTE IHRE MAGIE AUSSER KON-TROLLE GERA-TEN, KÖNNTEST DU DAS LAND MIT DEINEM MAGISCHEN BANNKREIS SCHÜTZEN, ...
... ES VOR DER VERHEERUNG BEWAHREN, UND ICH KÖNNTE SIE ENDLICH LOS-WERDEN.

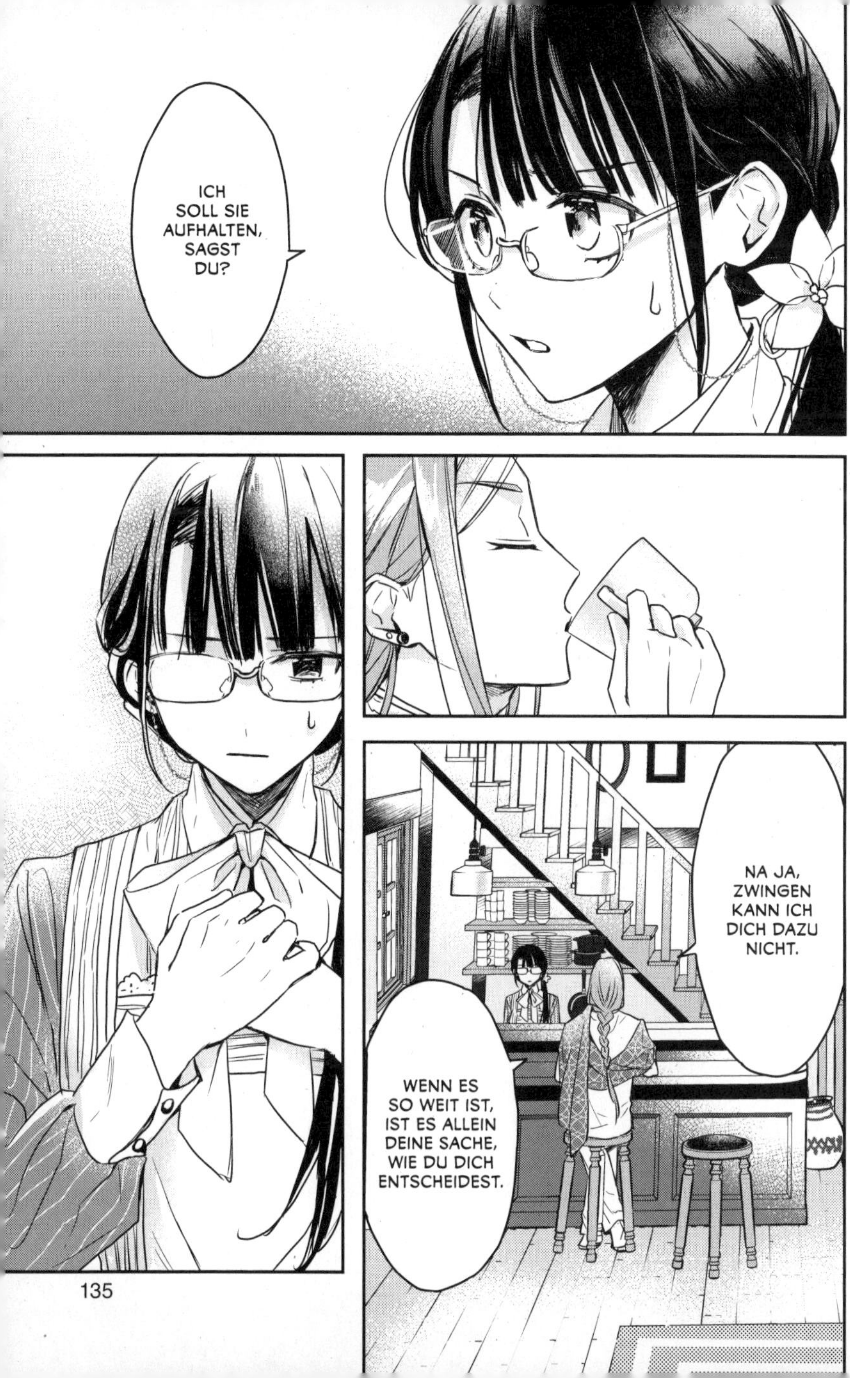
ICH SOLL SIE AUFHALTEN, SAGST DU?
NA JA, ZWINGEN KANN ICH DICH DAZU NICHT.
WENN ES SO WEIT IST, IST ES ALLEIN DEINE SACHE, WIE DU DICH ENTSCHEIDEST.

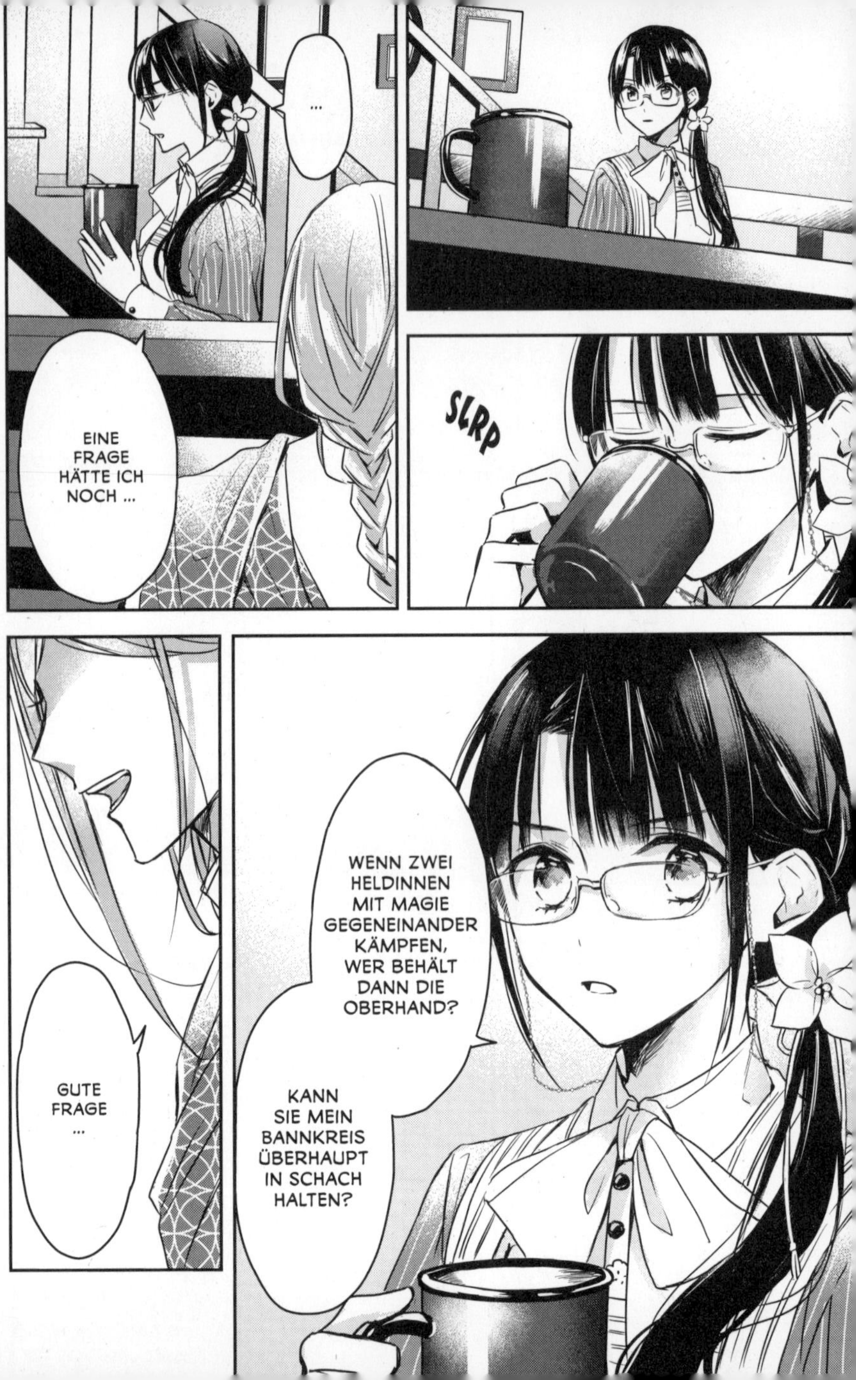
...
EINE FRAGE HÄTTE ICH NOCH ...
SLRP
WENN ZWEI HELDINNEN MIT MAGIE GEGENEINANDER KÄMPFEN, WER BEHÄLT DANN DIE OBERHAND?
KANN SIE MEIN BANNKREIS ÜBERHAUPT IN SCHACH HALTEN?
GUTE FRAGE ...

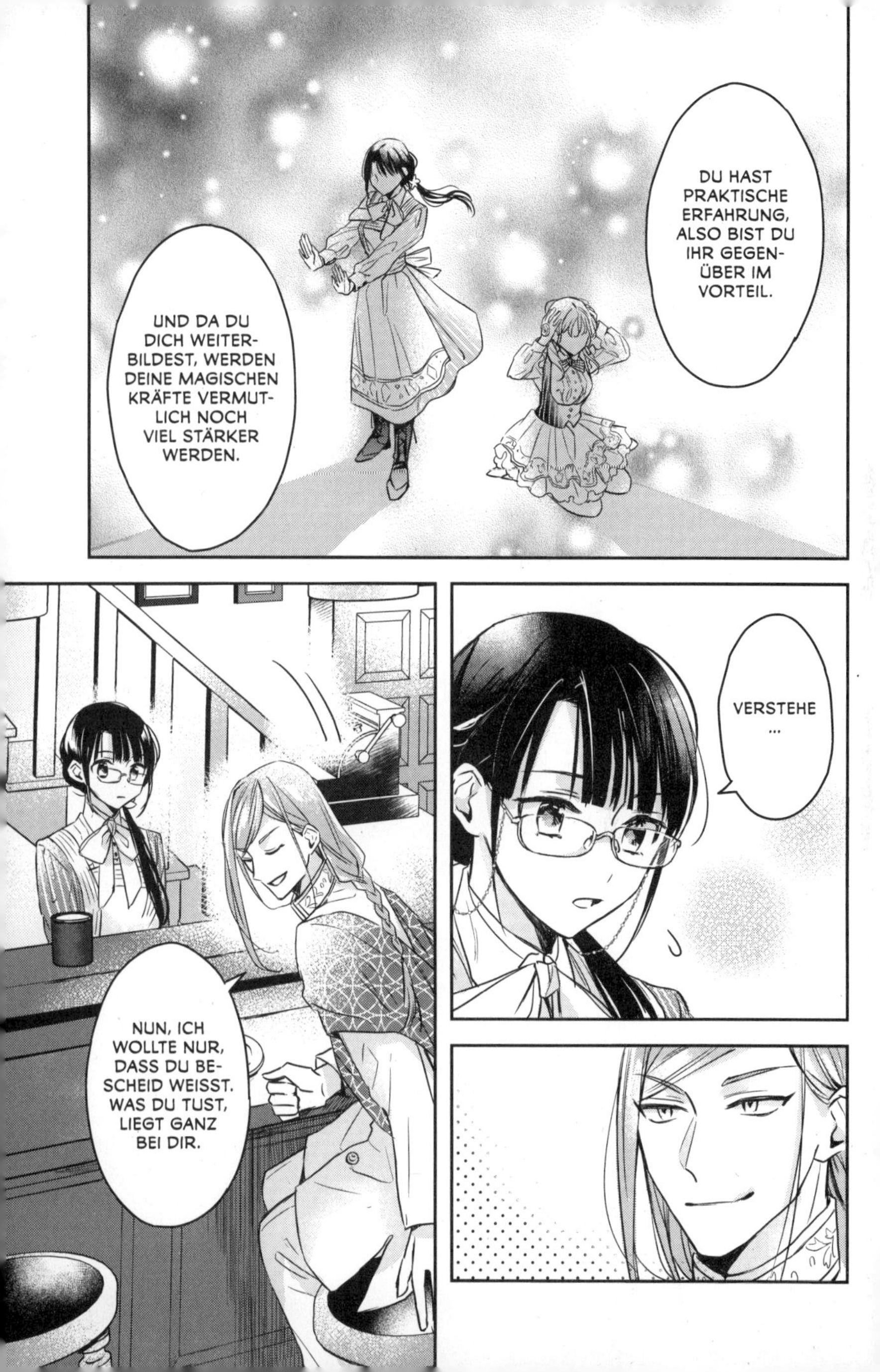
DU HAST PRAKTISCHE ERFAHRUNG, ALSO BIST DU IHR GEGEN-ÜBER IM VORTEIL.
UND DA DU DICH WEITER-BILDEST, WERDEN DEINE MAGISCHEN KRÄFTE VERMUT-LICH NOCH VIEL STÄRKER WERDEN.
VERSTEHE ...
NUN, ICH WOLLTE NUR, DASS DU BE-SCHEID WEISST. WAS DU TUST, LIEGT GANZ BEI DIR.

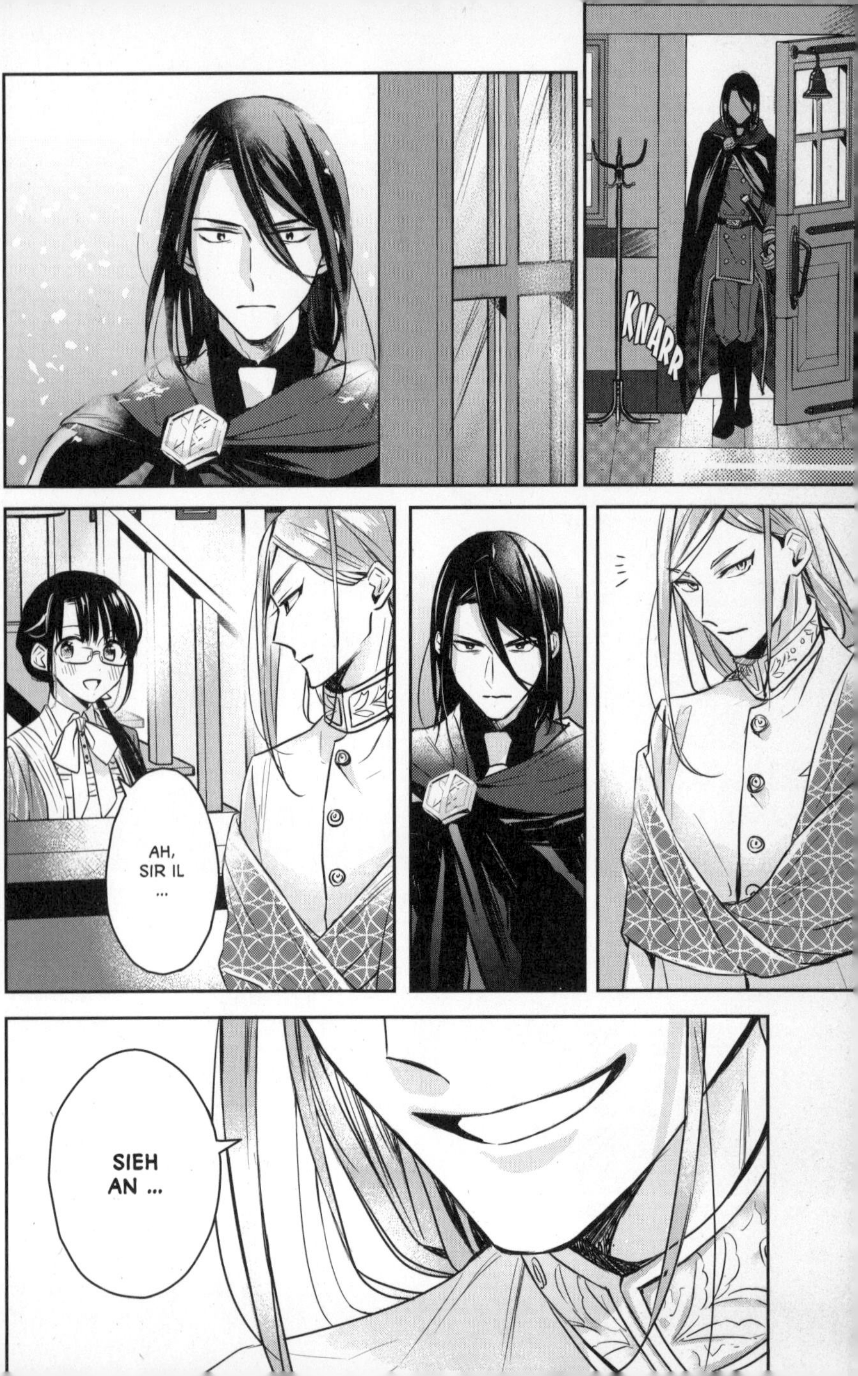
KNARR
AH, SIR IL ...
SIEH AN ...

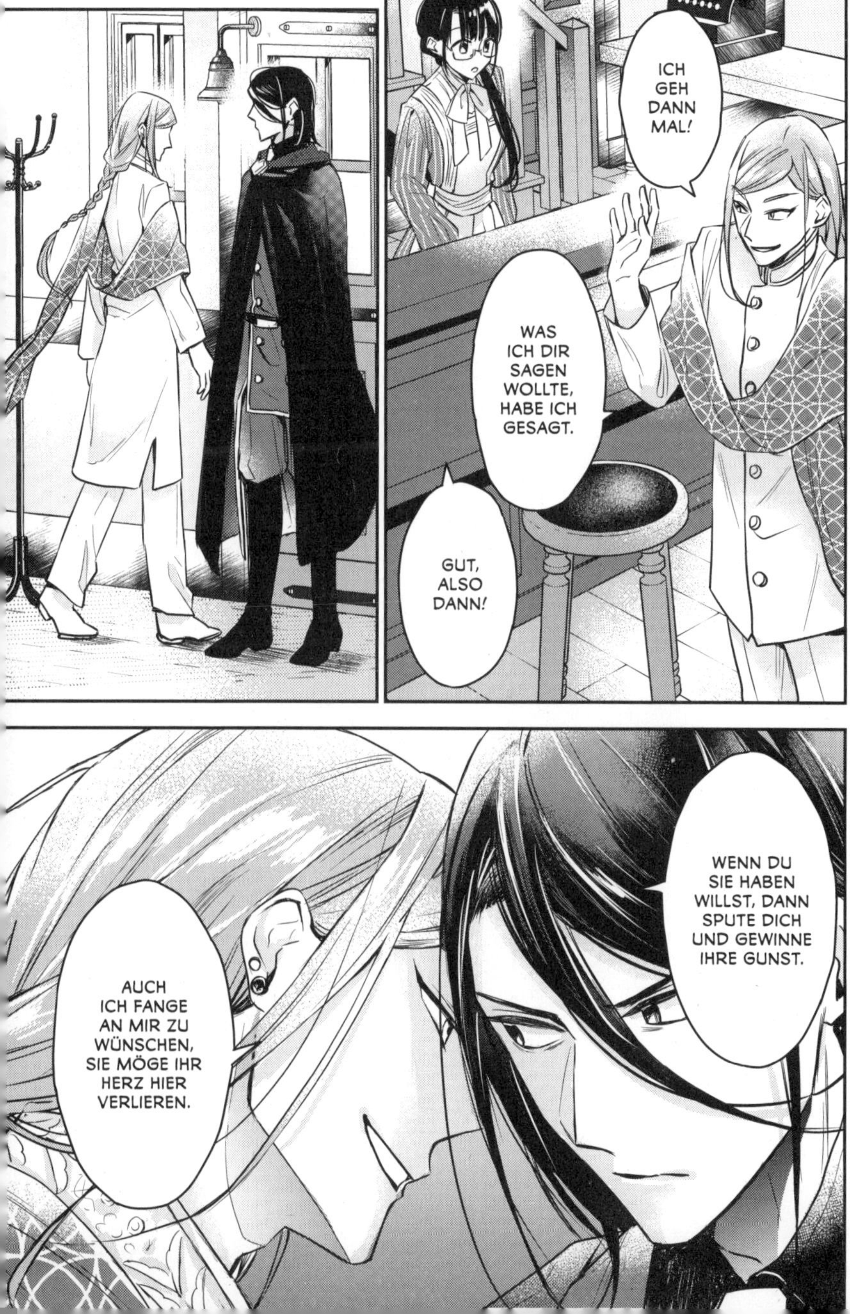
ICH GEH DANN MAL!
WAS ICH DIR SAGEN WOLLTE, HABE ICH GESAGT.
GUT, ALSO DANN!
WENN DU SIE HABEN WILLST, DANN SPUTE DICH UND GEWINNE IHRE GUNST.
AUCH ICH FANGE AN MIR ZU WÜNSCHEN, SIE MÖGE IHR HERZ HIER VERLIEREN.

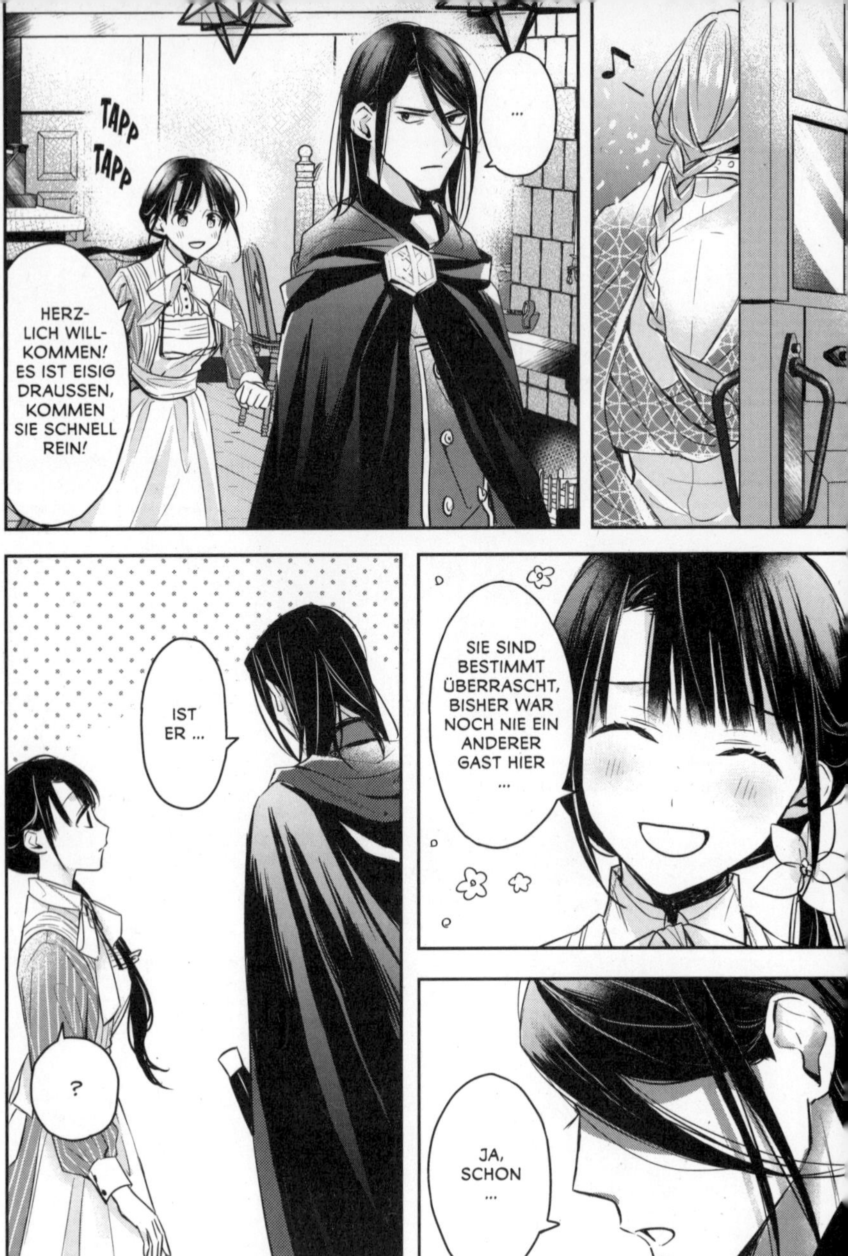
…
TAPP TAPP
HERZLICH WILLKOMMEN! ES IST EISIG DRAUSSEN, KOMMEN SIE SCHNELL REIN!
SIE SIND BESTIMMT ÜBERRASCHT, BISHER WAR NOCH NIE EIN ANDERER GAST HIER …
IST ER …
?
JA, SCHON …

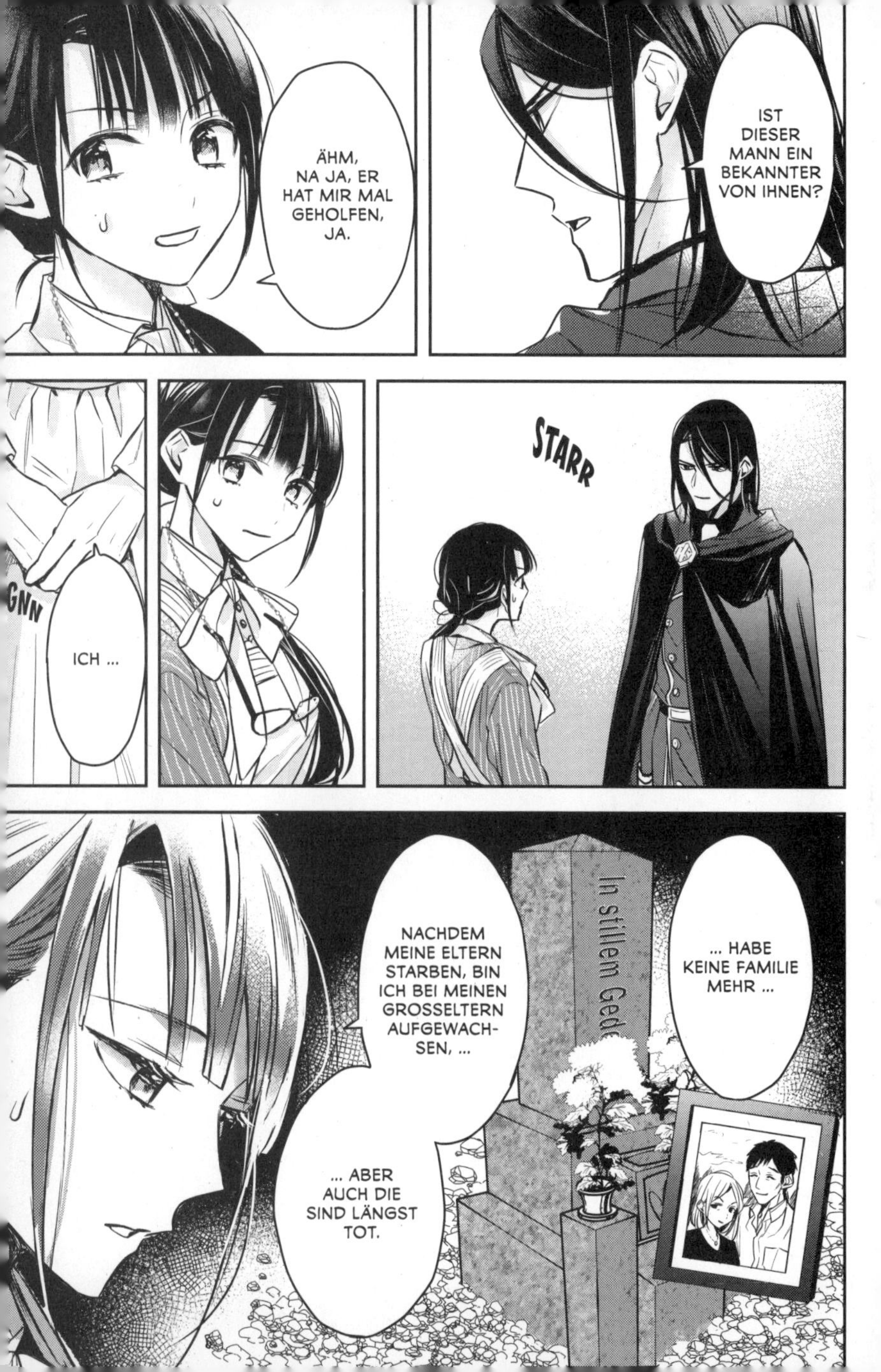
IST DIESER MANN EIN BEKANNTER VON IHNEN?
ÄHM, NA JA, ER HAT MIR MAL GEHOLFEN, JA.
STARR
GNN
ICH ...
... HABE KEINE FAMILIE MEHR ...
In stillem Ged
NACHDEM MEINE ELTERN STARBEN, BIN ICH BEI MEINEN GROSSELTERN AUFGEWACH-SEN, ...
... ABER AUCH DIE SIND LÄNGST TOT.

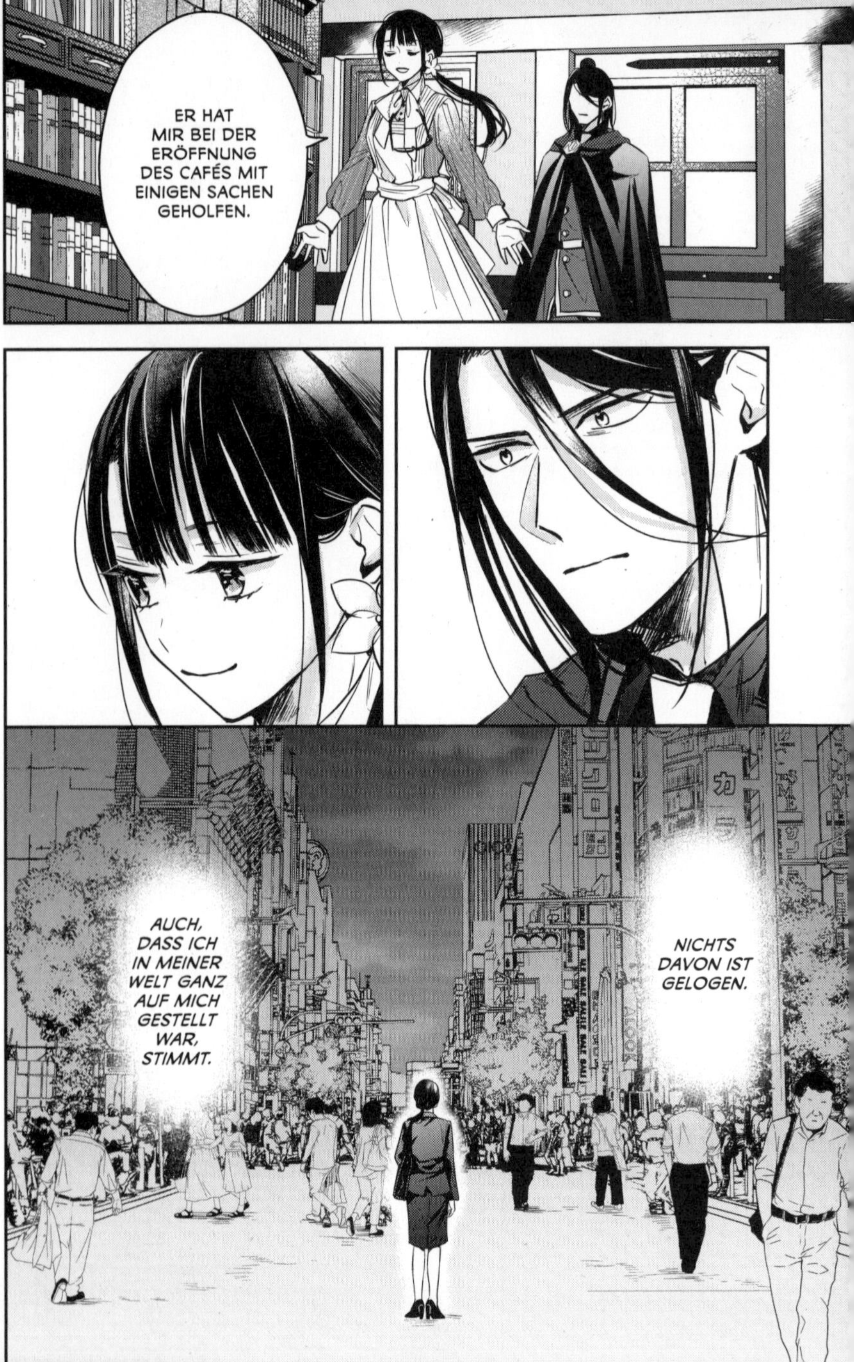
ER HAT MIR BEI DER ERÖFFNUNG DES CAFÉS MIT EINIGEN SACHEN GEHOLFEN.
NICHTS DAVON IST GELOGEN.
AUCH, DASS ICH IN MEINER WELT GANZ AUF MICH GESTELLT WAR, STIMMT.

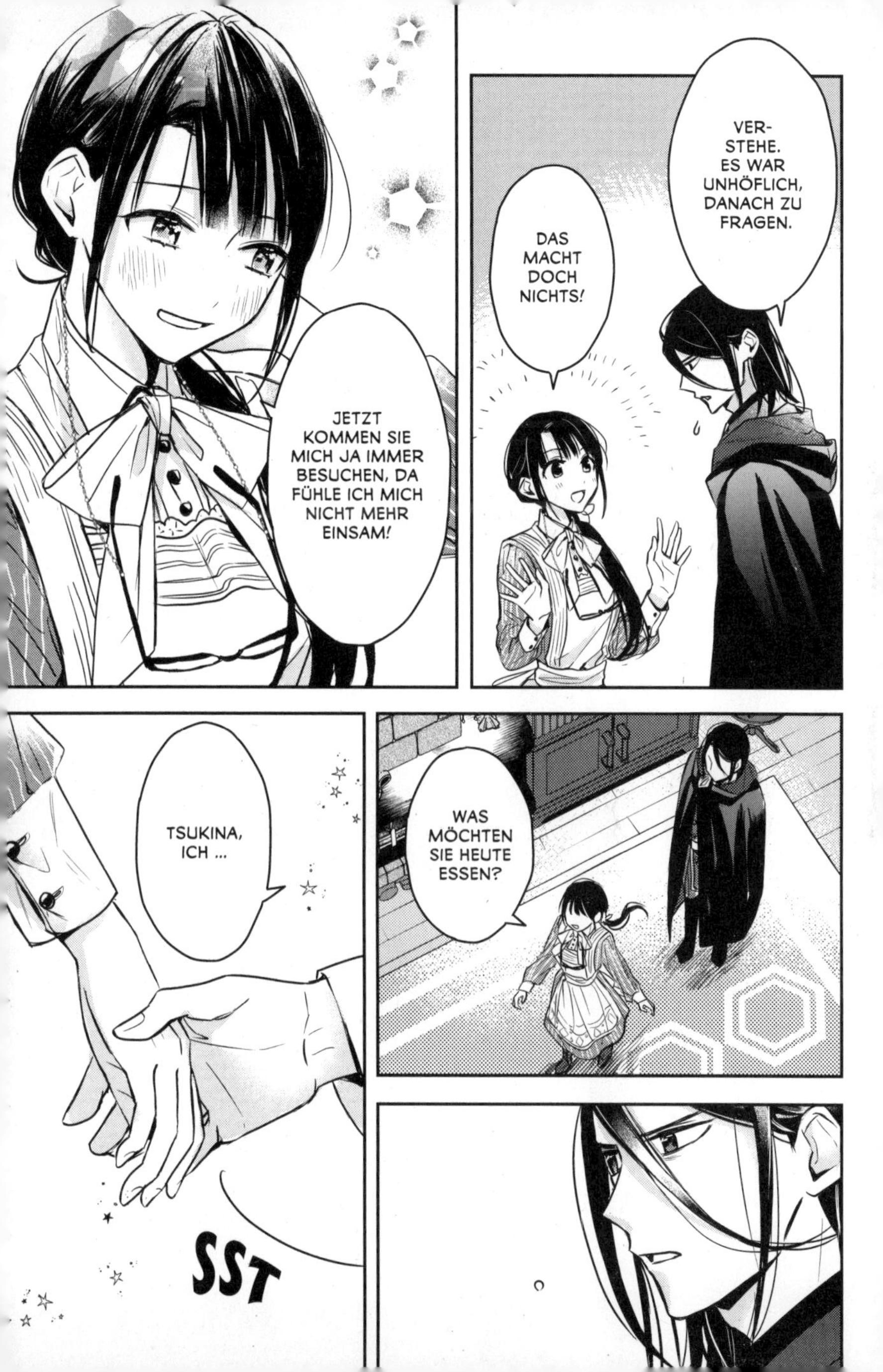
VER-
STEHE.
ES WAR
UNHÖFLICH,
DANACH ZU
FRAGEN.
DAS
MACHT
DOCH
NICHTS!
JETZT
KOMMEN SIE
MICH JA IMMER
BESUCHEN, DA
FÜHLE ICH MICH
NICHT MEHR
EINSAM!
WAS
MÖCHTEN
SIE HEUTE
ESSEN?
TSUKINA,
ICH ...
SST

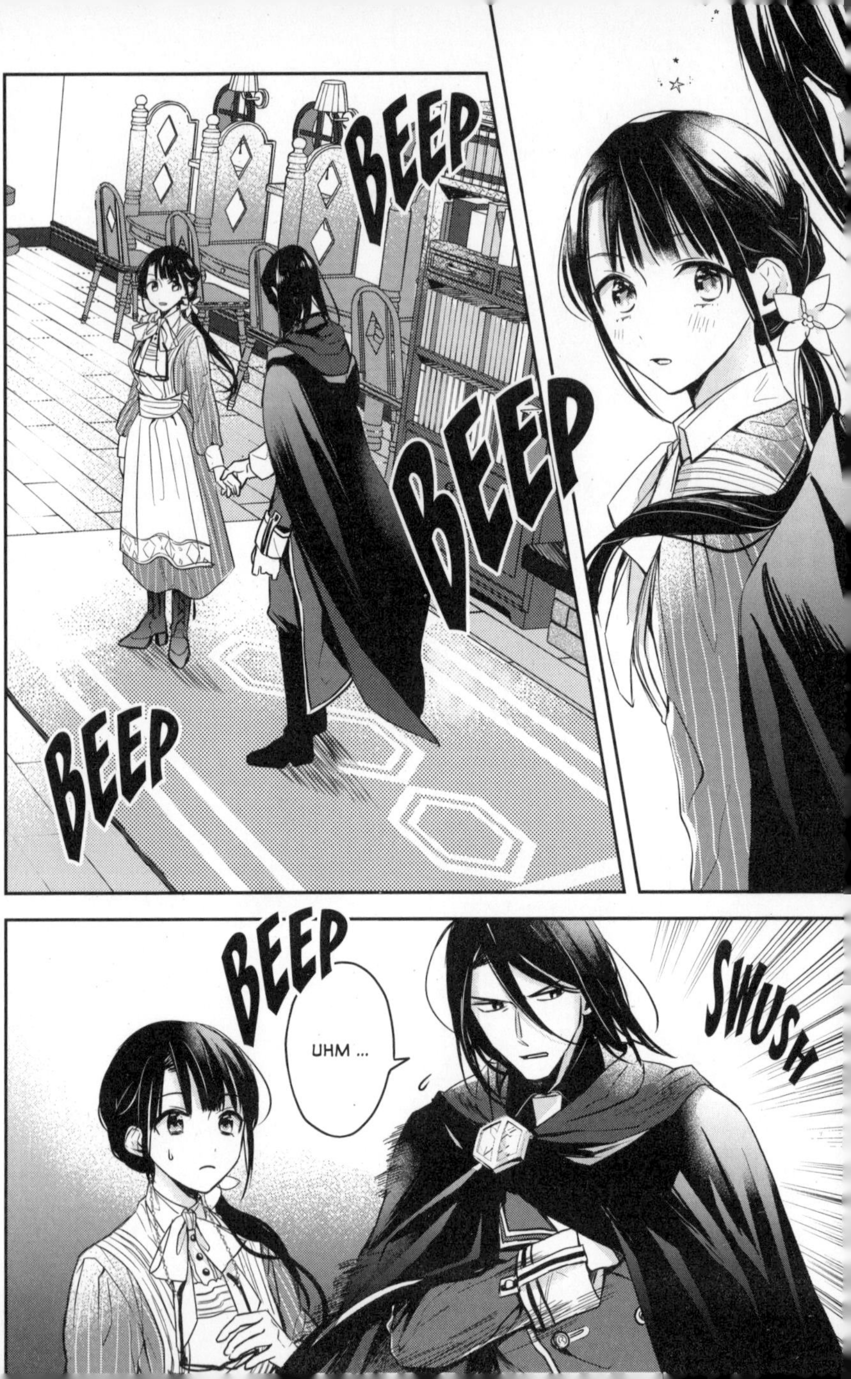
BEEP
BEEP
BEEP
SWUSH
BEEP
UHM ...

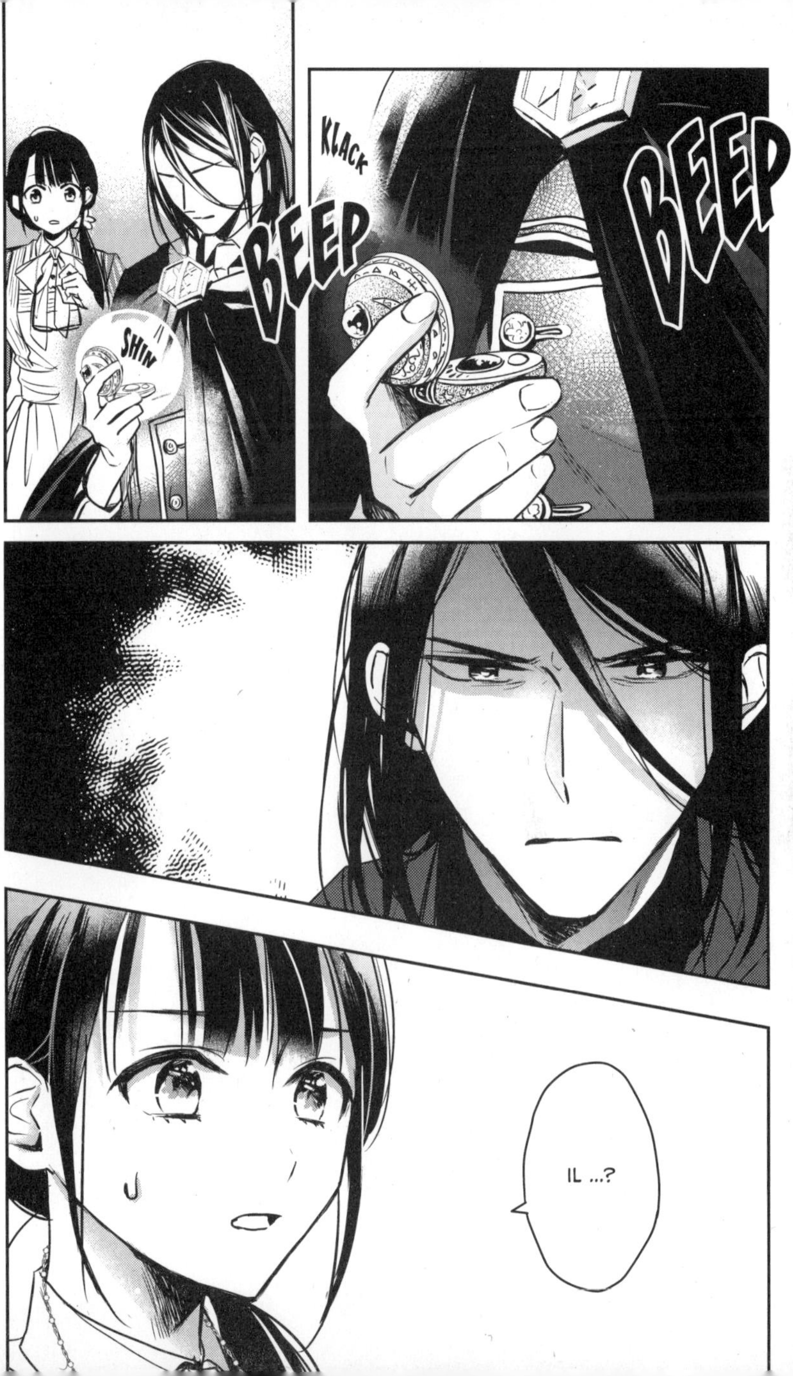
KLACK
BEEP
BEEP
SHIN
IL ...?

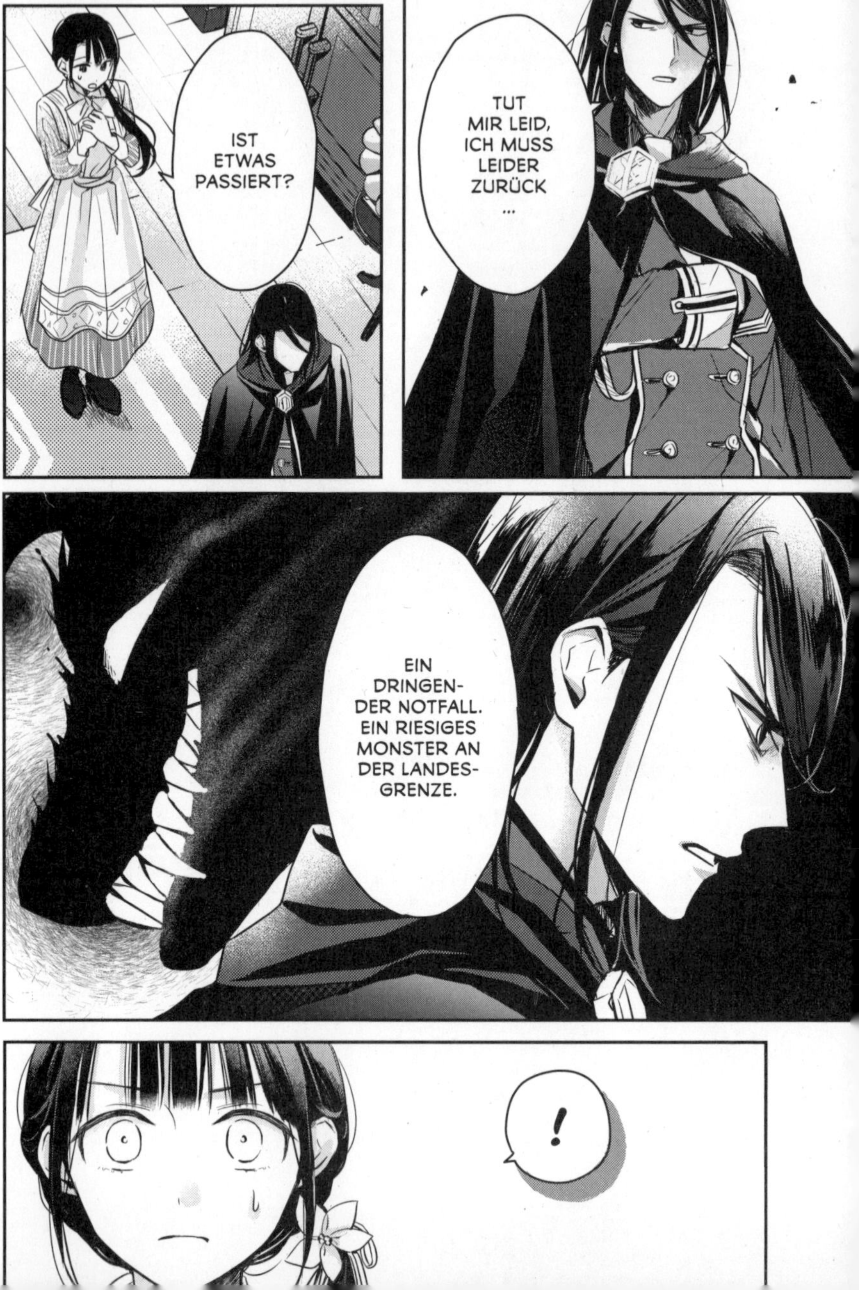
TUT MIR LEID, ICH MUSS LEIDER ZURÜCK …
IST ETWAS PASSIERT?
EIN DRINGEN-DER NOTFALL. EIN RIESIGES MONSTER AN DER LANDES-GRENZE.
!

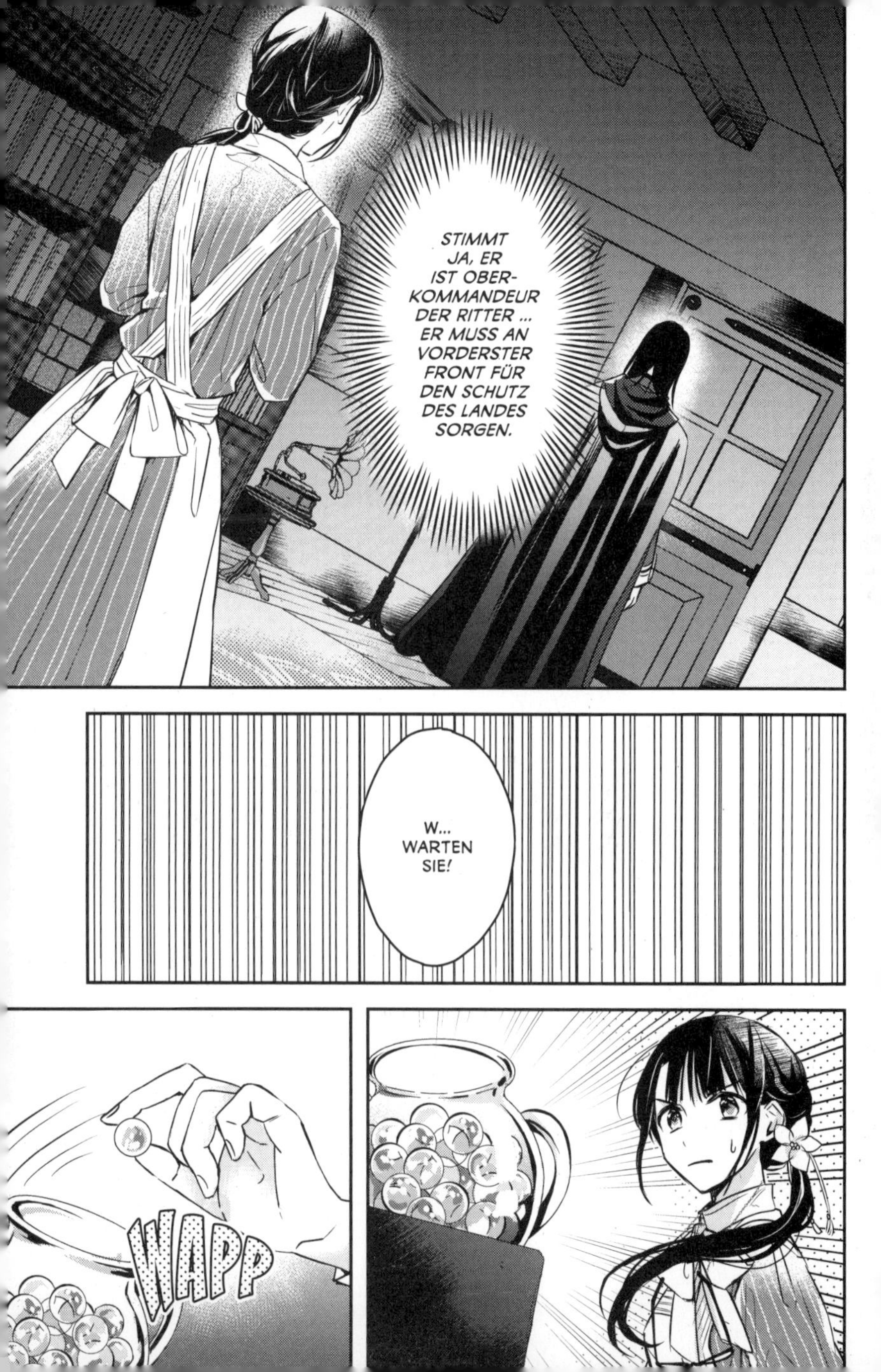
STIMMT JA, ER IST OBER-KOMMANDEUR DER RITTER ... ER MUSS AN VORDERSTER FRONT FÜR DEN SCHUTZ DES LANDES SORGEN.
W... WARTEN SIE!
WAPP

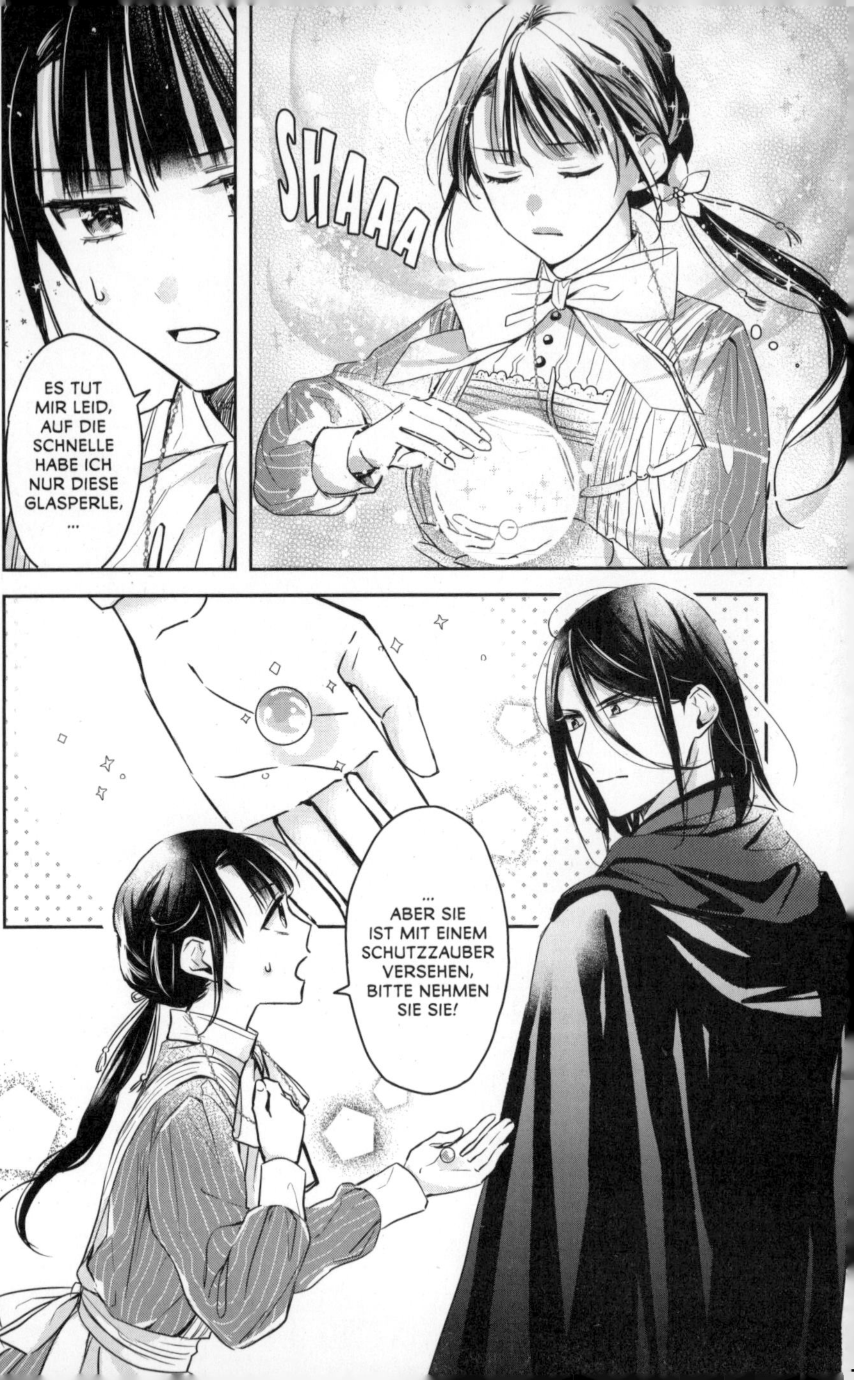
SHAAA
ES TUT MIR LEID, AUF DIE SCHNELLE HABE ICH NUR DIESE GLASPERLE, ...
... ABER SIE IST MIT EINEM SCHUTZZAUBER VERSEHEN, BITTE NEHMEN SIE SIE!

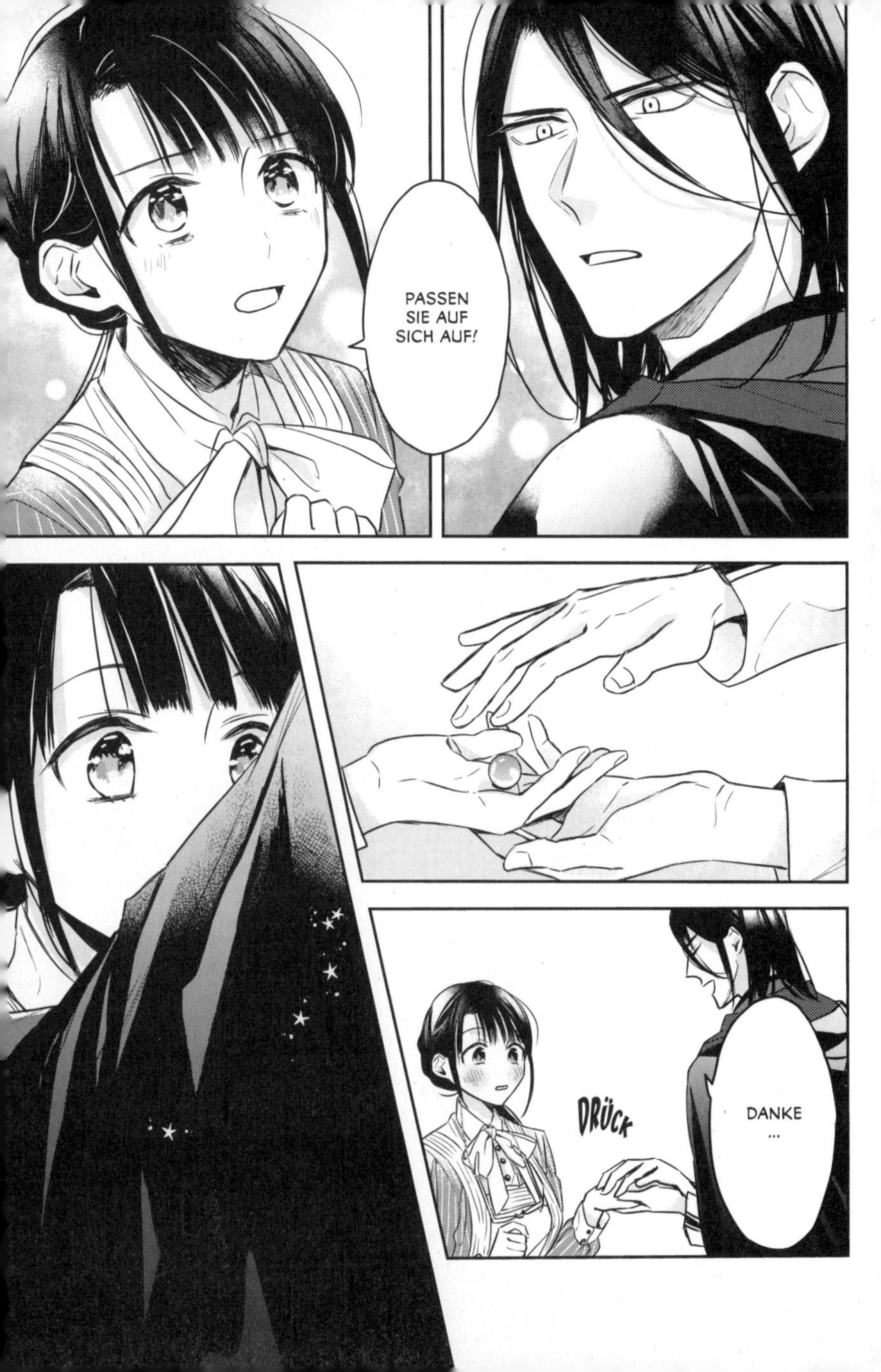
PASSEN SIE AUF SICH AUF!
DANKE ...
DRÜCK

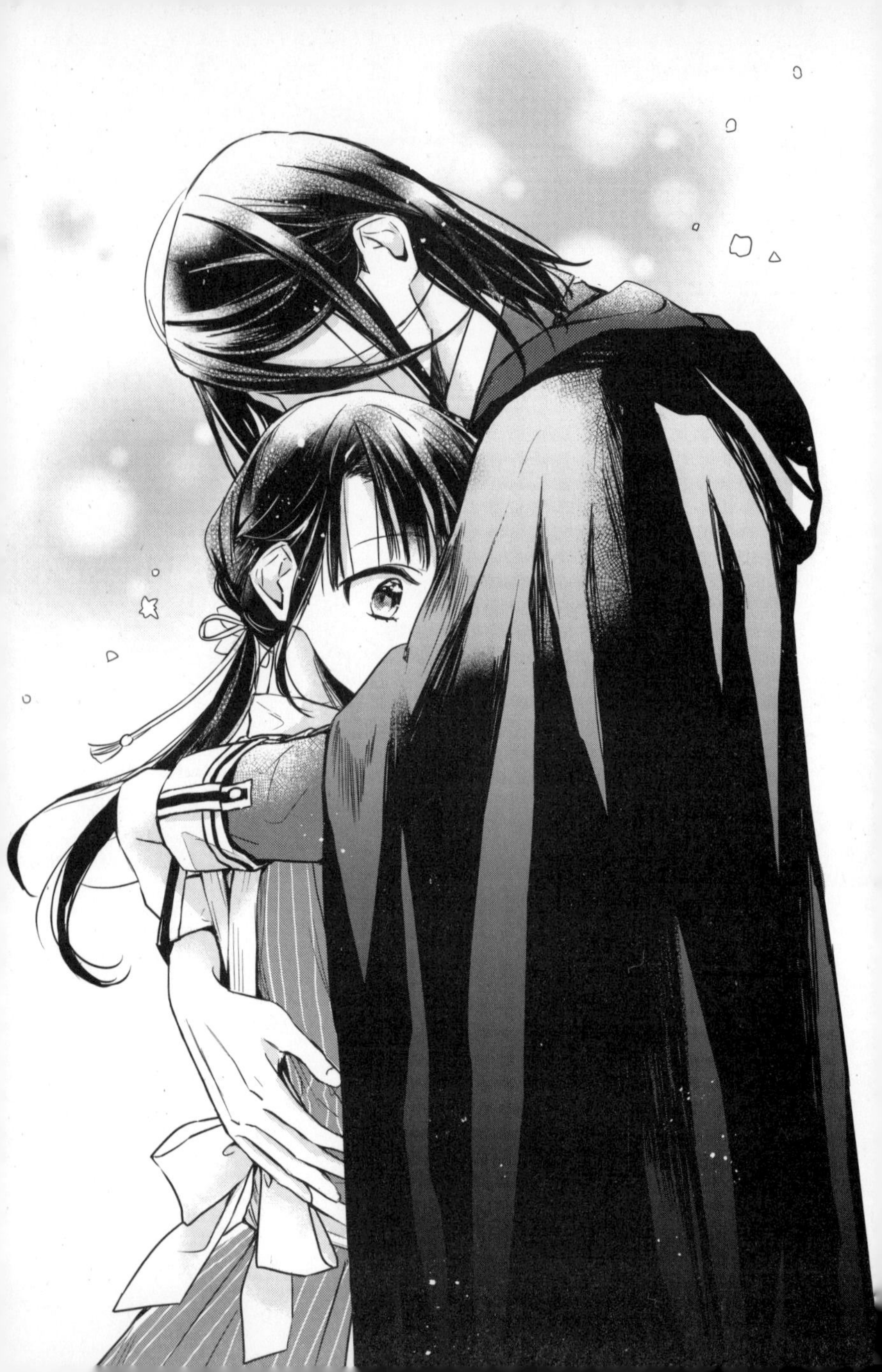

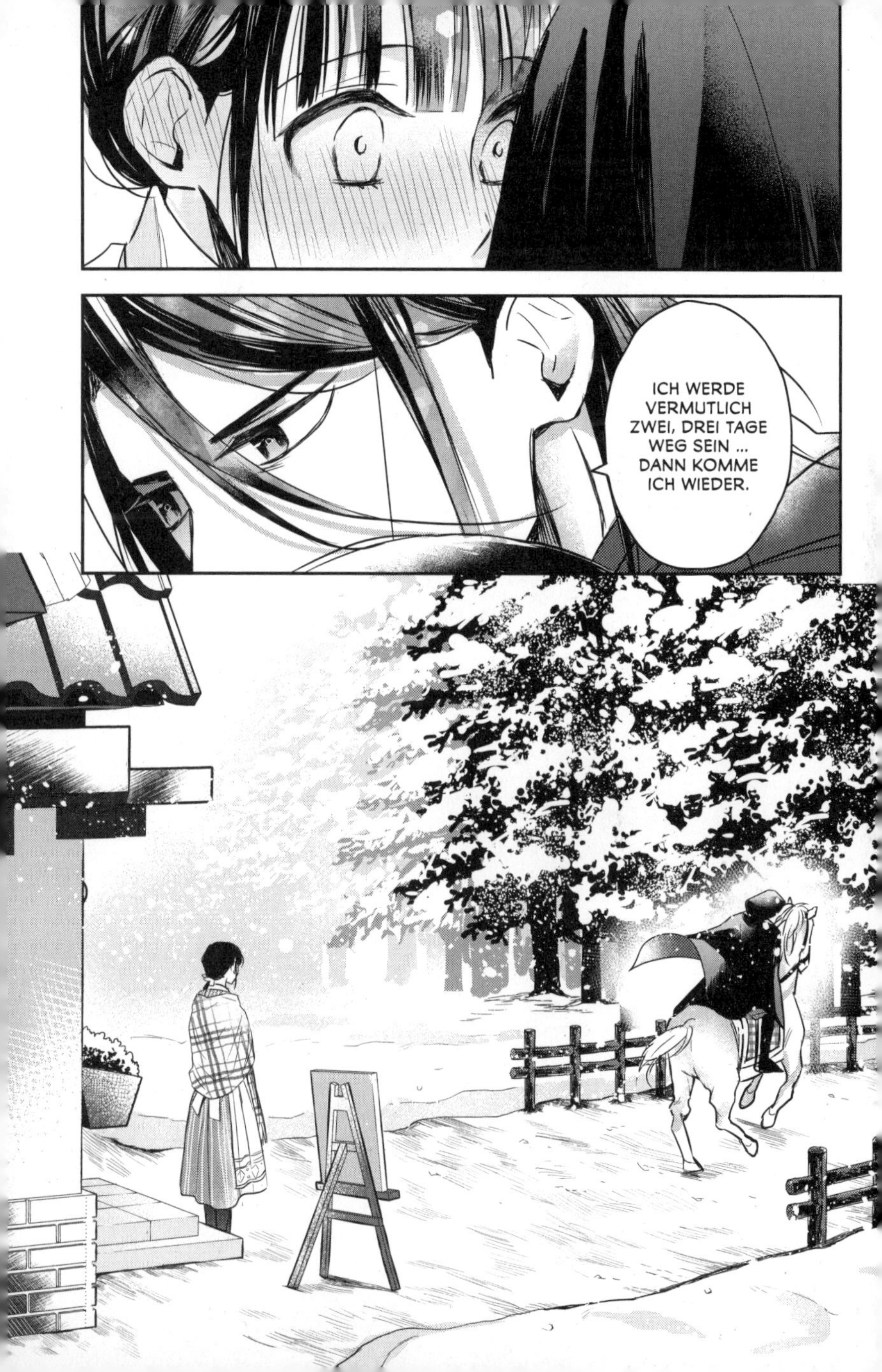
ICH WERDE VERMUTLICH ZWEI, DREI TAGE WEG SEIN ... DANN KOMME ICH WIEDER.

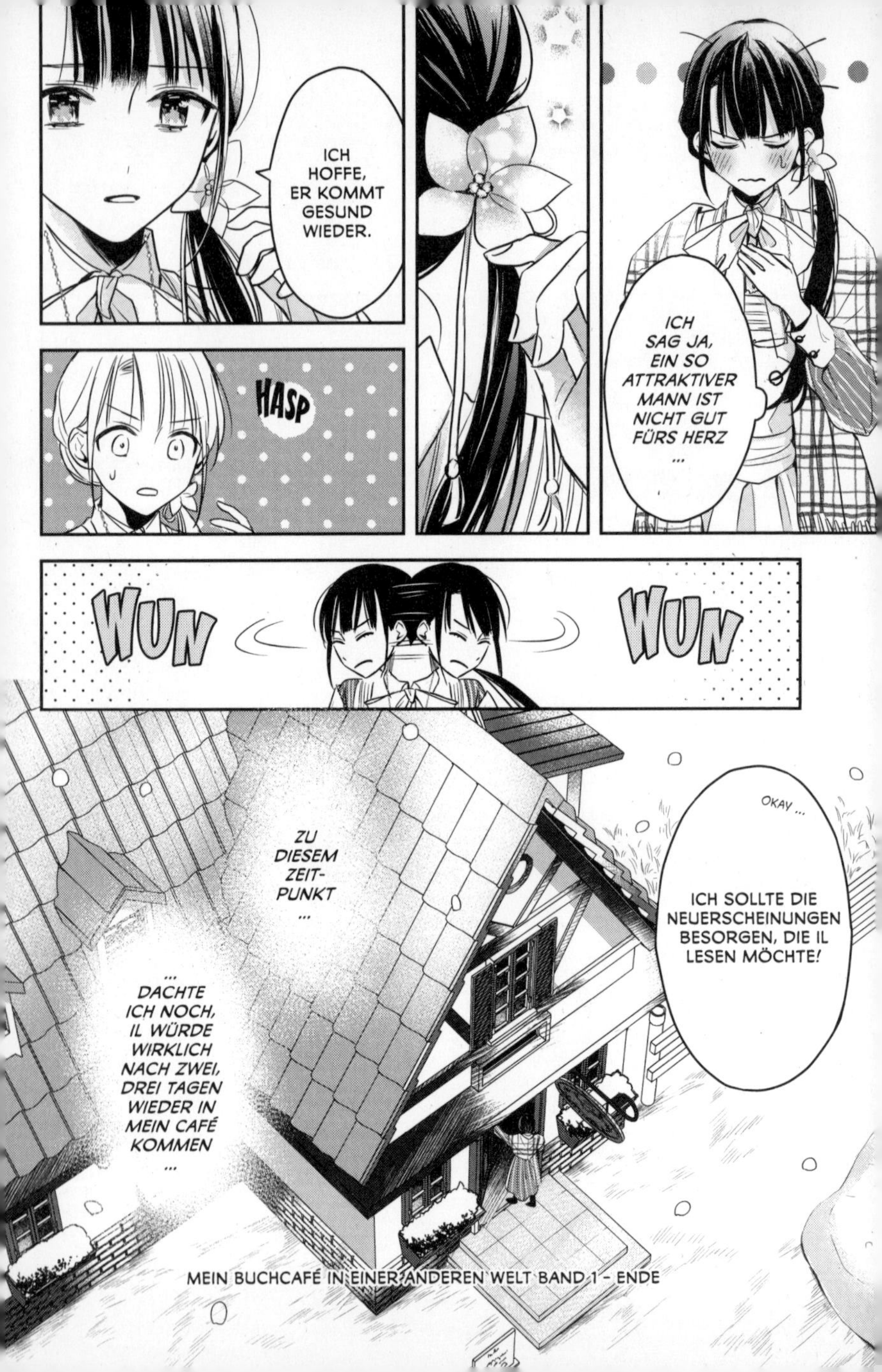
ICH HOFFE, ER KOMMT GESUND WIEDER.
HASP
ICH SAG JA, EIN SO ATTRAKTIVER MANN IST NICHT GUT FÜRS HERZ ...
WUN
WUN
OKAY ...
ICH SOLLTE DIE NEUERSCHEINUNGEN BESORGEN, DIE IL LESEN MÖCHTE!
ZU DIESEM ZEIT-PUNKT ...
... DACHTE ICH NOCH, IL WÜRDE WIRKLICH NACH ZWEI, DREI TAGEN WIEDER IN MEIN CAFÉ KOMMEN ...
MEIN BUCHCAFÉ IN EINER ANDEREN WELT BAND 1 - ENDE

Special: Aus Tsukinas Alltag

Zur Mittagszeit waren die Restaurants in diesem belebten Büroviertel allesamt gut besucht. Menschen in Bürokleidung drängten sich angeregt plaudernd an den Tischen und unterhielten sich über ihre Mahlzeiten hinweg. In der Ecke eines eleganten Lokals saßen drei Kolleginnen beim Essen, als eine von ihnen rief:

„Okay, was haltet ihr davon? Hättet ihr nicht Lust, ein paar Männer in unserem Alter zum Abendessen zu treffen?"

„Du meinst so eine Art Gruppen-Date? Also ehrlich gesagt, fühle ich mich dafür mit Anfang dreißig etwas zu alt ..."

„Nein, nein, einfach nur essen gehen. Mit Männern in unserem Alter.

„Also eigentlich suche ich gerade kein Heiratsmaterial ..."

„Du vielleicht nicht, Tsukina."

„Und ich hab einen festen Freund."

„Das heißt also, ihr beide seid raus?"

„Suchst du so dringend einen Kerl?"

„Nö! Ich verdiene mein eigenes Geld und meine Freizeit kann ich so gestalten, wie ich will. Heiraten steht nicht auf dem Plan."

„Verstehe ich."

„Aber warum hast du es dann vorgeschlagen?“, fragte die zweite verwundert.

„Weil eine Freundin von mir so was geplant hat, aber nicht genug Frauen für ihr Treffen zusammenbekommt.“

„Nö, ich brauch keinen Kerl. Bei uns verdienen Frauen und Männer gleich viel.“

„Meine Freundin sagt, die Männer sind top Ehekandidaten. Deren Firma zahlt Männern sogar den Erziehungsurlaub, das gibt es auch nicht überall.“

„Und weil sie so toll sind, sind sie alle immer noch Single, hm?“

Schief lächelnd nippte sie an ihrem Dessert-Kaffee.

„Ich weiß, dass die meisten in unserem Alter normalerweise entweder verheiratet oder in festen Händen sind. Keine Ahnung, warum ausgerechnet mein Freundeskreis aus eingefleischten Junggesellinnen besteht oder aus Frauen in einer Beziehung, die aber keine Lust aufs Heiraten haben.

„Dann soll ich ihr also absagen?“

„Du könntest doch alleine hingehen.“

„Nee, ich will auch nicht heiraten. Ich habe einen Partner und das reicht mir.“

„Aber warum fragt sie dich, wenn du vergeben bist?“

„Sie weiß nichts von meinem Kerl, und weil ich viel Zeit auf meine Hobbys verwende, hat sie wohl gedacht, dass ich Single bin.

Sie selbst hat gerade eine sechsjährige Beziehung hinter sich und möchte wieder jemanden kennenlernen."
„Sechs Jahre Beziehung … Kein Wunder, dass sie da Lust auf was Neues hat."

In diesem Moment kam das Dessert und brachte das Gespräch zum Verstummen.

„Aber sag mal, bist du eigentlich immer noch Single, Tsukina?"
„Ja, kein Bedarf an Männern. Sonst hätte ich ja keine Zeit mehr zum Lesen."
„Unser Bücherwurm eben!"
„Und was machst du dann so an freien Tagen wie gestern?"
„Vormittags war ich in meiner Stamm-Bücherei und den Rest des Tages habe ich geschmökert."
„Außer Lesen passiert bei dir echt nicht viel, was?"
„Und eine Beziehung ist gar nichts, was dir vielleicht doch so ein bisschen fehlt?"
„Nee, echt nicht. Dann müsste ich mir meine Zeit anders einteilen, und meine freien Tage einfach nur in Ruhe lesend zu verbringen, wäre dann nicht mehr drin. Kann ich mir echt nicht vorstellen."
„Tja, da sind wir uns dann wohl ähnlich."
„Na ja, meine Ich-Zeit genieße ich schon auch sehr, aber die Zeit mit meinem Liebsten möchte ich trotzdem nicht missen!"

„Na ja, wenn ich mir vorstelle, mit jemandem, den ich sehr mag, zum Beispiel spazieren zu gehen, anstatt lesend auf der Couch zu liegen, glaube ich schon, dass mir das gefallen würde. Aber deswegen nehme ich nicht gleich am nächsten Dating-Treffen teil."
„Ja, okay, schon klar. Meinen Freund habe ich zum Beispiel auch rein zufällig und nicht durch ein organisiertes Treffen kennengelernt."
„Ich glaube auch, dass bei Tsukina nur der Zufall dafür sorgen kann, dass sie jemanden trifft."
„Kann ich mir im Moment echt nicht vorstellen. Ich will meine Zeit einfach nicht anders verbringen als mit Lesen und Kochen."
„Falls du doch irgendwann mal jemanden kennenlernst, werde ich dir das so was von unter die Nase reiben!"
„Waaas?"
„Nur Spaß!", lachten die anderen und dann machten sich alle drei auf den Weg zurück ins Büro.

Nach der Arbeit ging Tsukina wie immer nach Hause und bereitete sich ein schnelles Abendessen zu. Vor dem Zubettgehen schnappte sie sich das Buch, das sie sich erst gestern neu gekauft hatte, und schlug es an der Stelle auf, an der sie das Lesezeichen eingelegt hatte.

„Eigentlich", dachte sie, „träume ich schon manchmal von der großen Liebe, wenn ich gerade einen Liebesroman lese zum Beispiel. Aber wenn ich darüber nachdenke, in der echten Welt nach einem Freund zu suchen, scheint mir das irgendwie vollkommen außer Reichweite.

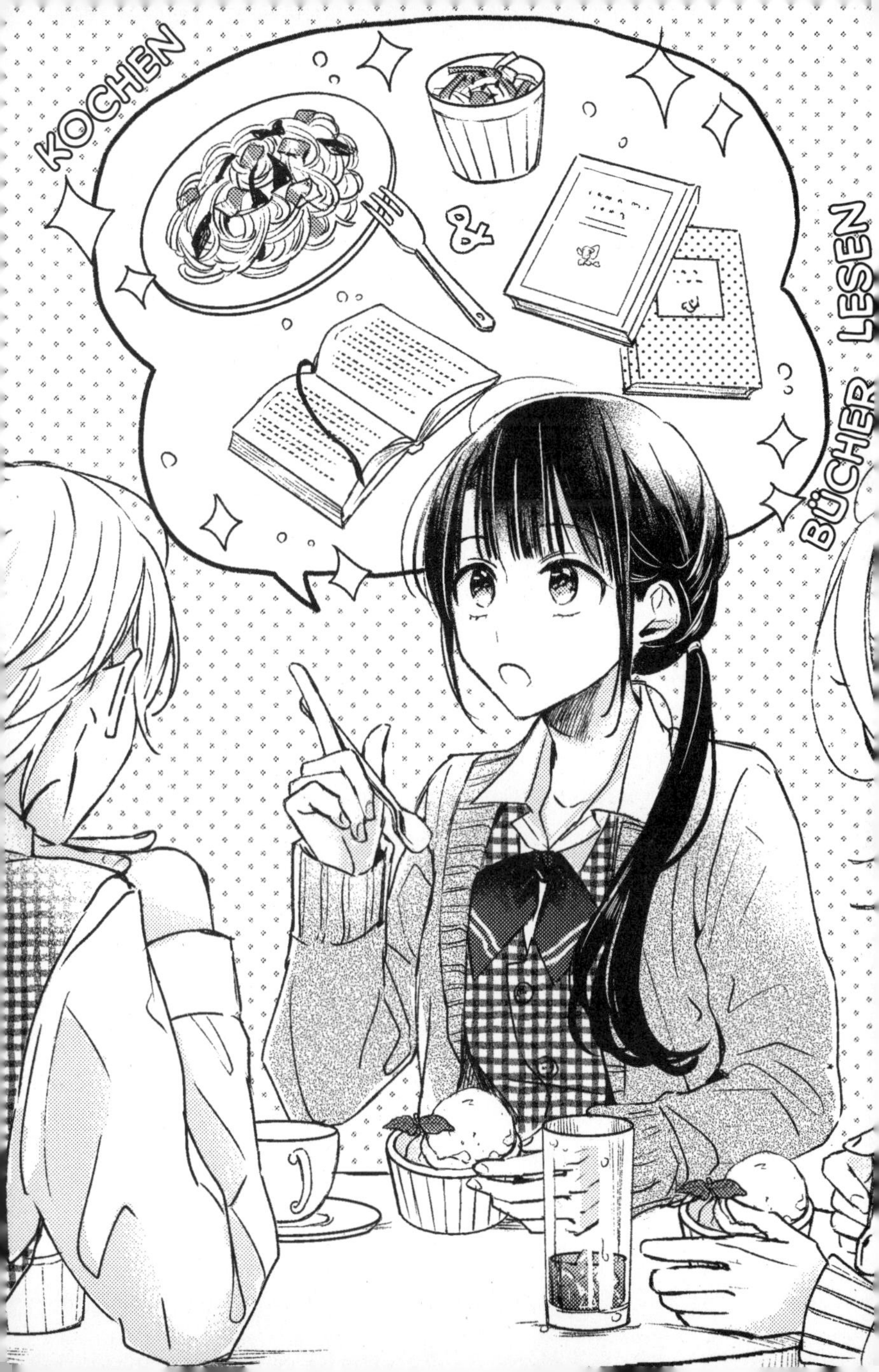
KOCHEN
&
BÜCHER LESEN

Ich meine, ich verdiene meinen Lebensunterhalt selbst, ich habe keine Angst vor der Zukunft, ich hatte nie den Wunsch, Kinder zu bekommen … Vielleicht ist das ja egoistisch, aber ich wüsste wirklich nicht, warum ich meine kostbare Freizeit einem Partner opfern sollte. Aber vermutlich hatten die beiden heute Mittag recht und eines Tages läuft mir rein zufällig doch noch der passende Mann einfach so über den Weg. So richtig vorstellen kann ich es mir aber nicht."

Mit einem bitteren Lächeln verscheuchte Tsukina den Gedanken an dieses lange vergangene Ereignis. Sie blätterte die Seite ihres Buches um und vertiefte sich in die Welt der Buchstaben. Eigentlich hatte sie längst vergessen, dass sie damals gedacht hatte, dass sie niemals eine Beziehung führen würde. Das war immerhin lange bevor sie von einem seltsamen Gott in eine andere Welt befördert wurde und dort jede Menge abenteuerliche Dinge erlebte. Lange bevor er die Tür zum Buchcafé ihrer Träume geöffnet hatte und sie sich noch nicht vorstellen konnte, dass es ihr eines Tages vielleicht doch gefallen könnte, ihre Zeit nicht nur sich selbst, sondern einem anderen Menschen zu widmen.

MEIN BUCHCAFÉ IN
EINER ANDEREN WELT

MEIN BUCHCAFÉ IN EINER ANDEREN WELT

ISEKAI NI KYUSEISHU TOSHITE YOBAREMASHITAGA, ARASA NIWA MURI NANODE, HISSORI BOOKCAFE HAJIMEMASHITA. Vol. 1
by Kyouka IZUMI, Oumiya, Reiko SAKURADA

Original Japanese edition published by SHOGAKUKAN.
German translation rights in Germany, Austria, German-speaking Switzerland and Luxembourg arranged with SHOGAKUKAN through VME PLB SAS.

Deutschsprachige Ausgabe / German Edition

Bühlstraße 4, D-95463 Bindlach
produktsicherheit@loewe-verlag.de

Aus dem Japanischen von Dorothea Überall

Original-Design: Sachie IJIRI
Redaktion: Patrick Peltsch
Umschlaggestaltung: Jenifer Hüttmann
Herstellung: Gabriela Müller
Lettering: Datagrafix GPS GmbH
Druck und Bindung: GGP Media GmbH,
Karl-Marx-Straße 24, D-07381 Pößneck

ISBN 978-3-7432-1989-2
2. Auflage 2025

MIX
Papier | Fördert gute Waldnutzung
FSC® C014496